刑事辩护的细节

刘卫国　著

中国政法大学出版社

2024・北京

图书在版编目（CIP）数据

刑事辩护的细节/刘卫国著.—北京：中国政法大学出版社，2024.3
ISBN 978-7-5764-1433-2

Ⅰ.①刑… Ⅱ.①刘… Ⅲ.①刑事诉讼—辩护—中国 Ⅳ.①D925.215

中国国家版本馆 CIP 数据核字(2024)第 068104 号

出 版 者　中国政法大学出版社
地　　址　北京市海淀区西土城路 25 号
邮寄地址　北京 100088 信箱 8034 分箱　邮编 100088
网　　址　http://www.cuplpress.com (网络实名：中国政法大学出版社)
电　　话　010-58908586(编辑部) 58908334(邮购部)
编辑邮箱　zhengfadch@126.com
承　　印　北京中科印刷有限公司
开　　本　720mm×960mm　1/16
印　　张　15.5
字　　数　250 千字
版　　次　2024 年 3 月第 1 版
印　　次　2024 年 3 月第 1 次印刷
定　　价　66.00 元

序　言

刘卫国律师将他的新作《刑事辩护的细节》初稿（电子版）发给我，要求我给他写序。我问他为什么找我来写，他的理由简单，且不容置疑：我们都是专职刑辩律师，一起做过很多案子，是好友加“战友”。这话不错，我和卫国一起合作十多年了，有很多成功案例。济宁某强奸案，我们两个介入后，历经周折，当事人在二审被无罪释放；临沂职务侵占案，我们联手阻止了检察机关的起诉，当事人被宣布无罪不起诉；济南某特教老师被控虐待儿童案，我们再次合作，向检察机关提出了“特教老师基于监护职责善意约束智障儿童狂躁”的行为具有正当性，最终使年轻的女教师获得无罪处理。成功的案例还有很多，这里就不一一介绍了。

刘卫国律师给我的印象是专业、果敢。刑事辩护对抗性极强，控辩双方各执证据、法条为武器，彼此攻防，最终是为了保障案件审理结果的公正。刑事辩护律师必须尽快进入角色，让自己进入竞技状态，或者防御，或者以攻为守。记得在十年前，我和刘卫国律师在河南南乐为同一个被告人辩护，庭审时公诉人突然出示了一份证人证言笔录。这个笔录让我们大惊失色：这个证人不是失踪了吗？怎么突然出现了？在侦查和审查起诉阶段，我和刘卫国律师曾经多次寻找这个证人，公安机关告知该证人已经失踪了。于是我们当即申请法庭休庭，通知该证人到庭作证。审判长认为，公诉人当庭提交了该证人的询问笔录，无须其出庭。控、辩、审三方顿时陷入焦灼状态。刘卫国律师提出，该证人是指控我方当事人诈骗的控方证人，对本案定罪量刑至关重要。如果该证人不出庭，将导致事实不清。如果法院继续强行推进庭审，不通知该证人出庭，我们将无法维护当事人的合法权益，我们将建议当事人辞掉我们另行聘请律师辩护。几经周折，法院最终宣布休庭。如果当时不这样做，我们就不仅维护不了当事人的程序权利，也最终无法维护其实体权利。

刘卫国律师《刑事辩护的细节》的初稿我认真阅读了一遍，耗时一周左右。这本书开篇先介绍了刑辩律师应该具备的技能。刘律师比较独到地提出了五个日常习惯和五个思维习惯。特别是前者，五个日常习惯：克服拖延症、健身、早起、阅读和坚持写作，这是刘律师一直坚持的。

谈起自律，刘卫国确实是个牛人。他每天早上四点起床阅读、写作、健身，无论天气好坏，在家还是在外。我们起床后，总能看到他发的健身照片或者刚写完的文书。大家都知道，交给刘卫国的事情你不用催，他从不拖延，而他交给别人的事情，他也会按时“收作业”。

刘卫国律师的办公室里堆满了书籍和卷宗，置身其中，书香浓郁。

而他无论读书还是阅卷，腰板一直挺立着，像一个抚剑静思的武士。

什么样的律师才能称得上是一位称职的刑辩律师呢？本书认为，一是专业，术业有专攻；其次是专注，全然地投入。我认为刘律师说的专注，应该包括两个维度：精力、情怀，前者保证了时间上的投入，后者则是指与当事人及其家属坚定地站在一起的担当与勇毅。

“与哀哭的人同哀哭”，刑辩律师是无助之人的主心骨。

同时，本书还非常坦诚地谈到了签约和收费的问题。我认为，这些内容会对很多同行有借鉴意义。毕竟，“做工者得工价”，这也是天经地义的事情。律师服务本身也是一种商品，律师付出的是智力、体力劳动，收取一定的费用作为对价，符合市场道德和社会伦理。令人不耻的是那些“勾兑律师”和骗子律师，他们以各种名义收取家属巨额钱财，既败坏了律师形象，也恶化了司法环境。

本书明确反对律师办理刑事案件按侦查、审查起诉、审判、上诉等阶段分别收费的做法，认为这种方式影响了案件办理效果，同时也不利于律师与当事人、家属建立信赖关系，最终影响了辩护的质量并危及当事人的利益。我同意这种看法，但同时认为，律师与委托人之间毕竟是一种购买服务的契约关系，签约、履约方式只能由双方协商确定。

本书取名为《刑事辩护的细节》，书中内容涉及刑辩律师从收案到结案的诸多工作，非常具体。我认为这本书对刑辩律师来说非常有参考价值，可以作为工具性资料备查。

初入此道的年轻律师，在法学院学了一堆原则和概念，接触到具体案件后感到手足无措，原因就是缺乏实操经验。刑事辩护是技术性职业，很多东西法学院没法教给你，也不可能教给你。所以，你到律所后要先拜一个专业的刑辩律师做自己的师傅，一点一点地学习和积累。比如，文书怎么制作，卷宗怎么整理，复制回来的卷宗怎么梳理和摘要，辩护观点如何形成，如何取证，如何准备出庭，在庭审中如何控制庭审节奏等，这些东西太重要了，细节决定成败，需要一个好的师傅帮忙入门。

这本书就是一个刑辩老师傅，不厌其烦地向你介绍了许多决胜法庭的法宝。它几乎囊括了一个律师收案到结案的全过程，诸多细节既有理论上的梳理，也有实操，还整理了大量的法条。收藏一本放在床头或者公文包里，随时备查，你肯定不会失望。

赵永林

2024 年 1 月 4 日晚

泰安

前 言

人生之路，或许每个人都渴望一帆风顺。然而，人生并非一部平淡无奇的影片，过于平淡的剧情只会令人昏然入睡。生命只有一次，我们总要努力去追求一些成就，证明自己的价值。上天给予我们这一次生命的机会，绝不是让我们轻易虚度的。每个人的人生都应该有一个目标，我们不能忽视或遗忘它，而应该勇敢地去尝试、去寻找、去实现它。每当我们面临选择时，我们应该勇敢地挑战那个最困难、最令人望而却步的选项。尽管它未必会带来成功，但一定会让我们的人生更加精彩。我们的人生需要自己去点燃，去激发内在的激情与活力。只有这样，我们才能成为自己的英雄，书写属于自己的辉煌篇章。

从事律师职业已经满 20 年，专注刑事辩护也超过 15 年，对于刑事辩护的技能、技巧，我可谓小有心得。如今我将自己的所思所悟撰写成文，汇总成本书以飨诸友。尽管本书尚有许多需要改进之处，但它所涉及的不只是呆板的刑辩技能，还有我从律师自我修养的角度，对每一个辩护环节的独立思考和体验。本书有对律师职业道德和伦理的探索，也有试图突破现有法理桎梏努力提升辩护空间的尝试，还有对广大律师同仁的期许和建议。

希望本书能够起到抛砖引玉的作用，让更多律师同仁关注刑事辩护、投身于刑事辩护。

目 录

第一章

刑辩律师基本技能

第一节　律师应当每天坚持的五个习惯

律师职业既充满激动人心的挑战，又要求具备极高的身体素质和心理素质。为了保持充沛的活力，律师应当注重培养良好的生活与工作习惯。在处理大量堆积的工作时，要克服拖延习性，提高工作效率。此外，制定可行且适度的健身计划对保持身心健康至关重要。同时，提升语言表达能力是律师职业的基本要求，这有助于更准确、更清晰地传达法律意见和辩护观点。最后，保持对未知事物的好奇心是律师不断自我提升的驱动力，有助于律师在法律领域持续探索和进步。

在律师职业的道路上，提升自我始终是一个充满挑战与压力的过程。这个过程既艰辛又漫长，甚至可能需要几十年时间。对于那些选择投身于这个职业的人来说，舒适与奢华已经不再是他们追求的目标。因为他们深知，只要在追求律师职业的道路上没有停下脚步，就必须不断面对自我提升的需求与压力。在这个过程中，他们需要不断地学习、实践和反思，以保持自己的专业素养和竞争力。只有这样，他们才能在律师职业的道路上走得更远、更稳。

习惯是减轻甚至消除类似压力的有效手段。习惯一旦成为你生活的一部分，你将不再抵触先前刻意制定的作息安排，也不再困惑于自己为何总是比从事其他职业的朋友更加辛苦，付出更多。

养成良好习惯的方法有五个，你可以逐一参考尝试：

一、克服拖延症

根据研究，我们发现每个人或多或少都有拖延的倾向。作为法律从业者，你肩负着为当事人解决问题的重任，因此不能轻易地向拖延低头。事实上，人们往往因为追求利益、规避风险的本能而陷入拖延的困境。然而，这并不是一个需要感到羞愧的问题，但我们需要正视并努力克服它。

在克服拖延的过程中，首要的原则是明确地认识到漠视问题并不能使问题自行消失。我们必须勇敢地面对问题，积极地寻求解决方案，因为逃避并不能使问题得到解决。不要期望幸运会伴随着懒惰而来，事实上，幸运往往是在我们努力奋斗的时候才会降临。因此，我们应该以理性的态度对待问题，摒弃拖延的恶习，以勤奋和努力去迎接挑战，从而获得更好的结果。

要克服拖延的坏习惯，制定计划是一个有效的手段。只有清晰地认识到所要面对的问题，才能正视并解决它。通过列出正在拖延的事务清单，逐一解决并从清单中划掉，可以获得视觉上的成就感，从而激励自己坚持完成原本想逃避的工作。

克服拖延的第三条重要原则是立即行动。只有当你真正开始行动时，才算是迈出了克服拖延的第一步。如果你迟疑不决，只会使你的拖延问题更加严重，增加更多的负担。因此，要避免陷入更深的拖延泥潭，必须果断地采取行动，立即开始解决拖延问题。

二、养成健身的习惯

如果你一生只被允许购买一部车，这部车便是你唯一的交通工具，一旦它坏了，你就永远被禁止上路，你会如何对待它？我想，你可能会每天擦拭车身，保持其光亮如新；你会购买高规格的汽油，以确保发动机正常运行；你会定期进行保养，更换机油和滤清器，检查轮胎和刹车片；你更不会允许其他人乱摸你的爱车，因为你知道它对你来说是无价之宝。如果发生任何一点小的碰撞，你会及时维修，不让它留下任何瑕疵。

然而，当你面对自己的身体时，你是否也能如此精心呵护呢？要知道，你的身体也是唯一的，别无分号。你可能会为了一时的享乐而忽视身体的健康，熬夜、暴饮暴食、缺乏运动，这些坏习惯可能会让你的身体不堪重负。你是否也应该像对待那部车一样，每天给身体补充能量，保持其健康运转呢？

对待身体时，我们需要更加重视。我们应该像对待珍贵的物品一样，呵护我们的身体。我们需要养成良好的生活习惯，保证充足的睡眠、合理的饮食和适量的运动。我们需要定期进行体检，及时发现并解决潜在的健康问题。我们不应该让任何人随意糟蹋我们的身体，而应该珍惜它、保护它、照顾它。

让我们从现在开始，像对待珍贵的车一样，对待我们的身体。让我们为自己的健康负责，为自己的未来投资。因为在这个世界上，没有任何东西可以替代我们的身体，它是我们最宝贵的财富。

三、养成早起的习惯

很多人不理解我为何选择早上 4 点起床，他们都好奇为何我不选择更为普遍的夜间工作模式。其实，这个选择背后有多重考量。首先，这种作息更符合我们身体的自然规律，有利于维护身体健康。其次，早起能确保我们在一天之始就拥有充沛的精力，这无疑为全天的工作和生活提供了良好基础。再者，早晨是极其宝贵的个人时间，几乎不会受到外界干扰，这有助于我们更好地专注于工作或学习。最后，早起是众多杰出人物共有的习惯。历史告诉我们，成功并不局限于天赋，很多时候是勤奋的结果。尽管有些人天生才华横溢，但若缺乏后天的努力，他也很难取得真正的成就。正如曾为美国总统的乔治·布什所言：“为什么不全力以赴？”对于尚未达到自己目标的人，很可能是因为努力得还不够。

四、养成阅读的习惯

在社交媒体上广泛流传着这样一句话：“要么读书，要么旅行，身体和灵魂总要有一个在路上。”在此，我想提醒大家，虽然你的身体可以选择踏上旅途，但你的灵魂却始终在游荡。

请注意，你的灵魂并不会因为你的懒惰而稍作休息。如果你不能跟上它的步伐，它可能会选择离你而去。因此，你必须与你的灵魂同行，时刻关注它的需求，不断提高自己以跟上它的步伐。

然而，很少有人能够静下心来审视自己的灵魂。如果你不了解它，它就会逐渐远离你。唯有读书，唯有知识的滋养，才能吸引并留住你的灵魂。

在人生的道路上，当你感到迷茫和困惑时，很可能是因为你失去了灵魂的指引。因此，请务必珍视与灵魂的每一次对话，让知识成为你灵魂的伙伴，共同探索这个美好的世界。

五、养成坚持写作的习惯

阅读是滋养我们灵魂的食粮，它使我们得以跨越时空的界限，与古今中外的智者对话，拓宽我们的视野，丰富我们的内心世界。而写作则是一种向灵魂倾诉的方式。它不仅仅是文字的堆砌，更是我们内心深处情感和思考的流露。

在写作的过程中，我们首先要面对的，就是自己的灵魂。我们的灵魂是我们的内在导师，是我们的良知和智慧。它知道我们的喜怒哀乐，了解我们的欲望和恐惧。因此，当我们拿起笔开始写作时，我们的灵魂就成了我们的第一位读者。它倾听我们的声音，感受我们的情感，理解我们的思想。

写作，不仅仅是为了传递信息或者表达情感，更是为了与自己的灵魂对话。在写作中，我们可以反思自己的生活，探求自己的内心世界，发现自己的潜能和价值。通过写作，我们可以让自己的灵魂更加清晰、更加完整，让它成为我们前进的动力和支撑。

一个好的作品，往往能反映出作者的灵魂。这是因为，在写作的过程中，作者将自己的思想、情感和价值观融入其中，使作品具有了独特的魅力和生命力。这些作品能够经受住时间的考验，被人们传颂不衰，正是因为它们守护着作者的灵魂，承载着作者的精神印记。

对于律师来说，写作更是不可或缺的技能。在法律文书中，律师需要用精确、严谨的语言阐述案件的事实和法律关系。在这个过程中，律师需要深入思考、探究案件的本质，将自己的见解和判断表达出来。这样的写作，虽然表面看似枯燥，但在内里却闪耀着律师的智慧和灵魂的火花。

因此，我们应该珍视每一次写作的机会，用心去感受、去表达、去倾诉。让我们在写作中与自己的灵魂对话，让它成为我们成长的动力和源泉。只有这样，我们的作品才能真正地打动人心，经久不衰。

第二节　律师应当具备的五大思维习惯

一、宏观性思维习惯

作为律师，除了精湛的专业技能，宏观性思维习惯也是必不可少的。宏观性思维是指从全局的角度看待问题的思维方式。在处理复杂的法律案件时，律师需要具备这种思维方式，以便更好地理解和应对案件的各个方面。

首先，宏观性思维能够帮助律师了解案件的全貌。在处理案件时，律师不能只关注案件的某个细节或某个方面，而应该从宏观的角度看待整个案件。这包括了解案件的历史背景、相关法律法规、当事人诉求以及证据的全面性等。通过宏观性思维，律师可以更好地把握案件的整体情况，为当事人提供更准确的法律意见和更有效的法律服务。

其次，宏观性思维能够帮助律师准确判断案件的审判趋势。作为律师，对法律的发展趋势和审判动态的把握是非常重要的。通过宏观性思维，律师可以关注到某一类案件的整体审判趋势，从而更好地预测未来审判方向和法律解释的发展。这种判断能力可以帮助律师为当事人提供更加精准的法律服务，并使当事人在法律程序中获得更好的结果。

最后，宏观性思维还能够帮助律师更好地把握立法前瞻。作为法律专业人士，律师需要时刻关注立法动态和法律改革的方向。通过宏观性思维，律师可以更加敏锐地捕捉到立法变化的趋势，为当事人提供更有前瞻性的法律建议和解决方案。这不仅能够帮助当事人在当前法律环境下维护自己的权益，还能够为当事人在未来的法律变革中提供有力的支持和保障。

以吴英案为例，当年该案进入死刑复核程序时，在证据上、法律上的辩护已经不足以改变最高人民法院的死刑判决。此时，宏观性思维的重要性就体现出来了。律师需要从更高的角度来审视整个案件，例如对经济犯罪适用死刑的正当性问题进行探讨。通过这种宏观性思考，律师可以为当事人提供更加全面和深入的法律服务，从而为当事人争取更多的权益和机会。

综上所述，宏观性思维习惯是律师必备的能力之一。通过宏观性思维，律师可以更好地理解案件的整体情况，准确判断审判趋势和立法前瞻，为当事人提供更加全面和有效的法律服务。因此，作为律师，我们应该不断培养和提升自己的宏观性思维能力，以更好地应对复杂的法律问题，为当事人提供更加专业和高效的法律服务。

二、专注性思维习惯

在律师的职业生涯中，专注性思维习惯是至关重要的。这种专注性并不仅仅意味着在法庭上全神贯注地听取案件细节，更是对整个案件始终保持高度警觉和专注。这种能力不仅可以帮助律师避免因外界干扰而产生的失误，还能确保律师能够始终沿着既定的目标前进，不会因为各种外部因素的影响而偏离方向。

在处理案件时，律师往往会面临来自不同方面的搅扰。这些搅扰可能来自论辩对手，他们可能会采取各种手段试图分散律师的注意力，或者试图通过误导律师来影响案件的进展。此外，审判法庭也可能成为搅扰的来源，因为法官可能会提出各种问题或质疑，这就要求律师必须时刻保持清醒的头脑和稳定的情绪。

然而，有时候搅扰也可能来自律师自己的当事人。由于当事人通常会非常焦虑和紧张，他们可能会提出各种要求或建议，而这些要求或建议可能并不利于案件的进展。在这种情况下，律师必须有能力、有勇气对这些要求或建议进行评估，并作出终局性判断，以确保案件始终沿着正确的方向前进。

为了保持专注性，律师需要具备高度的自我控制能力和自我意识。他们需要时刻意识到自己的情绪状态，并确保自己的情绪不会干扰对案件的判断。同时，律师还需要具备高度的组织能力和时间管理能力，以确保自己能够有效地处理各种任务和文件，避免因混乱而产生的错误和延误。

为了培养专注性思维习惯，律师需要不断地进行自我反思和评估。他们需要审视自己在处理案件时的表现，并寻找改进的方法。此外，律师还需要不断地学习和提高自己的专业知识和技能，以确保他们能够始终保持最佳的状态，为当事人提供最优质的服务。

总之，专注性思维习惯是律师职业生涯中不可或缺的一部分。只有具备这种习惯的律师，才能始终保持清醒的头脑和稳定的情绪，确保案件始终沿着正确的方向前进。因此，对于律师来说，培养专注性思维习惯是至关重要的。

三、质疑式思维习惯

律师，尤其是代理刑事案件的辩护律师，天生就具有一种质疑的精神。质疑，可以说是他们一切工作的起点。在法律领域中，辩护律师的角色就如同给一辆势不可当的刑事诉讼战车安装了刹车片，确保诉讼过程不会因一时的冲动而失控。

对于辩护律师来说，保持独立、冷静的思考是至关重要的。他们需要从质疑的角度出发，审视每一项证据、每一个证人证言，确保不遗漏任何可能影响案件结果的关键信息。这种质疑的精神不仅是对自己职业的胜任，更是对当事人权益的负责。

当然，我们也必须承认，质疑并不总是正确的。但在法律领域中，失去质疑却是绝对的错误。因为只有通过不断的质疑和挑战，我们才能够接近事实的真相，为当事人争取到最公正的裁决。

辩护律师的质疑式思维习惯，实际上是一种对法律精神的坚守和对正义的追求。他们深知，每一次的质疑都可能影响到一个人的命运，甚至关系到整个社会的公正与和平。因此，他们需要始终保持高度的警觉和责任感，以确保法律的公正得以实现。

四、无私性思维习惯

作为律师，我们必须始终将当事人的利益置于首要位置，在必要时甚至要牺牲自己的利益。这种无私性思维习惯是律师职业道德的核心，也是我们赢得当事人信任和尊重的关键。

然而，在实际工作中，我们有时会遇到一些令人痛心的情形。笔者的一些朋友曾遭遇过类似的行为：他们为当事人提供了出色而有力的辩护，使得当事人的权益得到了保障，但当事人面对“解聘律师就予以释放”的条件，真的将律师辞退了。

面对这种情况，一些律师可能会因为当事人的“背叛”而感到苦恼和失望。然而，我们必须认识到，在当前法治环境下，我们仍然面临着许多挑战和困难。我们的道路仍然漫长而曲折，我们需要坚定地走下去，为正义和公平而奋斗。

因此，律师完全没有必要因为当事人的“背叛”而苦恼。我们应该保持冷静和理智，继续为当事人提供优质的法律服务。同时，我们也应该积极推动法治进步，为建立一个更加公正、公平的社会作出自己的贡献。

五、底线性思维习惯

在笔者多年的律师生涯中，笔者始终坚持关注并总结律师的底线问题。笔者认为，律师执业的底线不仅是职业行为的准则，更是未来一切成就的基础。无论是做人还是做事，坚守这一底线是让自己在错综复杂的律师江湖中不迷失的关键。

许多律师在执业多年后，可能会逐渐淡忘了自己最初选择这个职业的初衷。当有一天他们觉察到这一点时，或许已经偏离得太远。因此，保持对底线的关注和坚守，对于律师的职业生涯和个人成长至关重要。

首先，坚守底线是维护法律尊严和社会公正的必要条件。作为律师，我们是法律的实施者和捍卫者，我们的行为直接影响到社会的公正和法治。如果我们突破底线，不仅会损害法律的尊严，还会破坏社会的公正和稳定。因此，我们必须时刻保持清醒的头脑，明确自己的职责和使命，坚守法律的底线。

其次，坚守底线是提升律师个人品牌和信誉的关键。在竞争激烈的律师市场中，信誉和口碑是律师职业发展的重要因素。只有坚守底线，我们才能赢得客户的信任和尊重，树立良好的个人品牌形象，才能在激烈的竞争中脱颖而出，赢得更多的机会和资源。

最后，坚守底线有助于律师实现自我价值和职业成就。当我们坚守底线时，我们不仅是在为社会作贡献，也是在为自己创造价值和成就。我们的行为将激励我们去追求更高的目标，实现更大的梦想。

总之，底线性思维习惯是律师职业生涯中不可或缺的一部分。只有坚守底线，我们才能在复杂的律师江湖中保持清醒的头脑，作出正确的决策。只有这样，我们才能为社会、为客户、为自己创造更多的价值。让我们始终铭记初心，坚守底线，不断前行!

第三节　全面掌握法条的重要性

在辩护律师的职业生涯中，有三大基石技能，笔者称之为“辩护律师的三驾马车”，它们分别是：法律、证据和诉讼技巧。法律和证据是辩护律师在处理案件时面对的既定要素，如同稳固的大地。而诉讼技巧则可以比喻为辩护律师的智慧之源，指引律师如何运用法律和证据，取得最佳的辩护效果。

今日，我们将重点探讨辩护律师全面、细致掌握法律的重要性。律师作为法律专业人士，对法律的掌握是其职业的基本要求。然而，笔者在此强调的是，刑辩律师在掌握法律方面应具备更高的标准和要求。相较于侦查、公诉、审判等司法人员，刑辩律师应当更加深入、全面地掌握法律知识，以便在辩护过程中为客户提供更加精准、有力的法律支持。

一、全面掌握法条可以弥补律师在诉讼中的劣势

辩护律师在诉讼中的非优势地位要求其掌握更多法律知识。在刑事诉讼中，律师的地位与其他角色相比显得较为弱势。侦查、公诉、审判等环节都带有法律赋予的特殊职权性质，而律师则更多扮演着抗辩性角色，独立、对抗、民间的色彩更加浓厚。由于律师肩负着更多的救帮扶弱、捍卫私权的重任，其需要具备更为丰富的法律知识和更高的辩护技巧。

辩护律师在刑事诉讼中面临着诸多挑战。在侦查阶段，律师需要与侦查机关进行对抗，为犯罪嫌疑人提供法律援助。在审查起诉阶段，律师需要与公诉人进行对抗，为被告人争取权益。而在审判阶段，律师则需要与审判机关进行对抗，为被告人辩护。尤其是在审判阶段，辩护律师往往需要以一敌二，对抗公诉人、合议庭。这种情况下，辩护律师需要具备更为全面的法律知识和更高的辩护技巧。

为了应对这些挑战，辩护律师需要不断提高自己的法律知识水平。他们

需要深入研究案件的具体细节和相关法律法规，了解不同国家、不同司法体系的法律规定和判例法，以便更好地为自己的客户提供法律服务。同时，辩护律师还需要具备丰富的辩护经验和技巧，以便在诉讼中取得更好的结果。

此外，辩护律师还需要注重与当事人、侦查机关、公诉人、审判机关等各方的沟通和协调。他们需要了解各方的利益诉求和关切点，以便更好地为自己的客户提供法律服务。同时，辩护律师还需要注重与其他律师、专家证人等的合作，以便更好地完成辩护任务。

总之，辩护律师在诉讼中的非优势地位要求其掌握更多法律知识，并具备丰富的辩护经验和技巧。为了更好地应对挑战，辩护律师需要不断提高自己的法律知识水平，注重与各方的沟通和协调，以及与其他律师、专家证人等的合作。

二、证据是相对固定的，而法条却可以灵活运用

在刑事诉讼中，律师的调查取证权是受到严格限制的。即使律师成功获取了一些证据，这些证据也可能因为各种外部因素的干扰发生变化甚至丢失。因此，在通常情况下，辩护律师面对的证据材料都是经过侦查人员专业取证和公诉人专业审核后的既定事实。在公检法人员眼中，这些材料往往能够证明被告人有罪。

然而，在法律适用方面，辩护律师拥有较大的主动权。首先，在罪名的确定上，如果公诉人指控被告人犯有 A 罪，辩护律师可以主张适用量刑相对较轻的 B 罪进行认定。其次，在程序法律的适用上，辩护律师如果能够掌握更多、更详细的法律规定，有时可以彻底改变整个案件的走向。

以笔者曾辩护过的一起涉黑案件为例，侦查人员在抓捕时当场缴获了 50 克毒品，并据此指控被告人涉嫌非法持有毒品罪。在庭审时，笔者指出：虽然被告人承认现场缴获的物品由其持有，但侦查人员在现场并没有对这些物品进行封存、编号，也没有依法让犯罪嫌疑人签字确认。因此，送交检验鉴定的相关物品并不能证明就是现场所提取的那些物品。所以，即使被告人曾持有过一些毒品，也不能认定起诉所指控的相关毒品就是在现场缴获的那些

物品，也就无法证实鉴定结论中所称的毒品与被告人曾经持有的是同一宗物品。最终，合议庭采纳了笔者的辩护观点，对被告人未认定非法持有毒品罪。

这个案例充分说明，辩护律师所掌握的法律、法规应当比侦查人员和公诉人更加细致、全面。如果侦查人员在现场查缴毒品时能够依法进行封存、编号并要求犯罪嫌疑人确认等，就可以避免出现此类漏洞。

辩护律师要充分发挥自身的作用，不断深入学习和掌握更多、更全面的法律、法规。

三、证据搜集的目的具有进攻性，而法律却是中性的

在刑事诉讼过程中，证据的收集是至关重要的环节。侦查机关承担着证明犯罪嫌疑人实施犯罪行为并应当受到刑罚处罚的责任，因此需全面收集各种证据。根据《刑事诉讼法》[1]的规定，无论是证明有罪、无罪还是罪轻的证据，都应当被充分收集并随案移送。

然而，在实践操作中，刑事诉讼的主要焦点仍然是有罪的证明。在处理刑事案件时，笔者特别关注审讯次数的核查。有时，通过询问犯罪嫌疑人或核对笔录次数，笔者发现存在讯问笔录未被完整纳入卷宗的情况。这些卷宗往往对犯罪嫌疑人或被告人有利。因此笔者认为，刑事卷宗的大部分材料都是为了证明被告人的犯罪行为而收集的，属于进攻型证据。

相对而言，法律运用方面则更为中性，辩护律师在这方面具有更大的灵活性和自主权。他们不受公诉人或审判人员的限制，能够更充分地利用法律进行辩护。例如，笔者曾代理的一起故意伤害致死案件，是一起具有正当防卫因素的案件。然而，在庭审前一天，审判长告知我公诉人只打算出示证明被告人有罪的证据，而那些可能证明被告人罪行较轻的证据将不被出示。如果辩护人认为需要出示这些证据，可以自行提出。我立即反驳了这一举措，指出根据《刑事诉讼法》，公诉人有义务全面出示证据。但审判长表示他不能指示公诉人如何行事。面对这种情况，辩护人需要灵活应对。我早已熟悉案

---

〔1〕《刑事诉讼法》，即《中华人民共和国刑事诉讼法》。为表述方便，本书中涉及我国法律文件直接使用简称，省去“中华人民共和国”字样，全书统一，后不赘述。

卷内容，自行举证不是问题。然而，如果我这么做，不仅会纵容公诉人不履行职责的行为，也违背了被告人无需自证清白的基本原则。因此，在庭审开始时，我提出了申请公诉人回避的请求，理由是公诉人拒绝履行全面举证的职责，这可能导致无罪之人面临错误判决。经过几天休庭后，审判长告知我公诉人已改正错误，同意全面举证。此案经过数次庭审，法院最终认定被告人的行为属于正当防卫。

从这一案例中可以看出，辩护律师在刑事诉讼中扮演着重要的角色。他们需要充分了解案情和法律条款，以便在庭审中提出有力的辩护。同时，公诉人也应履行其职责，全面出示证据以支持其主张。只有双方都遵循法律规定，才能确保刑事诉讼的公正性和准确性。

四、有利于被告人的证据未必被采信，但有利于被告人的法律必须被遵守

在司法实践中，证据的审核认定是一个至关重要的环节。由于证据的认定涉及事实的判断，因此在这个过程中，主观性的影响是不可忽视的。这就意味着，是否采信有利于被告人的证据，很大程度上取决于法官的自由裁量权。

首先，我们需要明确一点，法官在审核认定证据时，不可避免地会受到自身知识、经验、价值观等因素的影响。这就使得证据的采信与否并非完全基于客观事实，而是与法官的主观判断密切相关。因此，对于同一份证据，不同的法官可能会有不同的看法和判断。

然而，在辩护人提出某个法律规定有利于被告人时，法官通常会更加审慎地考虑这些规定。这是因为法律规定通常是基于广泛的社会共识和法律原则制定的，具有一定的客观性和公正性。当辩护人提出有利于被告人的法律规定时，实际上是在提醒法官从更宏观的角度去审视证据和事实，避免因个人主观因素而产生偏差。

为了确保司法公正和客观性，我们需要在制度层面进行规范和约束。例如，可以建立更加严格的证据采信规则和程序以及加强司法监督等措施，提高法官的素质和能力。通过这些措施，我们可以尽可能地减少主观性对证据

审核认定的影响，确保司法公正和客观性的实现。

证据的审核认定是一个复杂而重要的过程。在这个过程中，主观性的影响是不可避免的，但我们可以采取一系列措施来规范和约束这个过程，以确保司法公正和客观性的实现。

综上所述，对于刑事案件的辩护，律师需要充分运用法律和证据两大要素。然而，全面、细致地掌握法律规定在辩护中显得尤为重要。因此，律师在辩护过程中应注重对法律规定的深入理解和全面掌握，以增加辩护的成功概率。

第四节　保密规则的灵活运用

辩护律师有义务保守执业过程中所获悉的不利于被告人（含犯罪嫌疑人，此下不赘）的信息。这一点由《律师法》第 38 条和《刑事诉讼法》第 48 条予以明确规定。但是在实际执业过程中如何运用这一法定权利（义务）来保障被告人与辩护律师的合法权利，则是一个需要非常丰厚经验积累才能落实到位的问题。

一、“辩护律师保密”制度的设置初衷

在刑事案件的侦查和审判过程中，国家设置了众多的部门来实现追究犯罪的目的。2018 年修正的《刑事诉讼法》更是明确规定行政部门调取的证据材料可以作为刑事案件审理的证据。这实际上是赋予工商、税务等原本不具备刑事侦查权的行政单位“制作”刑事案件指控证据的权力。基于此，就更加需要强调：辩护律师的设置目的在于对私权的保障。

从“无罪推定”原则的角度看，指控犯罪的义务人是国家所设置的各职能部门。而辩护律师对被告人的保密义务，是法律的明文规定。

二、保密制度的灵活运用

并不是侦查机关针对案件事实找律师调查取证时，保密义务才得以运用。这一规则更体现在一些突发场景中。试举以下三个例子：

1. 代理案件过程中遭受非法滋扰

比如，办案单位以查房的名义对律师进行调查，甚至制作笔录。笔者代理山东以外某些省份的案件时，曾遭遇过半夜甚至凌晨三四点被查房的情况；也遭遇过被不明身份的人殴打后，被带至派出所进行调查的情况。

遭遇类似突发情况时，辩护律师一定要区分哪些情况是与突发事件相关的信息、哪些是与所代理案件的当事人相关的信息。对于涉及所代理案件的相关信息，一定要以“保密义务”为护盾拒绝答复。这不仅是在维护律师的自身权益，也是避免被告人家属或者其他提供帮助的人受到打击报复。

2. 防范以记者的名义干扰律师辩护

毋庸置疑，记者自身有采访和报道案件的权利。但律师担任辩护人时，如果遇到站在被害人一方立场进行采访的记者采访时，却需要格外遵循对被告人的保密义务，谨慎应对。

有些年轻律师缺少经验，突遇记者采访，特别是没有预约的突击采访（比如电话）时往往不知所措。笔者的建议如下：首先，不能直接挂断电话，或者答复拒绝采访。因为律师不接电话或拒绝采访的举动，本身就是一个新闻点，容易引发公众误会。其次，要求对方带着相关证件，进行面对面的采访。这不但可以争取到较充分的准备时间，还可以避免被冒充记者身份的人不当骚扰。最后，无论在电话里还是面对面接受采访，一定要首先表明自己的保密义务，遇到不该回答的问题，更要反复强调是基于保密义务而无法回答，避免被曲解。

3. 犯罪嫌疑人向辩护律师提出非法要求时的处理

辩护律师在刑事诉讼中扮演着重要的角色，他们负责为被告人提供法律辩护，保护被告人的合法权益。然而，在某些情况下，被告人可能会提出一些非法的要求，这让辩护律师面临着一个棘手的问题：如何处理这些要求。

首先，辩护律师的职责是坚决不能为被告人提供任何非法帮助。这是基于律师职业道德和法律规定的明确要求。无论被告人提出何种要求，律师都必须保持清醒的头脑，坚守法律的底线，不能有任何违反法律的行为。

然而，当被告人提出非法要求时，辩护律师也知晓了这一非法事实的存在。这就使得律师面临着一个道德和法律上的困境。比如，在会见过程中，被告人可能会突然提出家中有个笔记本记载了涉案信息，要求律师转告其家人予以藏匿。这种情况下，律师就不得不面对一个问题：如何处理“家中藏有物证”的信息。

根据《刑事诉讼法》第48条的规定，辩护律师不能为被告人提供任何涉及危害国家安全、公共安全以及严重危害他人人身安全的犯罪的帮助。因此，对于被告人要求藏匿物证的要求，律师应当明确拒绝，并且要提醒被告人这种行为可能会给其亲属带来犯罪风险。

此外，辩护律师在办案过程中对所知悉的信息应当保密，不能泄露给任何一方。这是因为这些信息可能涉及被告人的个人隐私、案件的关键证据等敏感内容，一旦泄露，不仅可能影响案件的公正审理，还可能对被告人的合法权益造成严重侵害。

综上所述，辩护律师在面对被告人提出的非法要求时，必须始终保持清醒的头脑，坚守法律的底线。在拒绝被告人要求的同时，提醒被告人行为的后果，并且要保守自己在办案过程中所知悉的信息。只有这样，才能真正履行辩护律师的职责，保护被告人的合法权益，维护法律的公正和尊严。

第二章

案件受理

第一节 刑辩律师的重要作用

作为犯罪嫌疑人的亲属，当亲人涉嫌刑事犯罪并面临调查和抓捕时，除了感到震惊，可能首先会考虑是否需要请律师以及如何选择合适的律师。这类问题可能已经多次被解答，但为了方便大家，笔者做一个简单的归纳和统一答复。

一、刑辩律师的作用

法律的施行具有不可逆转性，这意味着法律程序一旦启动，就会按照既定的节奏和方向进行，没有合法原因不会停滞或回溯。每个程序阶段仅有一次机会，错过则无法弥补或重新开始。

刑事案件通常经历以下阶段：侦查或调查、检察院审查起诉、法院一审和法院二审。对于大多数犯罪行为，公安部门是主要的侦查机关（某些特定类型的案件，例如职务犯罪，则由监察委员会负责调查）。在我国的司法模式下，犯罪嫌疑人在调查期间往往会被采取羁押措施，这意味着一旦某人被视为涉嫌犯罪，他将被相关机构拘留，与家属的通讯可能会被切断。

在此阶段，律师的介入显得至关重要。公安、监察、检察、法院等机构的职责是代表国家追究犯罪，行使公权力。而律师则代表私权利，旨在制衡和监督公权力的运行。律师的首要职责是确保犯罪嫌疑人的合法权利不受侵犯。

当犯罪嫌疑人失去人身自由时，除了律师，他们接触的大多是对立面或同样处于困境的其他犯罪嫌疑人。只有家属委托的律师能够从犯罪嫌疑人的角度出发，为其提供咨询和帮助，甚至对执法人员的违法行为提出控告。为此，《刑事诉讼法》和《律师法》赋予律师一些特殊的权力，例如会见权、向侦查机关了解案情的权利以及对违法行为的控告权。

综上所述，对于涉嫌犯罪被捕的家属来说，尽快聘请律师是必要且紧迫的。

二、刑辩律师需要专业化

不可否认，中国在几千年的历史进程中，宗族和门第一直是维系社会秩序的重要基石，而人情在维护社会关系方面也起到了至关重要的作用。受此传统影响，不少人在遭遇突发事件时，首先想到的是“托关系”解决问题。这一惯性思维，甚至延伸到寻求法律服务的过程中。

自笔者从事律师职业以来，已不止一次地听到当事人询问“找关系是否有用?”或“刘律师，您能否帮我找关系?”诸如此类的问题。这里笔者想深入剖析一下“关系”在法律问题上的实际效用。

首先，我们来思考一下，家属希望通过关系解决的核心问题是什么?答案无疑是他们亲人的刑事指控问题。他们所期望的解决结果又是什么呢?大多数家属的内心预期是亲人能够无罪释放，或者至少获得比法定刑更轻的判决。

那么，我们现在需要直面这样一个问题：到底是什么样的“关系”会冒着自身违法，并可能因此入狱的风险，帮忙解决所交托的案件呢?许多家属之所以一直深信关系能够起到作用，是因为他们未能看清这背后的真相：这其实是一种试图通过犯罪手段掩盖另一项犯罪的行为！无论是为亲人脱罪还是减轻其刑罚，都是严重的犯罪行为。试问，又有哪种“关系”会不顾自身职务、前途，甚至冒着入狱的风险来施加帮助呢?

很明显的是，当犯罪嫌疑人的家属寻求这种所谓的“关系”时，最终将落得人财两空的局面！

三、刑辩律师的特征

在刑事辩护领域，专业性和专注性是两个至关重要的因素。首先，专业性要求律师具备深厚的法律知识和丰富的实践经验，能够对案件进行全面、准确、深入的分析和研究。专注性则要求律师在处理案件时保持高度的责任心和敬业精神，全身心地投入案件，为当事人提供最优质的法律服务。

专业性是律师执业的基础。在刑事辩护中，专业性要求律师具备扎实的法律知识基础，对刑法、刑事诉讼法等法律法规有深入的了解和掌握。同时，还需要具备丰富的实践经验，能够灵活应对各种复杂的案件情况。专业性还要求律师在处理案件时保持客观、中立的态度，不受任何外界因素的干扰，为当事人提供客观、准确的法律意见。

专注性是律师执业的保障。在刑事辩护中，专注性要求律师始终保持高度的责任心和敬业精神，对每一个案件都认真对待，全力以赴。专注性还要求律师在处理案件时注重细节，善于发现案件中的关键信息和线索，从而为案件的辩护提供有力的支持。同时，专注性还要求律师在处理案件时具有耐心和毅力，不畏困难和压力，坚持到底，为当事人争取最大的合法权益。

总之，专业性和专注性是刑辩律师必备的素质。只有具备这两方面的素质，才能成为一名合格的刑辩律师，为当事人提供最优质的法律服务。一个较为杰出的刑辩律师应当具备两大特质：首先，专注于刑事辩护领域；其次，对于受理的案件数量有所节制。

第二节　律师费应该按照阶段收取吗

我国法治建设起步较晚，律师制度尚处于初期发展阶段，一些习以为常的理念和做法还需在实践中不断检验和修正。分阶段收取律师费用是辩护理念不成熟的表现之一，需要进行深入探讨。在先前的文章中，我们曾提及刑事案件通常会经历公安侦查、检察院审查起诉、法院审理等三个阶段。在过去几十年中，律师收费的通行做法是按照这三个阶段分别计取。然而，这种收费方式存在一些弊端，需要引起我们的关注。

一、刑事案件的阶段并非固定不变

在处理刑事案件时，通常会经历侦查、起诉、审理这三个阶段。然而，在实际操作中，这些阶段经常存在交叉和反复的情况。以检察院审查起诉阶段为例，法律允许将案件退回公安机关进行两次补充侦查。在这种情况下，如果辩护律师仅按照阶段接受委托，一旦遇到案件退回公安机关补充侦查的情况，律师将失去继续介入的权利和义务，甚至可能丧失到看守所会见犯罪嫌疑人的资格。

进一步讲，如果律师希望在补充侦查期间继续提供服务，需要与当事人重新签订公安阶段的委托合同并收取相应的律师费。这样的操作可能会给当事人造成最初约定不明确，或律师变相多收费的误解。

此外，即使案件已经进入法院审理阶段，也不意味着可以按照单一阶段来计算律师费。因为在某些情况下，检察院仍可能补充新的证据材料。根据《刑事诉讼法》的规定，审判阶段的补充侦查也可进行两次。

以笔者十几年前在山东梁山代理的一起故意伤害案为例，该案中被告人造成一死两重伤的后果。在庭审中，笔者指出案件中存在大量有利于被告人的证据未被依法调查和移送法庭。随后，法院休庭近一年，待相关材料补充齐全后才继续审理。最终，这起原本可能判处死刑的案件，被认定为防卫过当，仅判处 3 年有期徒刑。这个案例充分体现了辩护律师在刑事案件中的专业作用，尤其是在寻找案件疑点和错误方面。

对于上述案件，如果采取阶段收费的方式，无疑对律师极为不公。

二、按阶段委托，束缚律师手脚

以下是更重要的第二个理由：按照阶段收费的方式，与当事人寻求律师代理的目标存在冲突。当事人希望按照程序阶段支付律师费，主要是为了观察律师的实际表现，认为没有必要在一开始就确定后续阶段的代理事宜。

刑事辩护案件作为法律事务中最为复杂的一类，不仅要求律师具备专业的知识和技能，还要求律师具备灵活应变的能力和超乎寻常的勇气。如果当事人对律师缺乏充分的信任，律师可能只能采取较为保守的辩护策略。那些具有创新性的辩护方案或成功把握不大的策略可能因此被束之高阁。

以笔者所在辩护团队的实例来说，近期我们在临沂和济南取得了两份《不起诉决定书》。在这两起案件中，我们不仅组织了跨地域的律师团队进行代理，还同时为当事人启动了行政控告和民事诉讼等多种维权手段。用律师行业的行话来说，这就是运用多元化的策略来化解刑事追诉。

这两起案件能够实现无罪的重要因素之一，就是当事人对律师的充分信任！当律师提出需要增加新的律师介入时，当事人能够迅速作出决策；当律师提议对某些侵权行为进行控告时，当事人也没有过多的顾忌。

只有在当事人对律师充分信任的基础上，律师才可能毫无保留地与当事人沟通自己的想法。如果律师的建议在当事人那里得不到积极的响应，或者当事人总是犹豫不决、无法果断决策，这自然会影响律师跟进案件的积极性，限制了律师从多角度寻求最佳解决方案的可能性。

选择律师是一件需要慎重考虑的事情，但一旦你选定了一位律师，就应该给予他全方位的信任。

三、分阶段计费或会导致律师消极代理

律师费分阶段支付确实存在一些潜在问题，其中最突出的是可能影响律师的办案积极性。如果律师过早地帮助当事人摆脱罪责，他们所获得的报酬反而较少，这无疑会削弱律师的工作动力，难以保证他们始终以当事人的权益为首要目标。

当工作目标和经济效益发生冲突时，很难确保每位律师都能够心态平和地继续以当事人的利益为首要考虑。相反，如果律师越努力争取为当事人尽快摆脱罪责，他们所获得的时间效益就越高，这自然会激发律师尽快结案的积极性。

因此，在考虑分阶段支付律师费时，我们必须谨慎权衡其可能带来的影响，以确保能够激发律师的工作动力并始终以当事人的权益为首要目标。

四、优秀律师不会为阶段案件投入精力

另外，作为一名专业的刑辩律师，一旦正式接受委托，便需要投入大量

的时间和精力。我们需要深入研究案情，仔细研判并寻找证据之间的矛盾与疏漏。同时，还需从多个角度辅导当事人如何正确应对审讯和审判。从接受委托的第一天起，专业刑辩律师便已开始为法庭审理做准备。若当事人选择分阶段委托律师，这无异于让人拉着半满的弓去射箭。如此一来，律师的能力无法得到充分发挥，最终也难以实现射中目标的任务。

五、其他不利影响

从犯罪嫌疑人的视角出发：若频繁更换律师，犯罪嫌疑人与其律师之间难以建立深厚的熟悉与信任关系，进而难以形成有效的协作。最终，犯罪嫌疑人的诉讼利益将受到损害。

从办案单位的立场来看：他们可能会认为当事人多疑且缺乏判断力。同时，他们也可能对律师产生轻视态度，不再尊重律师提出的辩护意见。

从律师的角度出发：中途退出某一案件的代理，难免会引发他人的猜疑，进而影响律师的声誉。因此，许多刑辩律师在一开始就会拒绝接受分阶段委托的案件。这导致那些试图分阶段支付律师费的当事人，很可能错过与优秀律师合作的机会。

我们做一个简单总结：首先，诉讼阶段存在变化的可能，若严格按照阶段划分，可能导致为同一刑事案件签订多份代理合同并支付多次律师费。其次，刑事辩护复杂且艰难，律师可能需要运用多种法律手段维护当事人的权益。分阶段代理可能会束缚律师的手脚，使其难以施展复杂的辩护技巧。再次，分阶段付费可能引发律师消极代理案件的问题。最后，分阶段委托可能错失优秀律师的代理。

第三节　及时委托律师的重要性

在面对侦查机关采取的拘留等强制措施时，犯罪嫌疑人及其家属往往会陷入迷茫与困惑，对于是否需要请律师、何时请律师以及律师能起到多大的帮助作用等问题感到疑虑。甚至一些年轻律师，由于较少接触刑事辩护领域，对刑辩律师尽快介入案件的重要性也缺乏深刻的理解。本节将从几个核心方面进行深入剖析，以为犯罪嫌疑人家属和有意从事刑事辩护的年轻律师提供有益的指导。

一、犯罪嫌疑人需要专业律师提供帮助

犯罪嫌疑人从第一次面对侦查机关的讯问开始，便踏入了一段漫长而煎熬的历程。在这一期间，他们与外界的通讯几乎被完全隔绝，无法与家属和其他亲友见面或交流。这是一种极其孤立无助的状态，会让人深感焦虑和无助。

犯罪嫌疑人面临的每一步程序，都需要完全服从侦查人员的安排。他们接受讯问、人身检查或搜查，被带到涉案现场进行指认和辨识物证，甚至还要面对被害人和证人的辨认。在这个过程中，他们无法做出任何选择，只能被动地接受一切。这种状态对于任何人来说都是一种极大的心理压力和挑战，内心的不安和恐惧几乎让人无法承受。

除了心理上的煎熬，犯罪嫌疑人还要面对一系列的程序和手续。他们需要接受看守所的严格体检，然后被正式移交给看守所收押。这些程序都需要严格遵守法律程序，确保犯罪嫌疑人的合法权益得到保障。然而，对于犯罪嫌疑人来说，每一个程序都是一次新的煎熬和挑战。

面对这样的困境，犯罪嫌疑人的内心世界往往充满了无助和惶恐。他们担心自己的命运，不知道未来会面临怎样的指控和审判。这种未知的恐惧往往比肉体的折磨更让人难以忍受。而对于其家人和亲友来说，他们同样面临着巨大的心理压力和痛苦。他们无法与犯罪嫌疑人沟通，只能默默祈祷，希望一切能够尽快结束。

在司法实践中，辩护律师的介入无疑可以帮助犯罪嫌疑人减轻，甚至化解上述焦虑和困境：尽可能地减少对犯罪嫌疑人采取强制措施的可能性；保障犯罪嫌疑人不被非法侵害并充分行使自我辩解的权利；强化对侦查机关的监督，确保他们在办案过程中严格遵守法律程序和规定，防止其滥用职权和侵犯犯罪嫌疑人合法权益的情况发生。

二、犯罪嫌疑人接收到的信息，需要律师提供意见

根据我国现行法律法规，在犯罪嫌疑人被采取强制措施后，他们接触的

人员主要分为三类：

首先，是侦查办案人员。他们的主要任务和职责是确保准确、及时地查明犯罪事实，并依法惩罚犯罪分子。在讯问犯罪嫌疑人的过程中，侦查人员所使用的语言、姿态以及办案场所的氛围，往往展现出国家强制机关的威严和权威，目的在于促使犯罪嫌疑人放弃侥幸心理，尽快交代涉案行为。

其次，是看守所的监管人员。根据《看守所条例》，他们的职责不仅在于对被羁押人实行武装警戒看守，保障安全，还要对其进行教育，管理生活和卫生，确保侦查、起诉和审判工作的顺利进行。因此，监管人员传递给犯罪嫌疑人的信息或多或少带有消极和负面的色彩，对犯罪嫌疑人的自信和能力产生一定的负面影响。

最后，是其他犯罪嫌疑人。主要指犯罪嫌疑人在看守所内接触的其他被羁押人员，包括同案犯和其他在押犯。这类人员由于可能确实实施了违法犯罪行为，对未来往往不抱有任何期望；同时，随着被关押时间的延长，他们受到负面信息的影响越深，能够提供的意见和建议也就越发消极。

三、犯罪嫌疑人地位被动，需要辩护律师提供帮助

“坦白从宽、抗拒从严”，这句深入人心的法律格言，在刑事司法实践中却并非如人们想象中那般简单明了。坦白与抗拒的界限在哪里？当犯罪嫌疑人对自身行为的法律性质与侦查人员产生认知分歧时，该如何进行辩解？若辩解未被接受，甚至未被记录在案，又该如何应对？再者，若侦查人员记录的内容与自己所述事实存在出入，是否有权要求修改和纠正？若提出这样的要求被指责为态度不端正，又该如何应对？近年来，随着“认罪认罚从宽制度”的推行，这一系列问题变得更为复杂。

首先，如何界定“坦白”与“抗拒”？在实践中，有时候犯罪嫌疑人的坦白可能被视为抗拒，而抗拒也可能被视为坦白。这不仅会导致司法公正的失衡，也会使得犯罪嫌疑人的权利受到侵害。因此，需要进一步明确坦白与抗拒的界限，确保司法公正。

其次，对于侦查过程中出现的笔录问题，也应引起重视。当侦查人员记录的内容与犯罪嫌疑人所述事实不一致时，犯罪嫌疑人应有权利要求修改和

纠正。这不仅是保障犯罪嫌疑人合法权益的需要，也是确保案件事实清楚、证据确凿的必要条件。

最后，在“认罪认罚从宽制度”实施过程中，一些犯罪嫌疑人由于理解不当产生了一定的心理压力，有时不敢提出辩解。因此，需要对这一制度进行深入的反思和改革，以保障犯罪嫌疑人的合法权益。

所以说，“坦白从宽、抗拒从严”虽然在理论上是公正的，但在现实上是复杂的。辩护律师的及时介入，可以解决或者避免犯罪嫌疑人不当认罪，过度认罪，把原本自己没有参与或者参与度不高的案件承担下来等问题。

四、对案件结果的预期，需要专业律师的指导

我国现行法律体系在实施过程中需要依赖最高人民法院、最高人民检察院、公安部等“非立法机关”制定的司法解释或实施细则等配套文件才能够得以运转。这种现象不仅使得法律的制定和执行变得复杂化，也影响了法律的权威性和可操作性。

“徒法不能以自行”这句古语，在今天可以解释为：如果只依赖全国人大制定的法律，法律将寸步难行。以《刑法》为例，虽然它有 452 个条文，涉及 483 个罪名，但在实际运用中，各个条文及具体罪名的运用都依赖于众多的司法解释。这意味着即使侦查办案人员依法告知了犯罪嫌疑人所涉罪名的刑法条文，犯罪嫌疑人也难以准确判断自己的行为是否符合该罪名的构成要件，更无法有针对性地进行无罪或罪轻的辩解和陈述。

辩护律师的及时介入在刑事司法程序中具有至关重要的作用。他们能够从有利于犯罪嫌疑人的角度，为其进行有力的辩护，从而有助于保障犯罪嫌疑人的合法权益。

首先，辩护律师的介入可以为犯罪嫌疑人提供法律咨询和帮助。在面临刑事指控时，犯罪嫌疑人往往处于极度焦虑和恐惧之中，很难理性地分析案件情况并为自己辩护。辩护律师的及时介入可以为犯罪嫌疑人提供专业的法律意见和指导，帮助其了解自己的权利和义务，以及在诉讼过程中可能面临的法律风险。通过与辩护律师的沟通，犯罪嫌疑人可以更加清晰地了解自己的处境，从而作出更加明智的决策。

其次，辩护律师可以从有利于犯罪嫌疑人的角度进行分析和判断。他们具有丰富的法律知识和实践经验，能够深入研究案件材料，发现有利于犯罪嫌疑人的证据和细节。通过辩护律师的介入，犯罪嫌疑人可以获得更加全面和客观的法律分析，从而更好地为自己辩护。

最后，辩护律师还可以协助犯罪嫌疑人提出上诉或申诉。在刑事诉讼过程中，如果犯罪嫌疑人对自己的判决结果不满意，可以通过辩护律师提出上诉或申诉。辩护律师可以帮助犯罪嫌疑人整理相关证据和材料，撰写上诉状或申诉书，并在法庭上为其进行有力的辩护。通过这种方式，辩护律师可以帮助犯罪嫌疑人维护自己的合法权益，并确保司法公正得到实现。

综上所述，辩护律师的及时介入对于保障犯罪嫌疑人的合法权益具有重要意义。他们能够为犯罪嫌疑人提供专业的法律咨询和指导，从专业角度进行分析和判断，并协助其提出上诉或申诉。因此，我们应该重视辩护律师在刑事司法程序中的作用，并为其提供充分的支持和保障。

五、辩护律师可以纠正不当讯问、违法讯问

我国法律对犯罪嫌疑人的合法权益有着严格的保护规定。在执法过程中，必须遵守一系列规定，以确保犯罪嫌疑人的合法权益不受侵犯。例如，在讯问过程中，必须保证至少有两人参与；在传唤或拘传后，如果认为需要拘留或逮捕，必须在24小时内将犯罪嫌疑人送至看守所羁押。此外，对于未成年犯罪嫌疑人，讯问时必须有其监护人在场。在讯问前，必须向犯罪嫌疑人告知其权利和义务，犯罪嫌疑人对于与案件无关的问题有权拒绝回答。讯问笔录必须交由犯罪嫌疑人核对，犯罪嫌疑人也有权要求修改或纠正笔录内容。对于部分案件，讯问过程应当进行同步录音录像。犯罪嫌疑人还有权知晓鉴定意见，并要求进行补充或重新鉴定。

辩护律师有责任向犯罪嫌疑人解释这些规定，并指导犯罪嫌疑人在其权益受到侵害时运用这些规定来维护自身权益。这些规定需要办案人员严格遵守，同时也需要辩护律师的专业辅导和解读，以确保犯罪嫌疑人的合法权益得到充分保障。

第三章

受理案件后的准备工作

第一节　有关管辖的注意事项

侦查机关对刑事案件的管辖权是一个关键问题，却常常被多数律师忽略。在处理案件时，一些办案单位可能会因为各种利益关系而超越其管辖范围，从而对案件行使管辖权。这种做法可能导致后续的侦查活动偏离正轨，进而产生错误的判断。

为了确保对案件的正确处理，我们首先要依据《刑事诉讼法》及相关规定，明确管辖权的归属。这包括判断案件是否属于公安机关主管，并进一步划分地域管辖、级别管辖、机构管辖和专门管辖的范围。此外，我们还需注意管辖禁止规定。

作为辩护律师，对于刑事案件的管辖权问题，我们必须始终保持高度的警惕和严谨的态度，以确保后续的侦查活动能够依法进行，避免出现错误影响程序推进。

一、不归公安机关管辖的案件

（1）监察机关管辖的职务犯罪案件。

（2）人民检察院管辖的在对诉讼活动实行法律监督中发现的司法工作人员利用职权实施的非法拘禁、刑讯逼供、非法搜查等侵犯公民权利、损害司法公正的犯罪，以及经省级以上人民检察院决定立案侦查的公安机关管辖的国家机关工作人员利用职权实施的重大犯罪案件。

（3）人民法院管辖的自诉案件。对于人民法院直接受理的被害人有证据证明的轻微刑事案件，因证据不足驳回起诉，人民法院移送公安机关或者被害人向公安机关控告的，公安机关应当受理；被害人直接向公安机关控告的，公安机关应当受理。

（4）军队保卫部门管辖的军人违反职责的犯罪和军队内部发生的刑事案件。

（5）监狱管辖的罪犯在监狱内犯罪的刑事案件。

（6）海警部门管辖的海（岛屿）岸线以外我国管辖海域内发生的刑事案件。对于发生在沿海港岙口、码头、滩涂、台轮停泊点等区域的，由公安机关管辖。

（7）其他依照法律和规定应当由其他机关管辖的刑事案件。

二、对公安机关管辖的属地规定

（1）刑事案件由犯罪地的公安机关管辖。如果由犯罪嫌疑人居住地的公安机关管辖更为适宜的，可以由犯罪嫌疑人居住地的公安机关管辖。

法律、司法解释或者其他规范性文件对有关犯罪案件的管辖作出特别规定的，从其规定。

（2）犯罪地包括犯罪行为发生地和犯罪结果发生地。犯罪行为发生地，包括犯罪行为的实施地以及预备地、开始地、途经地、结束地等与犯罪行为有关的地点；犯罪行为有连续、持续或者继续状态的，犯罪行为连续、持续或者继续实施的地方都属于犯罪行为发生地。犯罪结果发生地，包括犯罪对象被侵害地、犯罪所得的实际取得地、藏匿地、转移地、使用地、销售地。

居住地包括户籍所在地、经常居住地。经常居住地是指公民离开户籍所在地最后连续居住一年以上的地方，但住院就医的除外。单位登记的住所地为其居住地。主要营业地或者主要办事机构所在地与登记的住所地不一致的，主要营业地或者主要办事机构所在地为其居住地。

（3）针对或者主要利用计算机网络实施的犯罪，用于实施犯罪行为的网络服务使用的服务器所在地，网络服务提供者所在地，被侵害的网络信息系统及其管理者所在地，以及犯罪过程中犯罪嫌疑人、被害人使用的网络信息系统所在地，被害人被侵害时所在地和被害人财产遭受损失地的公安机关可以管辖。

（4）在行驶中的交通工具上发生的刑事案件，由交通工具最初停靠地公安机关管辖；必要时，交通工具始发地、途经地、目的地公安机关也可以管辖。

（5）在中华人民共和国领域外的中国航空器内发生的刑事案件，由该航空器在中国最初降落地的公安机关管辖。

（6）中国公民在中国驻外使、领馆内的犯罪，由其主管单位所在地或者原户籍地的公安机关管辖。

中国公民在中华人民共和国领域外的犯罪，由其入境地、离境前居住地或者现居住地的公安机关管辖；被害人是中国公民的，也可由被害人离境前居住地或者现居住地的公安机关管辖。

（7）几个公安机关都有权管辖的刑事案件，由最初受理的公安机关管辖。必要时，可以由主要犯罪地的公安机关管辖。

具有下列情形之一的，公安机关可以在职责范围内并案侦查：一人犯数罪的；共同犯罪的；共同犯罪的犯罪嫌疑人还实施其他犯罪的；多个犯罪嫌疑人实施的犯罪存在关联，并案处理有利于查明犯罪事实的。

三、级别管辖和专门管辖

1. 级别管辖

（1）县级公安机关负责侦查发生在本辖区内的刑事案件。

（2）设区的市一级以上公安机关负责下列犯罪中重大案件的侦查：危害国家安全犯罪；恐怖活动犯罪；涉外犯罪；经济犯罪；集团犯罪；跨区域犯罪。

上级公安机关认为有必要的，可以侦查下级公安机关管辖的刑事案件；下级公安机关认为案情重大需要上级公安机关侦查的刑事案件，可以请求上一级公安机关管辖。

2. 专门管辖

有关专门管辖的划分包括：铁路公安机关、交通公安机关、民航公安机关、森林公安机关、海关公安机关等。

四、几种特殊案件的管辖规定

特殊案件的管辖规定包括：伤害案；拐卖妇女、儿童犯罪案件；经济犯罪案件；毒品犯罪案件；网络犯罪案件；侵犯知识产权犯罪案件；恐怖活动犯罪案件；黑社会性质组织犯罪案件；流动性、团伙性、跨区域性犯罪案件。这里仅就实践中较易出现推卸责任的伤害案作简要介绍。

（1）伤害案件：轻伤（含）以下的伤害案件由公安派出所管辖。

（2）重伤及因伤害致人死亡的案件由公安机关刑事侦查部门管辖。

（3）伤情不明、难以确定管辖的，由最先受理的部门先行办理，待伤情鉴定后，移交相应主管部门办理。

（4）被害人有证据证明的故意伤害（轻伤）案件，应当告知被害人可以直接向人民法院起诉。被害人要求公安机关处理的，公安机关应当受理。

（5）人民法院直接受理的故意伤害（轻伤）案件，因证据不足，移送公安机关侦查的，公安机关应当受理。

五、公安派出所办理的案件

（1）公安派出所办理辖区内发生的因果关系明显、案情简单、无需专业侦查手段和跨县、市进行侦查的下列案件：犯罪嫌疑人被公安派出所民警当场抓获的；群众将犯罪嫌疑人扭送到公安派出所的；犯罪嫌疑人到公安派出所投案的；公安派出所民警获取线索可直接破案的；其他案情简单，公安派出所有可能侦办的刑事案件。

（2）公安派出所办理前述案件过程中，发现需要展开专门侦查工作的线索，应当及时将案件移交刑事侦查部门或者其他专业部门办理。

（3）公安派出所不办理发生在辖区内的下列刑事案件：故意杀人案；故意伤害致人重伤或死亡案；强奸案；抢劫案；绑架案；重大复杂的贩卖毒品案；放火案；爆炸案；投放危险物质案；入户盗窃、盗窃汽车以及有系列作案、团伙作案可能和其他需要展开专门侦查的盗窃案件；需要专业侦查手段侦办的刑事案件。

六、辩护律师涉嫌犯罪的案件管辖

《刑事诉讼法》第44条对辩护律师设定了六种行为禁止：①不得帮助犯罪嫌疑人、被告人隐匿证据；②不得帮助犯罪嫌疑人、被告人毁灭证据；③不得帮助犯罪嫌疑人、被告人伪造证据；④不得帮助犯罪嫌疑人、被告人串供；⑤不得威胁、引诱证人作伪证；⑥不得进行其他干扰司法机关诉讼活动的行为。

对于涉嫌有上述行为的辩护律师，“应当由办理辩护人所承办案件的侦查机关以外的侦查机关办理。辩护人是律师的，应当及时通知其所在的律师事务所或者所属的律师协会”。

对于辩护人干扰诉讼活动的处理程序，应当注意以下要点：

（1）辩护人或者其他任何人在刑事诉讼中，违反法律规定，实施干扰诉讼活动行为的，应当依法追究法律责任。

（2）辩护人实施干扰诉讼活动行为，涉嫌犯罪，属于公安机关管辖的，应当由办理辩护人所承办案件的公安机关报请上一级公安机关指定其他公安机关立案侦查，或者由上一级公安机关立案侦查。

（3）不得指定原承办案件公安机关的下级公安机关立案侦查。

（4）辩护人是律师的，立案侦查的公安机关应当及时通知其所在的律师事务所、所属的律师协会以及司法行政机关。

第二节　管辖条款的灵活运用

一、针对法院院长的回避要求，将导致法院整体回避

根据《最高人民法院关于适用〈中华人民共和国刑事诉讼法〉的解释》第18条的规定，当法院院长依法需要回避时，应当报请上一级法院提级审理或者指定其他法院审理。这一规定表明，法院院长的回避将导致案件管辖权的转移，相当于要求整个法院回避。

在分析这一规定时，我们需要深入探讨管辖权的概念以及回避制度的目的。管辖权是指法院对特定案件的审理权力和职责，是确保司法公正和程序

合法的重要保障。而回避制度则是为了防止利益冲突和偏见，保障司法公正和公信力而设立的。

当法院院长需要回避时，这一规定要求将案件的管辖权转移给上一级法院或其他合适的法院。这种转移的目的是确保案件得到公正、无偏见的审理，避免利益冲突和不当影响。通过管辖权的转移，可以消除潜在的不公正因素，保障当事人的合法权益，维护司法的公正和公信力。

此外，我们还需要考虑这一规定对法院系统内部的影响。当法院院长需要回避时，整个法院的回避要求也随之产生。这意味着该院所有人员因为与院长的从属关系，也间接具备了回避理由。唯有更换其他法院审理，才能确保整个审理过程的公正性和公信力。

二、与案件审理有利害关系，可以作为要求院长回避的理由

依照《人民法院组织法》第 41 条的规定，法院院长负责本院全面工作，不仅包括监督审判工作，还包括管理行政事务。这一规定明确了院长的职责范围，同时也确立了院长在法院中的重要地位。尽管院长不一定是案件的审判人员，但他们的影响力贯穿整个审判过程。

对于辩护律师而言，如果认为院长在某些情况下可能影响案件的公正审理，则有权根据《刑事诉讼法》中关于审判人员回避的理由，提出回避请求。这是为了确保审判的公正性和独立性，防止任何可能影响案件结果的不正当因素介入。例如，如果院长与涉案人员存在亲属关系或其他利益关系，或者有证据表明院长曾对案件发表过不当意见或指示，那么这些都可以成为提出回避请求的理由。

值得注意的是，辩护律师提出回避请求时应当慎重考虑，确保请求的合理性和必要性。因为频繁提出回避请求可能会影响审判的效率和进度，也可能会被认为是滥用权利的表现。在实践中，法院会对辩护律师提出的回避请求进行审慎审查，并依法作出是否回避的决定。

三、案件交审判委员会讨论，可以作为院长参与案件审理的依据

依照《最高人民法院关于适用〈中华人民共和国刑事诉讼法〉的解释》第216条的规定，死刑及死缓案件、再审案件、抗诉案件必须交由审判委员会讨论决定。另外，对合议庭成员意见有重大分歧的案件、新类型案件、社会影响重大的案件以及疑难、复杂、重大的案件，都可以交由审判委员会讨论决定。遇到前述案件，辩护律师可据此推定法院院长实际介入了案件审理。如果他存在依法应当回避的事由，则可以据此提出回避请求，并达到将案件移送其他法院审理的目的。

第三节　有关犯罪嫌疑人权利保障的重要规定

一、使用自己擅长的语言和文字

不通晓当地通用的语言文字时有权要求配备翻译人员，有权用本民族语言文字进行诉讼。

当地通用的语言，包括地方方言。遇到侦查办案人员地方口音过重，难以辨识的情况，有权要求其使用普通话，或者放慢语速以便识别。仍不能解决的，有权要求提供翻译。对于办案人员手写的讯问笔录，有权要求其字迹规整以便阅读。遇到字迹潦草难以辨识的，有权要求采用电脑打印或者进行修改。

二、诉讼权利保障

对于公安机关及其侦查人员侵犯其诉讼权利和人身侮辱的行为，有权提出申诉或者控告。依照《刑事诉讼法》的有关规定，办案人员必须主动出示证件；传唤、拘传不得超过12小时；连续传唤不得超过24小时；讯问的时候办案人员不得少于2人；《犯罪嫌疑人诉讼权利义务告知书》应当在讯问之前交犯罪嫌疑人阅读并提供解答。

三、及时委托律师进行辩护

根据相关法律规定，自犯罪嫌疑人被第一次讯问或者被采取强制措施之日起，有权委托律师作为辩护人。如果犯罪嫌疑人在押或者被监视居住，公安机关应当及时转达其委托辩护人的要求，并依法保障其与辩护律师的会见和通信权利。如果犯罪嫌疑人因经济困难或者其他原因无法委托辩护人，本人及其近亲属可以向法律援助机构提出申请，寻求法律援助。

对于未成年人、盲、聋、哑人、尚未完全丧失辨认或者控制自己行为能力的精神病人，以及可能判处无期徒刑、死刑的犯罪嫌疑人，如果没有委托辩护人，有权要求公安机关通知法律援助机构指派律师提供辩护。在犯罪嫌疑人没有委托辩护人，法律援助机构也没有指派律师提供辩护的情况下，犯罪嫌疑人及其近亲属有权约见值班律师，获得法律咨询、程序选择建议、申请变更强制措施、对案件处理提出意见等法律帮助。

四、在接受传唤、拘传、讯问时，有权要求饮食和必要的休息时间

在处理案件过程中，如果发现办案机关采取连续提审、夜间提审等手段，导致犯罪嫌疑人无法得到充分休息，辩护律师有责任告知犯罪嫌疑人其享有的合法权益，并建议其在核对讯问笔录时，确保如实记录讯问次数、时间以及讯问人员的姓名。这不仅有助于保障犯罪嫌疑人的权益，同时也为我们留存了重要的证据。

一旦发现相关侵权行为，辩护律师应立即与办案单位进行交涉，要求其纠正违法行为。如果办案单位拒不改正，辩护律师应该向其上级督查部门提出投诉。如果投诉仍无法解决问题，辩护律师应向检察院侦查监督部门提出控告。同时，如果发现违法行为发生在看守所内，辩护律师还应针对看守所违反监管规定、怠于履行职责的行为提出控告。

辩护律师必须始终坚守法律的底线，坚决维护犯罪嫌疑人的合法权益。对于任何侵犯犯罪嫌疑人休息权的行为，我们都将采取一切必要的措施，确保其得到应有的纠正和制裁。

五、本人及其法定代理人、近亲属或者辩护人有权申请变更强制措施；对于采取强制措施期限届满的，有权要求解除强制措施

《刑事诉讼法》第 67 条规定，以下情形可以办理取保候审：可能判处管制、拘役或者独立适用附加刑的；可能判处有期徒刑以上刑罚，采取取保候审不致发生社会危险性的；患有严重疾病、生活不能自理，怀孕或者正在哺乳自己婴儿的妇女，采取取保候审不致发生社会危险性的；羁押期限届满，案件尚未办结，需要采取取保候审的。第 74 条规定了监视居住的适用情形：患有严重疾病、生活不能自理的；怀孕或者正在哺乳自己婴儿的妇女；系生活不能自理的人的唯一扶养人；因为案件的特殊情况或者办理案件的需要，采取监视居住措施更为适宜的；羁押期限届满，案件尚未办结，需要采取监视居住措施的。

辩护律师需要着重警惕的是，实践中有些单位恶意采取制定监视居住的手段，将犯罪嫌疑人“关押”在宾馆、招待所或者教育基地，不仅严重违背了《刑事诉讼法》监视居住制度“非强制羁押性”的立法本意，而且剥夺了犯罪嫌疑人对外联系甚至会见律师的权利，性质上不亚于变相非法拘禁。对于这一现象，还需广大辩护律师共同抵制和反对。

六、对于侦查人员的提问，应当如实回答，但是对与本案无关的问题，有拒绝回答的权利

在接受讯问时有权为自己辩解。如实供述自己罪行的，可以从轻处罚；因如实供述自己罪行，避免特别严重后果发生的，可以减轻处罚。

根据《公安机关执法细则（第三版）》，讯问犯罪嫌疑人时，应当首先讯问犯罪嫌疑人是否有犯罪行为，让其陈述有罪的情节或者无罪的辩解，然后向其提出问题。讯问的时候，应当认真听取犯罪嫌疑人的供述和辩解。对犯罪嫌疑人供述的犯罪事实、无罪或者罪轻的事实、申辩和反证，以及犯罪嫌疑人提供的证明自己无罪、罪轻的证据，公安机关都应当认真核查。

如实回答不等于顺着办案人员的要求回答。如果办案人员所指控的涉案行为与事实不符，犯罪嫌疑人有权作出辩解和解释。对于与案件无关的情况，

例如个人隐私，有权拒绝回答。犯罪嫌疑人的自我辩解并非仅仅是说给办案人员听，而且是要求其如实记载下来，为将来的刑事审判留存证据。

七、有核对讯问笔录的权利

如果没有阅读能力，侦查人员应当向其宣读笔录。笔录记载有遗漏或者差错的，犯罪嫌疑人可以提出补充或者改正，也可以请求自行书写供述。

如果办案人员笔录记载不真实，或者有选择性地记录笔录，犯罪嫌疑人应当要求其纠正。对于记载不真实的笔录，犯罪嫌疑人不应该直接拒绝签字，而是要在笔录上写明“以上记录不真实，办案人员拒绝记录我的辩解”或“以上记录与我的陈述不一致，这些不是我所说的话”。

如果担心办案人员报复，而不敢在笔录上直接写明其违法，那也要在笔录上作适当标记，以便将来庭审时作为证明讯问程序违法的证据。例如，曾有犯罪嫌疑人在笔录上写：“以上笔录看过，和你说的一致。”这个“你”字写得非常小，办案人员当时未察觉，以至于开庭审判时被当庭揭露，一时成为法律界广为流传的笑话。

还有一种较为温和隐晦的应对方式，就是采用不同的笔迹来签字。比如，遇到笔录内容不真实的情况就采用正楷书写，这样也便于在法庭上准确辨识哪些笔录是被迫签署的。

八、未成年犯罪嫌疑人在接受讯问时，有要求通知其法定代理人到场的权利；女性未成年犯罪嫌疑人有权要求讯问时有女性工作人员在场

《公安机关执法细则（第三版）》规定，讯问未成年犯罪嫌疑人，应当制作、送达《未成年人法定代理人到场通知书》，通知未成年犯罪嫌疑人的法定代理人到场。无法通知、法定代理人不能到场或者法定代理人是共犯的，也可以通知未成年犯罪嫌疑人的其他成年家属，所在学校、单位、居住地基层组织或者未成年人保护组织的代表到场，并将有关情况记录在案。讯问女性未成年犯罪嫌疑人，应当有女性工作人员在场。

讯问未成年犯罪嫌疑人应当录音录像。

九、聋、哑的犯罪嫌疑人在接受讯问时有要求通晓聋、哑手势的人参加的权利

讯问聋、哑犯罪嫌疑人，应当有通晓聋哑手势的人参加，并在《讯问笔录》中注明犯罪嫌疑人的聋、哑情况，以及翻译人员的姓名、工作单位和职业。

犯罪嫌疑人是盲、聋、哑人，未成年人或者尚未丧失辨认或者控制自己行为能力的精神病人，应当对讯问过程进行录音录像。

十、程序性文书的查阅权

接受拘传、取保候审、监视居住、拘留、逮捕等强制措施和人身检查、搜查、扣押、鉴定等侦查措施，有查阅相关法律文书的权利。

十一、知悉案件移送审查起诉情况

实践中，很多侦查机关在案件侦查终结时，仅告知犯罪嫌疑人案件移送起诉情况，但却不通知辩护律师案件已经移送起诉。这不仅是对律师刑事辩护权的一种侵害，同时也是对犯罪嫌疑人基本诉讼权利的侵害，影响辩护律师及时了解案件进展，尽快从检察院复制卷宗材料的权利。依照《刑事诉讼法》第 162 条，侦查终结的案件，应当“同时将案件移送情况告知犯罪嫌疑人及其辩护律师”。《公安机关执法细则（第三版）》也规定，在案件移送审查起诉后 3 日内，将案件移送情况告知犯罪嫌疑人及其辩护律师。

十二、通过阅读《犯罪嫌疑人诉讼权利义务告知书》知晓自身权利

公安机关进行第一次讯问时，应当首先向犯罪嫌疑人宣读《犯罪嫌疑人诉讼权利义务告知书》或者交其阅读，使其知晓在公安机关对案件进行侦查期间，其有如下诉讼权利和义务：

（1）不通晓当地通用的语言文字时有权要求配备翻译人员，有权用本民族语言文字进行诉讼。

（2）对于公安机关及其侦查人员侵犯其诉讼权利和人身侮辱的行为，有

权提出申诉或者控告。

（3）对于侦查人员、鉴定人、记录人、翻译人员有下列情形之一的，有权申请他们回避：①是本案的当事人或者是当事人的近亲属的；②本人或者他的近亲属和本案有利害关系的；③担任过本案的证人、鉴定人、辩护人、诉讼代理人的；④与本案当事人有其他关系，可能影响公正处理案件的。对于驳回申请回避的决定，可以申请复议一次。

（4）自接受第一次讯问或者被采取强制措施之日起，有权委托律师作为辩护人。如在押或者被监视居住，公安机关应当及时转达其委托辩护人的要求；也可以由其监护人、近亲属代为委托辩护人；依法同辩护律师会见和通信。因经济困难或者其他原因没有委托辩护人的，本人及其近亲属可以向法律援助机构提出申请。对于未成年人，盲、聋、哑人，尚未完全丧失辨认或者控制自己行为能力的精神病人，以及可能判处无期徒刑、死刑的犯罪嫌疑人，没有委托辩护人的，有权要求公安机关通知法律援助机构指派律师提供辩护。犯罪嫌疑人没有委托辩护人，法律援助机构也没有指派律师提供辩护的，有权约见值班律师，获得法律咨询、程序选择建议、申请变更强制措施、对案件处理提出意见等法律帮助。

（5）在接受传唤、拘传、讯问时，有权要求饮食和必要的休息时间。

（6）本人及其法定代理人、近亲属或者辩护人有权申请变更强制措施；对于采取强制措施届满的，有权要求解除强制措施。

（7）对于侦查人员的提问，应当如实回答。但是对与本案无关的问题，有拒绝回答的权利。在接受讯问时有权为自己辩解。如实供述自己罪行的，可以从轻处罚；因如实供述自己罪行，避免特别严重后果发生的，可以减轻处罚。

（8）犯罪嫌疑人自愿如实供述自己的罪行，承认指控的犯罪事实，愿意接受处罚的，可以依法从宽处理。

（9）有核对讯问笔录的权利；如果没有阅读能力，侦查人员应当向其宣读笔录。笔录记载有遗漏或者差错，可以提出补充或者改正。可以请求自行书写供述。

（10）未成年犯罪嫌疑人在接受讯问时，有要求通知其法定代理人到场的权利。女性未成年犯罪嫌疑人有权要求讯问时有女性工作人员在场。

（11）聋、哑的犯罪嫌疑人在讯问时有要求通晓聋、哑手势的人参加的权利。

（12）有权知道用作证据的鉴定意见的内容，可以申请补充鉴定或重新鉴定。

（13）依法接受拘传、取保候审、监视居住、拘留、逮捕等强制措施和人身检查、搜查、扣押、鉴定等侦查措施。

（14）公安机关送达的各种法律文书经确认无误后，应当签名、捺指印。

（15）知悉案件移送审查起诉情况。

第四节　与犯罪嫌疑人相关的重要法律文书

根据《公安机关刑事法律文书式样（2021版）》，犯罪嫌疑人在侦查阶段可能会收到的法律文书，包括但不限于以下几种：

一、《传唤证》

对于不需要拘留和逮捕的犯罪嫌疑人，为将其传唤至指定地点进行讯问而使用的凭证式文书。《公安机关办理刑事案件程序规定》第199条第1款规定，传唤犯罪嫌疑人时，应当出示传唤证和侦查人员的人民警察证，并责令其在传唤证上签名、捺指印。第200条第1款规定，传唤持续的时间不得超过12小时。案情特别重大、复杂，需要采取拘留、逮捕措施的，经办案部门负责人批准，传唤持续的时间不得超过24小时。不得以连续传唤的形式变相拘禁犯罪嫌疑人。传唤证正本送达犯罪嫌疑人持有，副本附卷。

二、《拘传证》

公安机关对未被拘留、逮捕的犯罪嫌疑人，依法强制其到指定地点接受讯问而使用的凭证式文书。拘传由2名以上侦查人员执行，应当向犯罪嫌疑人出示拘传证，并责令其在拘传证上签名、捺指印。拘传持续的时间不得超过12小时，案情特别重大、复杂，需要采取拘留、逮捕措施的，拘传持续的时间不得超过 24 小时。侦查终结时，拘传证应当存入诉讼卷。

三、《传讯通知书》

公安机关通知被取保候审或监视居住的犯罪嫌疑人接受公安机关讯问时使用的通知性文书。侦查终结时，传讯通知书分正本和副本，正本送达犯罪嫌疑人，副本应当存入诉讼卷。

四、《拘留证》《拘留通知书》

拘留证是公安机关对犯罪嫌疑人执行拘留时使用的凭证式文书；拘留通知书是对家属进行告知的通知性文书。侦查终结时，拘留证正本和拘留通知书副本均应附卷。

五、《延长拘留期限通知书》

《刑事诉讼法》第 91 条第 1 款和第 2 款规定，公安机关对被拘留的人，认为需要逮捕的，应当在拘留后的 3 日以内，提请人民检察院批准。在特殊情况下，提请审查批准的时间可以延长 1 日至 4 日。对于流窜作案，多次作案、结伙作案的重大嫌疑分子，提请审查批准的时间可以延长至 30 日。本文书应当向被拘留人宣布并由被拘留人签字，交看守所盖章，正本留存在看守所，副本附卷。值得注意的是，本条规定貌似明确，但在诉讼实践中，即使是轻微犯罪拘留时间也被延长至了 30 日。

六、《逮捕证》《逮捕通知书》

逮捕证既是侦查人员执行逮捕的凭证，也是公安机关对被逮捕人执行羁押的依据。公安机关要求逮捕犯罪嫌疑人的，应当制作《提请批准逮捕书》，连同案卷材料、证据，一并移送同级检察院审查批准。检察院应当在 7 日内作出批准或不批准的决定。检察院对自行侦查的案件作出逮捕决定，以及法院在审理过程中作出的逮捕决定，均由公安机关执行。逮捕证正本交看守所，副本附卷。逮捕犯罪嫌疑人后，应当要求其说明家属的姓名和地址，除无法通知的以外，应当在 24 小时内向家属送达《逮捕通知书》。逮捕通知书由家属签字后正本交家属留存，副本附卷。

七、《不予释放/变更强制措施通知书》

公安机关不同意检察院建议，或者不同意犯罪嫌疑人及其辩护人变更强制措施申请的，应制作本文书。并将正本交检察院或申请人，副本附卷。

八、《延长侦查羁押期限通知书》

《刑事诉讼法》规定逮捕后的侦查羁押期限不得超过 2 个月；案情复杂、期限届满不能终结的，经上一级检察院批准延长 1 个月；仍不能侦查终结的，经省级检察院批准或决定，可以再延长 2 个月；交通十分不便的边远地区的重大复杂案件、重大的犯罪集团案件、流窜作案的重大复杂案件、犯罪涉及面广、取证困难的重大复杂案件，经省级检察院批准或决定，可以延长 2 个月。除前述 7 个月外，经全国人大常委会批准还可以继续延期（无时间限制）。延长侦查羁押期限通知书正本交看守所，副本由犯罪嫌疑人签字后附卷。

九、《搜查证》

《刑事诉讼法》第 138 条规定，进行搜查，必须向被搜查人出示搜查证。在执行逮捕、拘留的时候，遇有紧急情况，不另用搜查证也可以进行搜查。第 139 条规定，在搜查的时候，应当有被搜查人或者他的家属，邻居或者其他见证人在场。搜查妇女的身体，应当由女工作人员进行。《公安机关办理刑事案件程序规定》第 224 条规定，执行拘留、逮捕的时候，遇有下列紧急情况之一的，不用搜查证也可以进行搜查：①可能随身携带凶器的；②可能隐藏爆炸、剧毒等危险物品的；③可能隐匿、毁弃、转移犯罪证据的；④可能隐匿其他犯罪嫌疑人的；⑤其他突然发生的紧急情况。

十、《扣押清单》

公安机关在侦查过程中发现可以证明犯罪嫌疑人有罪或者无罪的各种财物、文件进行扣押时制作的文书。《刑事诉讼法》第 142 条规定，对查封、扣押的财物、文件，应当会同在场见证人和被查封、扣押财物、文件持有人查点清楚，当场开列清单一式 2 份，由侦查人员、见证人和持有人签名或者盖章，一份交给持有人，另一份附卷备查。

十一、《发还清单》

对查封、扣押物品，经查明确实与案件无关联的应当在 3 日以内解除查封、扣押、冻结，予以退还。发还清单一式 2 份，一份交领取人持有，一份附卷。

十二、《犯罪嫌疑人权利义务告知书》

（见上文）

十三、《取保候审决定书》《被取保候审人义务告知书》

对犯罪嫌疑人决定取保候审的应当向其送达该文书，取保候审最长不得超过 12 个月。公安机关在取保候审期间不得中断对案件的侦查，对取保候审的犯罪嫌疑人，根据案情变化，应当及时采取变更强制措施或者解除取保候审。办案实践中，常出现取保候审期限届满，公安机关既不变更强制措施，也不通知犯罪嫌疑人解除取保候审措施的情况。辩护律师需要注意的是：强制措施期限届满，并不必然导致侦查程序终结，应当结合具体案情，对犯罪嫌疑人提出适度应对建议。

十四、《监视居住决定书》《指定居所监视居住通知书》

（与取保候审大致相同，此处略）

十五、《释放证明书》

看守所释放被羁押人时开具的凭证式文书。《刑事诉讼法》第 86 条规定，公安机关对被拘留的人，应当在拘留后的 24 小时以内进行讯问。在发现不应当拘留的时候，必须立即释放，发给释放证明。第 91 条规定，人民检察院不批准逮捕的，公安机关应当在接到通知后立即释放。第 94 条规定，人民法院、人民检察院对于各自决定逮捕的人，公安机关对于经人民检察院批准逮捕的人，都必须在逮捕后的 24 小时以内进行讯问。在发现不应当逮捕的时候，必须立即释放，发给释放证明。第 260 条规定，第一审人民法院判决被告人无罪、免除刑事处罚的，如果被告人在押，在宣判后应当立即释放。释放证明书正本交被释放人持有，副本附卷。

第五节　讯问开始前要求签署认罪认罚承诺书的违法性

《刑事诉讼法》第 120 条规定，侦查人员在讯问犯罪嫌疑人的时候，应当首先讯问犯罪嫌疑人是否有犯罪行为，让他陈述有罪的情节或者无罪的辩解。

这就要求侦查人员首先要告知犯罪嫌疑人，何种行为属于违法犯罪行为，可能被追究刑事责任，并要求犯罪嫌疑人如实进行供述或者辩解。

如果犯罪嫌疑人认为自己的行为不构成犯罪，可以进行辩解；如果犯罪嫌疑人认可自己的行为违法，才谈得上是否认罪、认罚。侦查人员有义务说明认罪认罚是一种刑事“优惠”，是在刑期上减轻处罚。

如果侦查人员没有讯问犯罪嫌疑人是否有犯罪行为，而是首先让犯罪嫌疑人签署认罪认罚承诺书，就是一种严重的违法行为。如果经过侦查犯罪嫌疑人没有犯罪行为，那他的认罪认罚从何谈起？这一认罪认罚又有何法律效力？

《公安机关办理刑事案件程序规定》第 203 条也有明确要求：侦查人员讯问犯罪嫌疑人时，应当首先讯问犯罪嫌疑人是否有犯罪行为，并告知犯罪嫌疑人享有的诉讼权利。这里所称的“诉讼权利”，就包括首先要告知对方因为什么而要对他进行讯问；并且要明确告知被讯问人有作出无罪辩解的权利。然后才可以征求对方意见，是否愿意认罪、认罚。

第四章

律师会见

第一节　首次会见的准备工作

刑事辩护是一种以细致为首要的工作。辩护律师的细致体现在工作的方方面面。以会见为例，有些律师会见前不做任何准备，但到看守所后遇到这样那样的问题，甚至导致没有成功会见到犯罪嫌疑人；或者会见只不过是走过场，没有起到律师会见应有的效果，没有给犯罪嫌疑人以必要的专业辅导，当然也就达不到为后续的辩护工作进行铺垫的效果。因此，事先的准备工作不仅可以体现辩护律师对待工作是否认真的态度，也可以基于此考察该律师是否具备丰富的工作经验，是否掌握严谨细致的工作方法。

一、了解与看守所相关的信息

《刑事诉讼法》第 39 条第 2 款规定："辩护律师持律师执业证书、律师事务所证明和委托书或者法律援助公函要求会见在押的犯罪嫌疑人、被告人的，看守所应当及时安排会见，至迟不得超过四十八小时。"

按照该规定，辩护律师持三证（律师证、会见函、委托书）要求会见，看守所应当立即安排。但是在现实中，有些地方的看守所会要求律师出具委托人与犯罪嫌疑人之间的亲属关系证明；有的甚至要求律师提供办案单位同意会见的证明。这些所谓的内部规定自然是与《刑事诉讼法》的要求相违背的，但是辩护律师如果能够提前向看守所打电话了解或者咨询当地律师，做好充分准备，就不至于白跑腿。

特别像我们这些在全国各地代理刑事案件的律师，很多看守所都是第一次造访，如果事先不做细致调查就会白白浪费自己的时间，也会给当事人带来不好的印象，认为律师不够尽心。虽然辩护律师可以据理力争要求看守所纠正错误，也可以到督查或者驻所检察官处进行投诉；但家属可能会有投鼠忌器的顾虑，不愿意辩护律师因为这些细节问题而与看守所发生冲突。

二、了解犯罪嫌疑人的家庭关系、亲属近况

笔者在前面已经谈及，犯罪嫌疑人被羁押后与外界，特别是自己的家人处于完全失联状态。当见到家人委托的辩护律师时，他除了想知道自己的案件将来会如何判决，最关心的就是家人的情况，想知道家人对自己涉嫌犯罪能否谅解。如果辩护律师没有提前做好调查了解，对犯罪嫌疑人的家庭状况一问三不知，不仅无法满足犯罪嫌疑人迫切的情感需求，也难以通过首次会见取得犯罪嫌疑人的信任和依赖。

在通常情况下，犯罪嫌疑人以青壮年居多，这类人群的最大特点是上有老下有小，每个人都有各种各样的牵挂。老人生病、孩子上学，甚至有的夫妻正在办理离婚手续。这一切烦恼并不因为犯罪嫌疑人被抓而停滞。当下的困境和过去的不幸都需要面对，但犯罪嫌疑人已经丧失了独立应对的能力，这时候他/她内心的焦灼和无助是外人很难想象的。如果律师能够及时转达其家人的问候和鼓励，让他重燃坚持下去的信心，不仅对犯罪嫌疑人及其亲属很重要，而且对律师顺利代理也能起到积极的效果，对下一步犯罪嫌疑人与辩护律师之间的相互配合，共同完成辩护工作起到事半功倍的作用。因此，辩护律师在首次会见之前，应该尽可能多了解一些犯罪嫌疑人的家庭和工作情况。

三、了解犯罪嫌疑人涉案情况

通常情况下，家属对于犯罪嫌疑人所涉犯罪的具体案情并不知晓，但辩护律师仍有必要向家属多了解犯罪嫌疑人的相关情况。比如，犯罪嫌疑人是主动投案还是被抓捕到案的；办案人员送达拘留通知书时是否提及相关案情；犯罪嫌疑人与被害人之前是否认识；犯罪嫌疑人此前的工作表现如何；是否

有朋友或者同事可能了解涉案情况；办案机关有没有到犯罪嫌疑人家中搜查或者扣押了哪些物品等。这些信息都有助于辩护律师对犯罪嫌疑人的涉案情况作出概略的推断，便于会见时有针对性地提出问题，或作出解答。比如，对于犯罪嫌疑人手机、车辆被办案单位扣押的情况，辩护律师可以通过会见了解相关物品是否与案件有关。如果相关物品既不是赃物又不是作案工具，那么对该物品的扣押就是违法的。

四、查询涉嫌罪名的详细法律规定

中国的刑事审判体系是依赖浩繁的各类司法解释来支撑的。《刑法》452个条款483个罪名并不需要辩护律师去背诵，这个道理就如同擅长写作的人不需要去背《新华字典》一样。对于《刑法》，辩护律师需要掌握的是如何准确地解读这些条文，并且知道如何运用这些条文来挖掘对自己当事人有利的信息。

具体到个案研究，则需要在熟悉刑法条文的基础上深入学习和理解与此相关的各类司法解释。比如，《刑法》第271条的职务侵占罪，指的是“公司、企业或者其他单位的工作人员，利用职务上的便利，将本单位财物非法占为己有”的行为。那么利用职务便利采取欺骗等手段非法占有他人股权的行为是否属于职务侵占？关于这一点理论界一直存有争议，为此全国人大常委会法制工作委员会在2005年作出过明确批复。如果辩护律师没有做好详尽的准备工作，就可能在首次会见时给犯罪嫌疑人错误的解答。

五、制作会见提纲

会见提纲应当包含哪些内容？辩护律师针对不同的案件、不同的犯罪嫌疑人、不同的诉讼阶段应该制作不同的会见提纲。但是首次会见的提纲至少应该包含如下内容：①律师自我介绍；②核实犯罪嫌疑人身份，转达家属问候；③询问涉案情况，了解基本案情；④告知诉讼权利，询问有无侵害发生；⑤解答法律咨询，告知案涉法规；⑥告知程序规定，分析案件走向；⑦询问生活需求，记录亲情问候。

释疑：首次会见时是否可以携带家属信件？

对于这个问题很多律师怀有顾虑，认为携带家属信件会见会给自己带来风险。笔者认为这种顾虑大可不必。刑辩律师作为法律专业人士，应当对自己的行为是否具备合法性作出准确判断，并且对自己一举一动可能引发的任何后果都有准确预估，完全不应该自我设限、自缚手脚。

我们只要严格遵守刑事诉讼法及律师执业规范所要求的行为准则，就不必担心家属信件会给自己带来法律上的风险。对于笔者来说，甚至会在会见之前，建议犯罪嫌疑人家属自书一封给犯罪嫌疑人的信件，当然笔者会明确要求信件的内容不能涉及案情。

律师会见时对犯罪嫌疑人出示一封其家属的信件，不仅能给犯罪嫌疑人带来巨大的心理安慰，也会促使犯罪嫌疑人在最短的时间内对其产生信任，有利于今后代理工作的顺利进行。

需要重点提示的是：笔者在拿到家属信件之后都会仔细审核一遍，对于涉及案情或者疑似暗语的部分要谨慎对待。实践中也曾经遇到过家属给的信件不仅明显涉及案情，里面还夹杂了类似暗示犯罪嫌疑人翻供、作伪证的内容。对于这样的信件，笔者就绝对不会携带进入看守所，而是会把其中不涉及案情的内容摘抄下来，仅把这部分带入看守所读给犯罪嫌疑人听。

辩护律师的职责之一就是监督、纠正办案机关可能存在的违法行为。如果律师为了追求胜诉，而不择手段，那与违法办案不无区别，更没有颜面指责他人违法。

在此，笔者需要特别强调：无论看守所会见室的构造是否能够方便会见双方传递物品，辩护律师都不能把家属信件交由犯罪嫌疑人自己阅读。正确的做法是向犯罪嫌疑人隔空展示，让其看到是家属所撰写的亲笔信，然后再把内容宣读给他听。

遇到犯罪嫌疑人子女比较幼小的情况，家属可能希望通过律师把孩子的照片传递给犯罪嫌疑人，希望能够让犯罪嫌疑人看到孩子成长的近况。笔者的应对方法是先不急于把照片给犯罪嫌疑人，等会见结束后，监管人员来提人时，再从公文包里拿出照片，递交给监管人员告知他这是犯罪嫌疑人未成年的儿子/女儿，希望允许给其看一下孩子的照片。通常情况下，看守所的干警不会拒绝这种合乎常情的合理要求。遇到干警犹豫或者想拒绝时，笔者会紧跟着说一句“这也有利于他在里面服从管理”。

至少到目前为止，笔者还没有遇到绝对不允许犯罪嫌疑人看孩子照片的情况，有的监管人员甚至会允许犯罪嫌疑人把照片拿走，不予制止。

第二节　律师会见的七大禁忌

一、不要居高临下面对犯罪嫌疑人

现代法治的一切核心理念全都围绕尊重人权而展开，特别是律师更应该时刻将尊重和捍卫自己当事人的基本人权作为自己的职责。在刑事诉讼的角色分配中，法律设计的律师这一职业是应该完全站在犯罪嫌疑人角度去应用自己的专业知识和技能，也只有律师是犯罪嫌疑人唯一可以信赖的“自己人”。

在司法实务中，犯罪嫌疑人一旦被立案侦查往往会被人主观归入坏人行列。特别是在看守所制度设置上，一旦犯罪嫌疑人被羁押，他就丧失了普通人所享有的权利。为此，辩护律师，会见犯罪嫌疑人时，应当特别注重甚至刻意突出对他的尊重。

二、不要试图“挖掘”案件信息

有些律师在不知不觉中扮演了侦查人员的角色，他们受理一起案件委托之后，考虑的第一个问题往往是“他到底干了没有”？殊不知，查明案件事实是公安机关、公诉单位、审判组织的任务；律师的职责首先是自己的委托人是否认可所遭受的犯罪指控，然后是看控方针对这一指控所提供的证据是否成立。

有些律师在会见犯罪嫌疑人时甚至“比警察还警察”，刨根问底、穷追不舍，一定要问问自己的当事人案发时间究竟干了什么，以至于曾经有犯罪嫌疑人向笔者抱怨他怀疑之前的代理律师是官方派来套他话的。这一误区往往在一些从业时间较长的老律师身上体现得较为突出，过去我国法律制度设计上以追究和打击犯罪为刑事诉讼根本目的的理念在他们心里根深蒂固，从而忽略了现代刑事诉讼的核心价值是约束公权力，不让无辜之人受到不当追诉。

三、不要只谈案情

犯罪嫌疑人一旦处于羁押状态，通常很难允许与自己的家人会见和通信，这时候律师就成了其了解外部世界信息，特别是家人情况的唯一来源。大多数犯罪嫌疑人被抓捕后最为关心的就是家人的态度，有罪之人希望得到亲人的谅解和宽恕；无罪之人急需亲人的支持和救助。有的律师担心自己不当传递外部信息会惹来麻烦，在会见时全时段围绕案情就工作谈工作，全然不顾犯罪嫌疑人的情感需求而拒谈案情之外的信息，其实这完全属于因噎废食。

法律禁止律师帮助或参与串供、作伪证，但是并不禁止和干涉律师与犯罪嫌疑人谈论和案情无关的家人情况。况且，及时而全面地了解亲人对待案件的态度，也有利于犯罪嫌疑人准确判断自己的境遇，正确面对自己所面临的犯罪指控。犯罪嫌疑人情绪稳定，理性处事，对于整个刑事诉讼工作的顺利推进有利而无害。

四、不要妄自揣度对方心理

一名称职的辩护律师，除了应该具备全面而精到的法律知识，还应该具备一定的心理学知识。了解人是解决世上一切问题的关键，而具备心理学技能就更应该注重对他人的尊重。尊重他人就不应随意地度量他人，揣测他人。辩护律师与自己的当事人接触，首先应该假设当事人说的每一句话都是真实的。

当事人委托辩护律师的首要目的是借助律师的专业知识，去表达因自身能力不足而无法充分提出的法律抗辩。站在质疑一切的角度面对犯罪嫌疑人是警察的职责，而律师的职责就是信赖自己的委托人，并全力以赴寻求对他最为有利的法律后果。

五、不要动不动就做笔录

很多律师把会见过程中为犯罪嫌疑人做笔录，当作自己必须完成的工作任务，以至于每次会见必做笔录，这是对自身工作性质的一种误解。公安机关、检察院、法院等代表国家履行职务的公职人员会见犯罪嫌疑人必须做笔录，是法律站在保护犯罪嫌疑人权益的角度，要求公职人员对会见过程合法性进行的一种证明形式。而辩护律师则基于当事人的委托而显然享有的信任地位，不被列入有可能侵害犯罪嫌疑人权益的角色范畴。

因此，律师不仅无需频繁做笔录，而且应该在每次只做笔录之前征求犯罪嫌疑人的同意。如果犯罪嫌疑人不同意记录谈话内容，或者不同意如实记录谈话内容，则需要尽快解除委托，让犯罪嫌疑人更换能够信任并尊重的其他律师进行代理。

六、不要责备当事人

对于处于羁押状态的犯罪嫌疑人来说，辩护律师无疑是其最为信赖和依赖的人。虽然律师并非犯罪嫌疑人的亲人，但在关键时刻，律师所给予的帮助和支持却胜似亲人。对于这些失去自由的犯罪嫌疑人来说，他们最渴望得到的除了律师专业的法律技能，还有那来自律师的情感慰藉。

在面对涉嫌犯罪的困境时，犯罪嫌疑人所承受的不仅仅是外界的责难和批评，更有来自内心的自责和愧疚。此时，律师的角色显得尤为重要。他们应当在此时为犯罪嫌疑人提供雪中送炭般的支持和慰藉，帮助他们减轻心理负担，重拾信心，尽快走出人生的低谷。

律师不应只是简单地跟随大众的舆论，指责犯罪嫌疑人的错误和过失。相反，他们应该站在犯罪嫌疑人的角度，理解其处境和心情，给予他们真正需要的帮助和支持。在法律的框架内，律师应该运用自己的专业知识和经验，为犯罪嫌疑人争取权益的最大化，尽可能地减少其受到的不必要的伤害。

七、不要传递任何物品

不传递物品是全体律师都应该遵守的法定义务，但是仍然有部分律师以各种借口而一次次触犯。一些律师自认为传递的物品与案件无关，或者仅是香烟等生活用品，不会造成任何危害就无所顾忌。这些律师忽略了一点：如果你认为律师会见时有权利自主决定是否传递物品，就应该通过修改相应法律使这一行为合法化之后，再去作为正当权利而行使；如果法律已经对此作出了禁止性规定，而你又借口自主判断而自行其是，那自然是违法的。

再换一个角度，如果你传递的香烟被经过了特殊处理，上面携带有某种病毒而致犯罪嫌疑人身体患病甚至死亡应如何处理？电视连续剧《黑洞》里就有这样一个情节：被羁押的犯罪嫌疑人收到了一条被涂抹了砒霜的内裤而中毒死亡。

第三节　如何解答犯罪嫌疑人关于审讯的咨询

一、回答办案人员提问，几乎是每一名犯罪嫌疑人必须面对的问题

首先，无论犯罪嫌疑人对所接受的犯罪指控是否认可，他都想知道自己向办案机关所作的答复是否能够达到自己预期的结果，即便是犯罪嫌疑人完全认罪，他依然想知道自己的供词是否会令办案机关满意，他的口供会不会招致不应承担的责任。

因此，犯罪嫌疑人在第一次会见到辩护律师的时候，其重点想咨询的问题，就是自己所作的口供将会导致什么样的后果。

毫无疑问，这是犯罪嫌疑人聘请辩护律师应当享有的诉讼权利。

另外，从辩护律师的角度看，接受犯罪嫌疑人本人或其近亲属委托担任辩护人，最主要的义务和职责就是保障犯罪嫌疑人的合法权益不受非法侵害。这种保障当然是建立在律师对案情，以及对办案人员侦讯过程全面了解的前提之下。

辩护律师一方面要对犯罪嫌疑人所作供述进行实体判断；另一方面要对办案人员的审讯行为作程序判断。这是律师担任辩护人所必须履行的义务。

二、风险意识应该作为辩护律师的首要思维意识

有些律师担心自己的解答把握不好分寸，导致办案单位指责，甚至追究其教唆犯罪嫌疑人作假口供的后果。

这种顾忌当然很有必要。从十几年前李某律师的“眨眼门”以来，我们已经见证过不少律师在这个问题上“翻了船”。

笔者一直坚持认为，没有3年到5年执业经验的律师不要独自受理刑事案件。很多年轻律师，特别是一些优秀院校毕业的法学生，他们对自身法律知识充满自信，急于去实践中验证自己的能力。但实际上，不要说他们，就连在校的授课老师，实际上也缺乏真正的实战经验。

笔者多次提醒，要想成为一名优秀的律师，其中1/3依靠法学知识，1/3依赖的是实践经验，另有1/3注重临场应变能力。这个三分法对于刑辩律师尤其适用！

所以，有志于从事刑事辩护业务的律师，一定要沉得住气、稳得住神、安得下心。

笔者曾经亲见一位刚刚拿到执业证的律师，竟敢独自接受委托，出庭担任有20多名组织成员的涉黑案件第一被告人的辩护人。

这位黑老大的亲属和这名律师是同学关系，所以才会找到他。而这名律师可能是第一次遇到这么大的案子，不想放弃机会，或者更不想放弃优厚的律师费，于是自己一个人出庭。

结果怎么样呢？在法庭上20多名辩护律师中，他是发言最少的，没有独立观点、不敢主动发言、不懂发问、说话语无伦次、辩护意见前后重复，以至于庭审一段时间后，作为第一被告人辩护人的他，反过来跟着我们这些排在后面的律师进行补充发言。

最终他的委托被解除了。我想，那一次的打击对他很可能是致命的。今后很长一段时间，他应该都不敢再代理刑事辩护案件了。

三、辩护律师如何辅导犯罪嫌疑人接受审讯

以笔者的经验，这个问题也可以从两个角度来分析：

1. 案件实体方面

即案件起因，案发经过，犯罪嫌疑人所起作用等与案件事实经过相关的问题。

关于案发经过，犯罪嫌疑人本人是亲历者，律师没有能力更没有权利在这方面给他提供任何建议；同时，案发经过也是办案单位重点调查的内容，如果辩护律师针对此一内容对犯罪嫌疑人提供“指导”，肯定是干扰了正常的

调查和取证，这应该视为律师辩护工作的禁区。

通常，当犯罪嫌疑人就案发经过应该如何表达和描述的问题征询意见时，笔者会直接告诉他“实事求是去回答”。

需要注意的是，关于案件起因、事发经过，以及犯罪嫌疑人在整个过程中所起的作用，都离不开一个核心问题：当时犯罪嫌疑人的所思所想，这一点涉及犯罪的主观动机。比如，在斗殴案件中，犯罪嫌疑人看到受害人持械向自己冲过来，他是感到愤怒还是害怕，直接关系是否涉及正当防卫的定性；在他对受害人进行殴打的时候，内心想追求一个什么样的伤害后果，则关系到对犯罪后果是故意还是过失的法律定性。

案件发生过程中，犯罪嫌疑人的心理活动不只是办案人员侦讯的重点内容，也应该是辩护律师确定未来辩护思路的重点内容。因此，笔者认为对于案发前后，以及整个过程中犯罪嫌疑人持有的心态问题，有必要主动提醒犯罪嫌疑人认真对待。

提醒犯罪嫌疑人认真对待，并不等于教唆犯罪嫌疑人作假口供，而是明确告知犯罪嫌疑人认真回忆之后，再准确回答相关问题。总结笔者近二十年的辩护经验，很多犯罪嫌疑人在这个问题上没有足够重视，以至于在作口供时含含糊糊、模棱两可不够明确，但是办案人员通常是在认为犯罪嫌疑人怀有主观故意的可能的情况下做笔录的。等到律师通过阅卷发现笔录存在问题时，已经很难纠正相关错误。

2. 案件程序方面

对于审讯程序，辩护律师不仅要进行详细的询问和解答，还要主动提示犯罪嫌疑人应当注意什么。

关于犯罪嫌疑人接受讯问时所享有的权利和义务，笔者已经在前文中进行过阐述，在此不再赘述。但是需要重点提示的是，要明确告知犯罪嫌疑人什么是“威胁、引诱、欺骗以及其他非法”讯问方式；要明确告知犯罪嫌疑人如果办案人员有刑讯逼供等违法行为，律师会替他提出相应控告，从而打消他的顾虑。

关于程序问题，还应当注意：办案人员并非一定都专业，也不一定都能够做到认真负责。如果我们通过会见了解到办案人员在提审过程中有重要情节没有讯问，特别是遗漏了对犯罪嫌疑人有利的重要环节，就一定要提醒犯罪嫌疑人在下次被提审时重点说明。有必要的情况下，辩护律师也可以主动跟办案人员联系，提供相关信息。

第四节　临近节假日时会见的重要意义

假日会见：我只是不想让你孤身一人。

按照惯例，笔者会在重要的节假日，如中秋节、元旦、春节前把所有在押当事人全部会见一遍。

前文已经反复提到过，律师会见的目的不只是交流案情，还要完成一个抚慰和关怀被羁押人情感的任务。

依照我国目前看守所管理制度，犯罪嫌疑人、被告人是无法会见到自己的家人的（偶有例外）。而一起刑事案件，从拘留到逮捕，再到法院一审、二审，全部流程下来少则几个月，多则一两年。被羁押人长时间见不到自己的亲人，对他/她无疑是一种精神上的煎熬。

在法律实务中，对犯罪嫌疑人、被告人几乎是等同于罪犯来实施“惩罚性”监管的。其中就包括剥夺其与家人见面和联系的权利。在羁押期间，即使他们的父母离世也不会获得出监探访的批准。

所以，对于被羁押人来说，律师就是他的亲人代表，甚至就等同于他的亲人。在中秋节、春节这两个象征着“团圆”的传统节日到来之际，如果辩护律师能够抽出时间，代表其家属去问候他一下，无疑会给被羁押人带来莫大的安慰。

又到春节了，在你忙碌于个人走亲访友的礼节性事务的同时，不要忘记还有你被羁押的当事人在等待着你。

在这个特殊日子来临之际，你是唯一一个能够带给他阳光的人……

第五章

审查起诉阶段的工作

第一节　刑事案件阅卷技巧

一、先搞清楚你所要面对的是什么

律师办理刑事案件，首先要搞清楚案件卷宗的性质。一起刑事案件发生后，整个过程是一个不能改变的客观事实，但是刑事案件卷宗却是依照办案人员的主观意愿所“制造出来的”。我们说“刑事案卷是制造出来的”，并非指责办案单位不负责任歪曲事实，而是说办案人员不可避免地依照自己的主观逻辑而组织、排列搜集到的证据材料。

特别是在目前刑事审判仍然在很大程度上依赖犯罪嫌疑人、证人的书面笔录定罪的前提下。询问/讯问人在发问过程中不可避免地带着挖掘犯罪、认定罪行的主观目的去工作。所以说，一件移送到检察院审查起诉的刑事案件，它的整个卷宗材料就是围绕证明犯罪嫌疑人有罪而制作的。

明白了卷宗背后所潜藏的如此强烈的主观意愿，一个有经验的律师就不会再轻易地根据卷宗下结论。律师阅卷的目的不仅是与犯罪嫌疑人进行事实核对，还要积极寻找出犯罪嫌疑人自己并不知晓的对其有利的隐藏线索。

二、不要被海量卷宗所吓倒

从理论上来讲，刑事案件对证据材料的要求是极为严谨的，因此在大多数情况下，你会看到一起刑事案件的卷宗非常厚重，少则几十页，多则几百页，甚至更多。这些卷宗记录了案件的全部细节和证据，是法院审判的重要依据。

然而，也有一些例外情况。例如，山东济宁的一起强奸案，犯罪嫌疑人并未认罪，而该案的卷宗竟然有八十几页，这引起了人们对该案是否得到公正处理的质疑。近年来，这样的情况已经很少出现，因为司法部门已经加强了对案件卷宗的管理和监督。

笔者受理的大多数刑事案件的卷宗都非常厚重。例如，曾经在湖南娄底受理的一起涉嫌黑社会性质组织犯罪的案件，该案的卷宗材料多达 200 多卷，仅一审判决书就有 500 多页。这些卷宗记录了案件的全部细节和证据，包括证人证言、物证、鉴定意见等。

尽管卷宗可能非常厚重，但这并不意味着查看卷宗是一项艰巨的任务。事实上，查看卷宗要比制作卷宗容易得多。这是因为制作卷宗需要遵循特定的罪名、遵循某种脉络、按照某种逻辑来整理和筛选证据材料，而查看卷宗则只需要按照一定的顺序和逻辑来阅读和整理这些证据材料即可。

因此，无论刑事案件的卷宗有多厚重，只要我们掌握了正确的查看方法和技巧，就能够轻松地了解案件的全部细节和证据，为我们的辩护工作提供有力的支持。

三、“起诉意见”就是案卷导航

2018 年修正的《刑事诉讼法》规定，律师在审查起诉阶段可以要求查阅卷宗，这意味着律师们有机会更早地接触到案件的详细信息。相较于过去，这无疑是一个巨大的进步，使得律师能够更全面地了解案情，为后续的辩护工作打下坚实的基础。

在这个阶段，律师们接触到的不是《起诉书》，而是侦查机关出具的《起诉意见书》。这份意见书，可以说是辩护律师的阅卷导航，它为律师们指明了方向，明确了重点。对于许多律师来说，拿到卷宗后，可能会选择从头至尾浏览一遍。然而，这种阅卷方式并非最佳。笔者个人的做法是，将起诉意见书单独打印出来，每次阅卷时放在手边。这样，可以逐段、逐行、逐字地检阅，仔细查看起诉意见书里所罗列的事实是否有足够的证据支持。

在初步检阅之后，笔者会重点关注起诉意见书所体现的重点环节、重点人物、重要证据。这些内容将成为笔者再次阅卷时重点核实的内容。例如，如果起诉意见书中提到某个时间点的关键证据，笔者会特别留意这个时间点的相关资料，确保证据的真实性和完整性。

值得一提的是，起诉意见书虽然重要，但也不能完全依赖。因为它是侦查机关出具的文件，可能存在主观性和片面性的问题。因此，辩护律师在阅卷过程中，还需要保持警觉，善于发现和质疑其中的问题，为后续的辩护工作做好充分的准备。

总的来说，《刑事诉讼法》修正后，律师在审查起诉阶段的阅卷工作变得更加重要和复杂。辩护律师需要采取科学、有效的阅卷方式，全面、深入地了解案情，为委托人争取最大的合法权益。

四、一口吃不成胖子，也不必一口气看完整本卷宗

在我们日常学习和工作中，有效利用时间是一项至关重要的能力。科学实验已经证明，人类大脑能够有效快速运转的时间一般不超过 2 个小时。这就意味着，要想达到事半功倍的效果，我们必须学会合理安排时间，避免长时间连续工作。

事实上，长时间连续工作不仅效率低下，还可能对身体健康造成负面影响。当我们长时间坐在椅子上时，身体的血液循环会减缓，容易导致疲劳和身体不适。因此，我们需要适时地休息和放松，让身体和大脑得到充分的休息和恢复。

阅卷的目的不仅仅是“看”，更重要的是思考。对于卷宗材料的深入分析需要长时间的沉淀和斟酌。多年以来，笔者已经逐渐养成了“桌前阅卷，闲时思考”的习惯。笔者会利用闲暇时间对脑海中的证据材料进行比对，用打破原有顺序和逻辑的方式进行再整理。这种思维方式可以借鉴英国热播剧集《神探夏洛克》中的“思维殿堂”一词。笔者会假想自己的大脑是一间储藏室，把每一件事情、每一个素材单独储存在一个抽屉里。平时全部关闭，需要的时候也只打开自己想要的那个格子。这样不仅可以提高工作效率，还可以避免信息的混淆和遗忘。

因此，我们应该学会合理安排时间，适时休息和放松，让大脑得到充分的休息和恢复。同时，我们也应该养成思考的习惯，通过长时间的沉淀和斟酌对问题进行深入的分析和研究。只有这样，我们才能更好地应对学习和工作中的挑战，达到事半功倍的效果。

五、好脑子不如烂笔头

除了针对重点信息做各种颜色的下划线，阅读卷宗还应该做好各类笔记工作。你需要做的笔记（不限于文字）至少可以分为三大类：

（1）重要信息摘要。包括涉案人员的详细信息、涉案人员关系图、按照时间或空间线索构建的案件推演视图、办案人员名单、提讯时间、人员和地点的对应关系信息、证人证言的相互印证及矛盾之处。

（2）庭审核对信息。这部分主要用于草拟庭审询问提纲。当前刑事诉讼辩护工作的重点明显前移，这不仅表现在庭审前侦查和审查起诉阶段律师工作的日益繁复，也体现在庭审过程中辩护重点的前移。越来越多的律师意识到，发问和质证阶段的工作远比辩护阶段重要。只有做好充分、严谨的发问工作，才能有效地展示后续的辩护意见。

（3）整理质证意见。很多年轻律师询问如何准备质证工作，笔者的建议是：先假设自己是公诉人，制作一份公诉举证清单。这样就能知道该如何质证，以及哪些质证意见会对审理结果产生影响。

六、巧用标签

善用彩色标签帮助提示卷宗重点，现在还鲜有律师使用这一方法，至少到目前还没有见到其他同行使用这一方法。当然，也有人将纸条夹在卷宗中以方便提示重点内容，但是纸条很容易脱落，而且也不够美观。因此，笔者建议大家使用两种以上颜色的不干胶标签贴，粘贴的时候让填写栏突出卷宗一部分，这样可以很容易看清填写上去的摘要。标签的排列要相互错开位置，最好从卷宗整体看是从上至下均匀排列的。

记得有一次在南方某城市开庭，4 名被告人聘请了 7 位律师，其他 6 位律师是笔者不认识的当地律师。在法庭上只有笔者这远道而来的人面前堆放着厚达一尺多高的卷宗，而且卷宗侧面还密密麻麻贴满了标签贴，其他几位律师有的只带了一两本卷宗，有的干脆就带了一小摞摘要（针对摘要阅卷的恶习，后面会专文批判，此处不赘）。面前厚厚的卷宗使笔者在辩护席上有鹤立鸡群的突出感，工作细致与否一眼可知。结果，庭审还没进行，主审法官就非常客气地问我，刘律师远道而来我们有瓶装矿泉水你要不要？

当前刑事案件的卷宗数量越来越多，动辄几十份，多则上百份。我们当然无法再把卷宗全部打印出来。但是将重要案件材料打印出来随庭重点质证，依然有其必要性。

第二节　刑事和解制度

一、刑事和解制度的适用范围

下列公诉案件，犯罪嫌疑人真诚悔罪，通过向被害人赔偿损失、赔礼道歉等方式获得被害人谅解，被害人自愿和解的，经县级以上公安机关负责人批准，可以依法作为当事人和解的公诉案件办理：①因民间纠纷引起，涉嫌《刑法》关于侵犯公民人身权利、民主权利的犯罪，侵犯财产犯罪的案件，可能判处3年有期徒刑以下刑罚的；②除渎职犯罪以外的可能判处7年有期徒刑以下刑罚的过失犯罪案件。

当事人和解的公诉案件应当同时符合下列条件：①犯罪嫌疑人真诚悔罪，向被害人赔偿损失、赔礼道歉等；②被害人明确表示对犯罪嫌疑人予以谅解；③双方当事人自愿和解，符合有关法律规定；④属于侵害特定被害人的故意犯罪或者有直接被害人的过失犯罪；⑤案件事实清楚，证据确实、充分。

二、不适用刑事和解制度的案件

（1）犯罪嫌疑人在5年以内曾经故意犯罪的，不得作为当事人和解的公诉案件办理。值得辩护律师特别注意的是：无论该故意犯罪是否已经被追究，均应当认定为前款规定的5年以内曾经故意犯罪。

（2）有下列情形之一的，不属于因民间纠纷引起的犯罪案件：雇凶伤害他人的；涉及黑社会性质组织犯罪的；涉及寻衅滋事的；涉及聚众斗殴的；

多次故意伤害他人身体的；其他不宜和解的。

三、刑事和解案件的程序规定

双方当事人和解的，公安机关应当审查案件事实是否清楚，被害人是否自愿和解，是否符合规定的条件。公安机关审查时，应当听取双方当事人的意见，并记录在案；必要时，可以听取双方当事人亲属、当地居民委员会或者村民委员会人员以及其他了解案件情况的相关人员的意见。

被害人死亡的，其法定代理人、近亲属可以与犯罪嫌疑人和解。被害人系无行为能力或者限制行为能力人的，其法定代理人可以代为和解。犯罪嫌疑人系限制行为能力人的，其法定代理人可以代为和解。犯罪嫌疑人在押的，经犯罪嫌疑人同意，其法定代理人、近亲属可以代为和解。

犯罪嫌疑人或者其亲友等以暴力、威胁、欺骗或者其他非法方法强迫、引诱被害人和解，或者在协议履行完毕之后威胁、报复被害人的，应当认定和解协议无效。已经作出不批准逮捕或者不起诉决定的，人民检察院根据案件情况可以撤销原决定，对犯罪嫌疑人批准逮捕或者提起公诉。

四、刑事和解协议的制作和签署

达成和解的，公安机关应当主持制作和解协议书，并由双方当事人及其他参加人员签名。当事人中有未成年人的，未成年当事人的法定代理人或者其他成年亲属应当在场。

和解协议书的内容包括：案件的基本事实和主要证据；犯罪嫌疑人承认自己所犯罪行，对指控的犯罪事实没有异议，真诚悔罪；犯罪嫌疑人通过向被害人赔礼道歉、赔偿损失等方式获得被害人谅解；涉及赔偿损失的，应当写明赔偿的数额、方式等；提起附带民事诉讼的，由附带民事诉讼原告人撤回附带民事诉讼；被害人自愿和解，请求或者同意对犯罪嫌疑人依法从宽处罚。

双方当事人可以就赔偿损失、赔礼道歉等民事责任事项进行和解，并且可以就被害人及其法定代理人或者近亲属是否要求或者同意公安机关、人民检察院、人民法院对犯罪嫌疑人依法从宽处理进行协商，但不得对案件的事实认定、证据采信、法律适用和定罪量刑等依法属于公安机关、人民检察院、人民法院职权范围的事宜进行协商。

双方当事人可以自行达成和解，也可以经人民调解委员会、村民委员会、居民委员会、当事人所在单位或者同事、亲友等组织或者个人调解后达成和解。

人民检察院对符合条件的公诉案件，可以建议当事人进行和解，并告知相应的权利义务，必要时可以提供法律咨询。

五、刑事和解协议的效力

对达成和解协议的案件，经县级以上公安机关负责人批准，公安机关将案件移送人民检察院审查起诉时，可以提出从宽处理的建议。

人民检察院可以向人民法院提出从宽处罚的建议；对于犯罪情节轻微，不需要判处刑罚的，可以作出不起诉的决定。

对达成和解协议的案件，人民法院应当对被告人从轻处罚；符合非监禁刑适用条件的，应当适用非监禁刑；判处法定最低刑仍然过重的，可以减轻处罚；综合全案认为犯罪情节轻微不需要判处刑罚的，可以免予刑事处罚。

共同犯罪案件，部分被告人与被害人达成和解协议的，可以依法对该部分被告人从宽处罚，但应当注意全案的量刑平衡。

第三节　认罪认罚及反悔的处理

一、侦查阶段认罪认罚

《刑事诉讼法》第 15 条规定：“犯罪嫌疑人、被告人自愿如实供述自己的罪行，承认指控的犯罪事实，愿意接受处罚的，可以依法从宽处理。”

第 36 条规定：“法律援助机构可以在人民法院、看守所等场所派驻值班律师。犯罪嫌疑人、被告人没有委托辩护人，法律援助机构没有指派律师为其提供辩护的，由值班律师为犯罪嫌疑人、被告人提供法律咨询、程序选择建议、申请变更强制措施、对案件处理提出意见等法律帮助。人民法院、人民检察院、看守所应当告知犯罪嫌疑人、被告人有权约见值班律师，并为犯罪嫌疑人、被告人约见值班律师提供便利。”

第 120 条规定："侦查人员在讯问犯罪嫌疑人的时候，应当首先讯问犯罪嫌疑人是否有犯罪行为，让他陈述有罪的情节或者无罪的辩解，然后向他提出问题。犯罪嫌疑人对侦查人员的提问，应当如实回答。但是对与本案无关的问题，有拒绝回答的权利。侦查人员在讯问犯罪嫌疑人的时候，应当告知犯罪嫌疑人享有的诉讼权利，如实供述自己罪行可以从宽处理和认罪认罚的法律规定。"

第 162 条规定："公安机关侦查终结的案件，应当做到犯罪事实清楚，证据确实、充分，并且写出起诉意见书，连同案卷材料、证据一并移送同级人民检察院审查决定；同时将案件移送情况告知犯罪嫌疑人及其辩护律师。犯罪嫌疑人自愿认罪的，应当记录在案，随案移送，并在起诉意见书中写明有关情况。"

《公安机关办理刑事案件程序规定》第 289 条第 2 款规定："犯罪嫌疑人自愿认罪的，应当记录在案，随案移送，并在起诉意见书中写明有关情况；认为案件符合速裁程序适用条件的，可以向人民检察院提出适用速裁程序的建议。"

二、侦查阶段认罪认罚后反悔的处理

《人民检察院刑事诉讼规则》第 258 条第 1 款规定："人民检察院讯问犯罪嫌疑人时，应当首先查明犯罪嫌疑人的基本情况，依法告知犯罪嫌疑人诉讼权利和义务，以及认罪认罚的法律规定，听取其供述和辩解。犯罪嫌疑人翻供的，应当讯问其原因……"

三、审查起诉阶段认罪认罚

《刑事诉讼法》第 172 条规定："人民检察院对于监察机关、公安机关移送起诉的案件，应当在一个月以内作出决定，重大、复杂的案件，可以延长十五日；犯罪嫌疑人认罪认罚，符合速裁程序适用条件的，应当在十日以内作出决定，对可能判处的有期徒刑超过一年的，可以延长至十五日。人民检察院审查起诉的案件，改变管辖的，从改变后的人民检察院收到案件之日起计算审查起诉期限。"

第 173 条第 2 款规定："犯罪嫌疑人认罪认罚的，人民检察院应当告知其享有的诉讼权利和认罪认罚的法律规定，听取犯罪嫌疑人、辩护人或者值班律师、被害人及其诉讼代理人对下列事项的意见，并记录在案：（一）涉嫌的犯罪事实、罪名及适用的法律规定；（二）从轻、减轻或者免除处罚等从宽处罚的建议；（三）认罪认罚后案件审理适用的程序；（四）其他需要听取意见的事项。"

第 174 条规定："犯罪嫌疑人自愿认罪，同意量刑建议和程序适用的，应当在辩护人或者值班律师在场的情况下签署认罪认罚具结书。犯罪嫌疑人认罪认罚，有下列情形之一的，不需要签署认罪认罚具结书：（一）犯罪嫌疑人是盲、聋、哑人，或者是尚未完全丧失辨认或者控制自己行为能力的精神病人的；（二）未成年犯罪嫌疑人的法定代理人、辩护人对未成年人认罪认罚有异议的；（三）其他不需要签署认罪认罚具结书的情形。"

《人民检察院刑事诉讼规则》第 267 条规定："人民检察院办理犯罪嫌疑人认罪认罚案件，应当保障犯罪嫌疑人获得有效法律帮助，确保其了解认罪认罚的性质和法律后果，自愿认罪认罚。人民检察院受理案件后，应当向犯罪嫌疑人了解其委托辩护人的情况。犯罪嫌疑人自愿认罪认罚、没有辩护人的，在审查逮捕阶段，人民检察院应当要求公安机关通知值班律师为其提供法律帮助；在审查起诉阶段，人民检察院应当通知值班律师为其提供法律帮助。符合通知辩护条件的，应当依法通知法律援助机构指派律师为其提供辩护。"

第 268 条规定："人民检察院应当商法律援助机构设立法律援助工作站派驻值班律师或者及时安排值班律师，为犯罪嫌疑人提供法律咨询、程序选择建议、申请变更强制措施、对案件处理提出意见等法律帮助。人民检察院应当告知犯罪嫌疑人有权约见值班律师，并为其约见值班律师提供便利。"

第 269 条规定："犯罪嫌疑人认罪认罚的，人民检察院应当告知其享有的诉讼权利和认罪认罚的法律规定，听取犯罪嫌疑人、辩护人或者值班律师、被害人及其诉讼代理人对下列事项的意见，并记录在案：（一）涉嫌的犯罪事实、罪名及适用的法律规定；（二）从轻、减轻或者免除处罚等从宽处罚的建议；（三）认罪认罚后案件审理适用的程序；（四）其他需要听取意见的事项。依照前款规定听取值班律师意见的，应当提前为值班律师了解案件有关情况提供必要的便利。自人民检察院对案件审查起诉之日起，值班律师可以查阅案卷材料，了解案情。人民检察院应当为值班律师查阅案卷材料提供便利。人民检察院不采纳辩护人或者值班律师所提意见的，应当向其说明理由。”

第 270 条规定：“批准或者决定逮捕，应当将犯罪嫌疑人涉嫌犯罪的性质、情节，认罪认罚等情况，作为是否可能发生社会危险性的考虑因素。已经逮捕的犯罪嫌疑人认罪认罚的，人民检察院应当及时对羁押必要性进行审查。经审查，认为没有继续羁押必要的，应当予以释放或者变更强制措施。”

第 271 条规定：“审查起诉阶段，对于在侦查阶段认罪认罚的案件，人民检察院应当重点审查以下内容：（一）犯罪嫌疑人是否自愿认罪认罚，有无因受到暴力、威胁、引诱而违背意愿认罪认罚；（二）犯罪嫌疑人认罪认罚时的认知能力和精神状态是否正常；（三）犯罪嫌疑人是否理解认罪认罚的性质和可能导致的法律后果；（四）公安机关是否告知犯罪嫌疑人享有的诉讼权利，如实供述自己罪行可以从宽处理和认罪认罚的法律规定，并听取意见；（五）起诉意见书中是否写明犯罪嫌疑人认罪认罚情况；（六）犯罪嫌疑人是否真诚悔罪，是否向被害人赔礼道歉。经审查，犯罪嫌疑人违背意愿认罪认罚的，人民检察院可以重新开展认罪认罚工作。存在刑讯逼供等非法取证行为的，依照法律规定处理。”

第 272 条规定：“犯罪嫌疑人自愿认罪认罚，同意量刑建议和程序适用的，应当在辩护人或者值班律师在场的情况下签署认罪认罚具结书。具结书应当包括犯罪嫌疑人如实供述罪行、同意量刑建议和程序适用等内容，由犯罪嫌疑人及其辩护人、值班律师签名。犯罪嫌疑人具有下列情形之一的，不需要签署认罪认罚具结书：（一）犯罪嫌疑人是盲、聋、哑人，或者是尚未完全丧失辨认或者控制自己行为能力的精神病人的；（二）未成年犯罪嫌疑人的法定代理人、辩护人对未成年人认罪认罚有异议的；（三）其他不需要签署认罪认罚具结书的情形。有前款情形，犯罪嫌疑人未签署认罪认罚具结书的，不影响认罪认罚从宽制度的适用。”

第 273 条规定："犯罪嫌疑人认罪认罚，人民检察院经审查，认为符合速裁程序适用条件的，应当在十日以内作出是否提起公诉的决定，对可能判处的有期徒刑超过一年的，可以延长至十五日；认为不符合速裁程序适用条件的，应当在本规则第三百五十一条规定的期限以内作出是否提起公诉的决定。"

第 279 条规定："犯罪嫌疑人自愿如实供述涉嫌犯罪的事实，有重大立功或者案件涉及国家重大利益的，经最高人民检察院核准，公安机关可以撤销案件，人民检察院可以作出不起诉决定，也可以对涉嫌数罪中的一项或者多项不起诉。前款规定的不起诉，应当由检察长决定。决定不起诉的，人民检察院应当及时对查封、扣押、冻结的财物及其孳息作出处理。"

四、审查起诉阶段认罪认罚后反悔的处理

《人民检察院刑事诉讼规则》第 278 条规定："犯罪嫌疑人认罪认罚，人民检察院依照刑事诉讼法第一百七十七条第二款作出不起诉决定后，犯罪嫌疑人反悔的，人民检察院应当进行审查，并区分下列情形依法作出处理：(一）发现犯罪嫌疑人没有犯罪事实，或者符合刑事诉讼法第十六条规定的情形之一的，应当撤销原不起诉决定，依照刑事诉讼法第一百七十七条第一款的规定重新作出不起诉决定；（二）犯罪嫌疑人犯罪情节轻微，依照刑法不需要判处刑罚或者免除刑罚的，可以维持原不起诉决定；（三）排除认罪认罚因素后，符合起诉条件的，应当根据案件具体情况撤销原不起诉决定，依法提起公诉。"

五、审判阶段认罪认罚案件的审理

《刑事诉讼法》第 222 条规定："基层人民法院管辖的可能判处三年有期徒刑以下刑罚的案件，案件事实清楚，证据确实、充分，被告人认罪认罚并同意适用速裁程序的，可以适用速裁程序，由审判员一人独任审判。人民检察院在提起公诉的时候，可以建议人民法院适用速裁程序。"

第 224 条规定："适用速裁程序审理案件，不受本章第一节规定的送达期限的限制，一般不进行法庭调查、法庭辩论，但在判决宣告前应当听取辩护

人的意见和被告人的最后陈述意见。适用速裁程序审理案件，应当当庭宣判。”

第225条规定：“适用速裁程序审理案件，人民法院应当在受理后十日以内审结；对可能判处的有期徒刑超过一年的，可以延长至十五日。”

《人民检察院刑事诉讼规则》第274条规定：“认罪认罚案件，人民检察院向人民法院提起公诉的，应当提出量刑建议，在起诉书中写明被告人认罪认罚情况，并移送认罪认罚具结书等材料。量刑建议可以另行制作文书，也可以在起诉书中写明。”

第275条规定：“犯罪嫌疑人认罪认罚的，人民检察院应当就主刑、附加刑、是否适用缓刑等提出量刑建议。量刑建议一般应当为确定刑。对新类型、不常见犯罪案件，量刑情节复杂的重罪案件等，也可以提出幅度刑量刑建议。”

第276条规定：“办理认罪认罚案件，人民检察院应当将犯罪嫌疑人是否与被害方达成和解或者调解协议，或者赔偿被害方损失，取得被害方谅解，或者自愿承担公益损害修复、赔偿责任，作为提出量刑建议的重要考虑因素。犯罪嫌疑人自愿认罪并且愿意积极赔偿损失，但由于被害方赔偿请求明显不合理，未能达成和解或者调解协议的，一般不影响对犯罪嫌疑人从宽处理。对于符合当事人和解程序适用条件的公诉案件，犯罪嫌疑人认罪认罚的，人民检察院应当积极促使当事人自愿达成和解。和解协议书和被害方出具的谅解意见应当随案移送。被害方符合司法救助条件的，人民检察院应当积极协调办理。”

第277条规定：“犯罪嫌疑人认罪认罚，人民检察院拟提出适用缓刑或者判处管制的量刑建议，可以委托犯罪嫌疑人居住地的社区矫正机构进行调查评估，也可以自行调查评估。”

第418条规定：“人民检察院向人民法院提出量刑建议的，公诉人应当在发表公诉意见时提出。对认罪认罚案件，人民法院经审理认为人民检察院的量刑建议明显不当向人民检察院提出的，或者被告人、辩护人对量刑建议提出异议的，人民检察院可以调整量刑建议。”

《最高人民法院关于适用〈中华人民共和国刑事诉讼法〉的解释》第347

条规定："刑事诉讼法第十五条规定的'认罪'，是指犯罪嫌疑人、被告人自愿如实供述自己的罪行，对指控的犯罪事实没有异议。刑事诉讼法第十五条规定的'认罚'，是指犯罪嫌疑人、被告人真诚悔罪，愿意接受处罚。被告人认罪认罚的，可以依照刑事诉讼法第十五条的规定，在程序上从简、实体上从宽处理。"

第 348 条规定："对认罪认罚案件，应当根据案件情况，依法适用速裁程序、简易程序或者普通程序审理。"

第 349 条规定："对人民检察院提起公诉的认罪认罚案件，人民法院应当重点审查以下内容：（一）人民检察院讯问犯罪嫌疑人时，是否告知其诉讼权利和认罪认罚的法律规定；（二）是否随案移送听取犯罪嫌疑人、辩护人或者值班律师、被害人及其诉讼代理人意见的笔录；（三）被告人与被害人达成调解、和解协议或者取得被害人谅解的，是否随案移送调解、和解协议、被害人谅解书等相关材料；（四）需要签署认罪认罚具结书的，是否随案移送具结书。未随案移送前款规定的材料的，应当要求人民检察院补充。"

第 350 条规定："人民法院应当将被告人认罪认罚作为其是否具有社会危险性的重要考虑因素。被告人罪行较轻，采用非羁押性强制措施足以防止发生社会危险性的，应当依法适用非羁押性强制措施。"

第 351 条规定："对认罪认罚案件，法庭审理时应当告知被告人享有的诉讼权利和认罪认罚的法律规定，审查认罪认罚的自愿性和认罪认罚具结书内容的真实性、合法性。"

第 352 条规定："对认罪认罚案件，人民检察院起诉指控的事实清楚，但指控的罪名与审理认定的罪名不一致的，人民法院应当听取人民检察院、被告人及其辩护人对审理认定罪名的意见，依法作出判决。"

第 353 条规定："对认罪认罚案件，人民法院经审理认为量刑建议明显不当，或者被告人、辩护人对量刑建议提出异议的，人民检察院可以调整量刑建议。人民检察院不调整或者调整后仍然明显不当的，人民法院应当依法作出判决。适用速裁程序审理认罪认罚案件，需要调整量刑建议的，应当在庭前或者当庭作出调整；调整量刑建议后，仍然符合速裁程序适用条件的，继续适用速裁程序审理。"

第354条规定："对量刑建议是否明显不当，应当根据审理认定的犯罪事实、认罪认罚的具体情况，结合相关犯罪的法定刑、类似案件的刑罚适用等作出审查判断。"

第355条规定："对认罪认罚案件，人民法院一般应当对被告人从轻处罚；符合非监禁刑适用条件的，应当适用非监禁刑；具有法定减轻处罚情节的，可以减轻处罚。对认罪认罚案件，应当根据被告人认罪认罚的阶段早晚以及认罪认罚的主动性、稳定性、彻底性等，在从宽幅度上体现差异。共同犯罪案件，部分被告人认罪认罚的，可以依法对该部分被告人从宽处罚，但应当注意全案的量刑平衡。"

第356条规定："被告人在人民检察院提起公诉前未认罪认罚，在审判阶段认罪认罚的，人民法院可以不再通知人民检察院提出或者调整量刑建议。对前款规定的案件，人民法院应当就定罪量刑听取控辩双方意见，根据刑事诉讼法第十五条和本解释第三百五十五条的规定作出判决。"

六、审判阶段认罪认罚后又反悔的处理

《人民检察院刑事诉讼规则》第278条规定："犯罪嫌疑人认罪认罚，人民检察院依照刑事诉讼法第一百七十七条第二款作出不起诉决定后，犯罪嫌疑人反悔的，人民检察院应当进行审查，并区分下列情形依法作出处理：（一）发现犯罪嫌疑人没有犯罪事实，或者符合刑事诉讼法第十六条规定的情形之一的，应当撤销原不起诉决定，依照刑事诉讼法第一百七十七条第一款的规定重新作出不起诉决定；（二）犯罪嫌疑人犯罪情节轻微，依照刑法不需要判处刑罚或者免除刑罚的，可以维持原不起诉决定；（三）排除认罪认罚因素后，符合起诉条件的，应当根据案件具体情况撤销原不起诉决定，依法提起公诉。"

《最高人民法院关于适用〈中华人民共和国刑事诉讼法〉的解释》第358条规定："案件审理过程中，被告人不再认罪认罚的，人民法院应当根据审理查明的事实，依法作出裁判。需要转换程序的，依照本解释的相关规定处理。"

七、一审不认罪二审又认罪认罚的处理

《最高人民法院关于适用〈中华人民共和国刑事诉讼法〉的解释》第357条规定："对被告人在第一审程序中未认罪认罚，在第二审程序中认罪认罚的案件，应当根据其认罪认罚的具体情况决定是否从宽，并依法作出裁判。确定从宽幅度时应当与第一审程序认罪认罚有所区别。"

八、认罪认罚后又提出上诉的处理

《刑事诉讼法》第227条第3款规定："对被告人的上诉权，不得以任何借口加以剥夺。"

第233条规定："第二审人民法院应当就第一审判决认定的事实和适用法律进行全面审查，不受上诉或者抗诉范围的限制。共同犯罪的案件只有部分被告人上诉的，应当对全案进行审查，一并处理。"

第237条规定："第二审人民法院审理被告人或者他的法定代理人、辩护人、近亲属上诉的案件，不得加重被告人的刑罚。第二审人民法院发回原审人民法院重新审判的案件，除有新的犯罪事实，人民检察院补充起诉的以外，原审人民法院也不得加重被告人的刑罚。人民检察院提出抗诉或者自诉人提出上诉的，不受前款规定的限制。"

《人民检察院办理认罪认罚案件监督管理办法》第8条规定："办理认罪认罚案件，出现以下情形的，检察官应当向部门负责人报告：（一）案件处理结果可能与同类案件或者关联案件处理结果明显不一致的；（二）案件处理与监察机关、侦查机关、人民法院存在重大意见分歧的；（三）犯罪嫌疑人、被告人签署认罪认罚具结书后拟调整量刑建议的；（四）因案件存在特殊情形，提出的量刑建议与同类案件相比明显失衡的；（五）变更、补充起诉的；（六）犯罪嫌疑人、被告人自愿认罪认罚，拟不适用认罪认罚从宽制度办理的；（七）法院建议调整量刑建议，或者判决未采纳量刑建议的；（八）被告人、辩护人、值班律师对事实认定、案件定性、量刑建议存在重大意见分歧的；（九）一审判决后被告人决定上诉的；（十）其他应当报告的情形。部门负责人、分管副检察长承办案件遇有以上情形的，应当向上一级领导报告。"

《最高人民法院、最高人民检察院、公安部、国家安全部、司法部关于在部分地区开展刑事案件认罪认罚从宽制度试点工作的办法》第 23 条规定："第二审人民法院对被告人不服适用速裁程序作出的第一审判决提起上诉的案件，可以不开庭审理。经审理认为原判认定事实和适用法律正确、量刑适当的，应当裁定驳回上诉，维持原判；原判认定事实没有错误，但适用法律有错误，或者量刑不当的，应当改判；原判事实不清或者证据不足的，应当裁定撤销原判，发回原审人民法院适用普通程序重新审判。"

最高人民检察院在"2019 年全国检察机关刑事检察工作电视电话会议"中指出：对被告人否认指控的犯罪事实、不积极履行具结书中赔礼道歉、退赃退赔、赔偿损失等义务以及以量刑过重为由，而提出上诉，符合抗诉条件的，检察机关应当依法提出抗诉。特别是现阶段对检察机关提出精准量刑建议，法院采纳后被告人无正当理由上诉的，原则上应当提出抗诉。

附录：对认罪认罚两规定的解读

《人民检察院办理认罪认罚案件开展量刑建议工作的指导意见》

（2021 年 11 月 15 日最高人民检察院第十三届检察委员会

第七十八次会议通过）

为深入贯彻落实宽严相济刑事政策，规范人民检察院办理认罪认罚案件量刑建议工作，促进量刑公开公正，加强对检察机关量刑建议活动的监督制约，根据刑事诉讼法、人民检察院刑事诉讼规则等规定，结合检察工作实际，制定本意见。

第一章　一般规定

第一条　犯罪嫌疑人认罪认罚的，人民检察院应当就主刑、附加刑、是否适用缓刑等提出量刑建议。

对认罪认罚案件，人民检察院应当在全面审查证据、查明事实、准确认定犯罪的基础上提出量刑建议。

【解读】认罪认罚与量刑建议应当是相互依存的关系，没有明确的量刑建议就不应该要求犯罪嫌疑人、被告人就是否认罪认罚发表意见。因此，这一条我们可以理解为，检察院应当在“全面审查证据、查明事实、准确认定犯罪”的前提下，就具体量刑提出准确意见，然后再讯问犯罪嫌疑人、被告人是否同意认罪认罚。

第二条 人民检察院对认罪认罚案件提出量刑建议，应当坚持以下原则：

（一）宽严相济。应当根据犯罪的具体情况，综合考虑从重、从轻、减轻或者免除处罚等各种量刑情节提出量刑建议，做到该宽则宽，当严则严，宽严相济，轻重有度。

（二）依法建议。应当根据犯罪的事实、性质、情节和对于社会的危害程度等，依照刑法、刑事诉讼法以及相关司法解释的规定提出量刑建议。

（三）客观公正。应当全面收集、审查有罪、无罪、罪轻、罪重、从宽、从严等证据，依法听取犯罪嫌疑人、被告人、辩护人或者值班律师、被害人及其诉讼代理人的意见，客观公正提出量刑建议。

（四）罪责刑相适应。提出量刑建议既要体现认罪认罚从宽，又要考虑犯罪嫌疑人、被告人所犯罪行的轻重、应负的刑事责任和社会危险性的大小，确保罚当其罪，避免罪责刑失衡。

（五）量刑均衡。涉嫌犯罪的事实、情节基本相同的案件，提出的量刑建议应当保持基本均衡。

【解读】此一条规定进一步肯定了笔者在前一条关于先阅卷、再出具量刑意见，然后才能讯问犯罪嫌疑人、被告人的观点。而且，我们依据此条还可以进一步推导出：检察院的量刑建议应当在听取“犯罪嫌疑人、被告人、辩护人或者值班律师”意见的基础上，再行确定。

此外，对于量刑建议听取“被害人及其诉讼代理人的意见”这一内容，笔者认为有待进一步完善。一方面，犯罪嫌疑人、被告人和被害人之间的利益取向截然相反。除了已经取得被害人谅解的案件，被害人通常情况下都希望对犯罪嫌疑人、被告人从重处罚，如果检察院在提出量刑建议前一定要听取（笔者认为既然听取就包含有尊重之意）被害人的意见，就会导致量刑建议失去客观公正，更会导致认罪认罚从宽制度失之空泛，难以落实。另一方面，刑事诉讼法并未赋予被害人上诉权，从这一点也可以看出，刑法的追溯功能并非为了满足被害人诉求，而是代表国家实施惩戒。如果被害人对于被告人的刑罚不满意，没有提出上诉的权利，又何来被害人对量刑建议发表意见的权利。

第三条　人民检察院对认罪认罚案件提出量刑建议，应当符合以下条件：

（一）犯罪事实清楚，证据确实、充分；

（二）提出量刑建议所依据的法定从重、从轻、减轻或者免除处罚等量刑情节已查清；

（三）提出量刑建议所依据的酌定从重、从轻处罚等量刑情节已查清。

【解读】这一条给予了辩护律师与检察人员就量刑建议进行协商的空间。辩护律师可以据此逐项与检察人员就量刑的空间进行探讨。

第四条　办理认罪认罚案件，人民检察院一般应当提出确定刑量刑建议。对新类型、不常见犯罪案件，量刑情节复杂的重罪案件等，也可以提出幅度刑量刑建议，但应当严格控制所提量刑建议的幅度。

【解读】这是对检察人员不就具体量刑提出明确意见的一种限制，只有“新类型、不常见、情节复杂且是重罪”的案件，才可以提出幅度刑量刑建议，其他案件必须是确定刑量刑建议。

第五条　人民检察院办理认罪认罚案件提出量刑建议，应当按照有关规定对听取意见情况进行同步录音录像。

（关于此内容，可以参见笔者发表的《【新规解读】检察院办理认罪认罚听取意见同步录音录像》一文。）

第二章　量刑证据的审查

第六条　影响量刑的基本事实和各量刑情节均应有相应的证据加以证明。

对侦查机关移送审查起诉的案件，人民检察院应当审查犯罪嫌疑人有罪和无罪、罪重和罪轻、从宽和从严的证据是否全部随案移送，未随案移送的，应当通知侦查机关在指定时间内移送。侦查机关应当收集而未收集量刑证据的，人民检察院可以通知侦查机关补充相关证据或者退回侦查机关补充侦查，也可以自行补充侦查。

对于依法需要判处财产刑的案件，人民检察院应当要求侦查机关收集并随案移送涉及犯罪嫌疑人财产状况的证据材料。

【解读】对证据的全面审查原则，不应该因为犯罪嫌疑人主动认罪而有所疏漏。辩护律师可以依据此条对于犯罪嫌疑人、被告人主动认罪认罚的案件，提出进一步搜集、调取证据的要求。特别是可能涉及财产的案件，不能因为害怕对被告人加重处罚，而忽视了对其合法财产权益的保护。检察人员更不能以认罪认罚从宽为由，而漠视与财产相关的证据的缺失。

第七条 对于自首情节，应当重点审查投案的主动性、供述的真实性和稳定性等情况。

对于立功情节，应当重点审查揭发罪行的轻重、提供的线索对侦破案件或者协助抓捕其他犯罪嫌疑人所起的作用、被检举揭发的人可能或者已经被判处的刑罚等情况。犯罪嫌疑人提出检举、揭发犯罪立功线索的，应当审查犯罪嫌疑人掌握线索的来源、有无移送侦查机关、侦查机关是否开展调查核实等。

对于累犯、惯犯以及前科、劣迹等情节，应当调取相关的判决、裁定、释放证明等材料，并重点审查前后行为的性质、间隔长短、次数、罪行轻重等情况。

【解读】这一条再一次强调了检察院在作出认罪认罚量刑建议之前全面审核案卷的义务。辩护律师可以依据上述法定和酌定从宽情节，逐一与检察人员展开探讨。这里又引申出听取辩护人意见的问题，检察人员不应当仅就具体量刑听取辩护人意见，而应当就全案所涉及的所有与定罪量刑相关的情节和证据，注意听取辩护人意见，以便从综合、全面的角度来衡量自己的量刑意见。

第八条 人民检察院应当根据案件情况对犯罪嫌疑人犯罪手段、犯罪动机、主观恶性、是否和解谅解、是否退赃退赔、有无前科劣迹等酌定量刑情节进行审查，并结合犯罪嫌疑人的家庭状况、成长环境、心理健康情况等进行审查，综合判断。

有关个人品格方面的证据材料不得作为定罪证据，但与犯罪相关的个人品格情况可以作为酌定量刑情节予以综合考虑。

【解读】这一条首先突出了一个犯罪嫌疑人、被告人违法行为前的品德因素。过去在辩护过程中品德证据往往不受重视，辩护律师应当依据此条来加强相关证据的搜集和调取。并且，品德证据一般不会牵涉案情，这就给辩护律师的取证工作留出了非常大的空间。

另外，值得辩护人特别注意的是，犯罪嫌疑人、被告人的成长因素、心理因素等都可以作为具体量刑时的考虑因素，而这些因素也应该作为辩护律师主动取证的范围。

第九条 人民检察院办理认罪认罚案件提出量刑建议，应当听取被害人及其诉讼代理人的意见，并将犯罪嫌疑人是否与被害方达成调解协议、和解协议或者赔偿被害方损失，取得被害方谅解，是否自愿承担公益损害修复及赔偿责任等，作为从宽处罚的重要考虑因素。

犯罪嫌疑人自愿认罪并且有赔偿意愿，但被害方拒绝接受赔偿或者赔偿请求明显不合理，未能达成调解或者和解协议的，可以综合考量赔偿情况及全案情节对犯罪嫌疑人予以适当从宽，但罪行极其严重、情节极其恶劣的除外。

必要时，人民检察院可以听取侦查机关、相关行政执法机关、案发地或者居住地基层组织和群众的意见。

【解读】笔者坚持认为，认罪认罚从宽制度是为了节省诉讼资源、降低刑事追诉成本、转化犯罪嫌疑人、被告人对自己行为的认识态度而设置的。如果赋予被害人及其代理人对量刑建议发表意见的权利，不仅不利于双方矛盾的化解，甚至会加剧犯罪嫌疑人、被告人对被害人一方的仇视。

另外，从实际操作的角度来看，“赔偿请求明显不合理”这一表述在现实中很难掌控。比如，《刑事诉讼法》已经明确间接损失不属于刑事赔偿范围，“残疾赔偿金”不再列入刑事附带民事赔偿的范围。而此条规定在法律界一直存有很大争议，近半数学者和法律人士都对其提出了质疑。那么普通民众就更难理解残疾赔偿金不予赔偿规定的公平、公正性。在犯罪嫌疑人、被告人与被害人之间就赔偿问题不能达成谅解的前提下，残疾赔偿金属于“明显不合理的赔偿请求”还是“明显合理的赔偿请求”？如果检察人员认定残疾赔偿金属于不合理的赔偿请求，显然会激化社会矛盾；如果检察人员认为残疾赔偿金属于合理的赔偿请求，则违背法律。

第十条 人民检察院应当认真审查侦查机关移送的关于犯罪嫌疑人社会危险性和案件对所居住社区影响的调查评估意见。侦查机关未委托调查评估，人民检察院拟提出判处管制、缓刑量刑建议的，一般应当委托犯罪嫌疑人居住地的社区矫正机构或者有关组织进行调查评估，必要时，也可以自行调查评估。

调查评估意见是人民检察院提出判处管制、缓刑量刑建议的重要参考。人民检察院提起公诉时，已收到调查评估材料的，应当一并移送人民法院，已经委托调查评估但尚未收到调查评估材料的，人民检察院经审查全案情况认为犯罪嫌疑人符合管制、缓刑适用条件的，可以提出判处管制、缓刑的量刑建议，同时将委托文书随案移送人民法院。

【解读】辩护律师是否有权主动到社区矫正机构要求出具调查评估意见？这在实践中还需要广大律师积极尝试，毕竟作为公民权益的代表者，我们应当遵循的原则是“法无禁止皆可为”。

第三章　量刑建议的提出

第十一条 人民检察院应当按照有关量刑指导意见规定的量刑基本方法，依次确定量刑起点、基准刑和拟宣告刑，提出量刑建议。对新类型、不常见犯罪案件，可以参照相关量刑规范和相似案件的判决提出量刑建议。

【解读】依据此条，检察院的量刑建议绝不能是简单的一个具体刑期，而应该就量刑起点、基准刑以及影响量刑的法定情节和酌定情节，逐一列明。换句话说，检察人员的量刑建议不再是一个结论，而应该包括各量刑情节加与减的整个计算过程。该规定虽然没有明确要求检察人员必须书面列明，但毫无疑问这样一个计算公式应当存在于检察人员的脑海或其草稿之中；如果案件需要向“部门负责人报告或者建议召开检察官联席会议讨论”（第21条），则这个计算公式应该以书面方式记载。

这就要求辩护律师在与检察人员就量刑意见进行交流之前，首先要列一个书面的计算列表。将对犯罪嫌疑人、被告人有利和不利的情节逐一列明，并对相应的加减刑幅度进行准确的测算，有条件的话，还可以搜集相关案例，以佐证自己的观点，争取最大幅度为委托人降低刑期。从这一条和后面两条（第 12 条、第 13 条），我们也可以看出，即使是轻微刑事案件（事实清楚、证据确凿、被告人愿意认罪认罚），依然需要专业的辩护律师进行代理，以最大限度降低刑事处罚。

第十二条　提出确定刑量刑建议应当明确主刑适用刑种、刑期和是否适用缓刑。

建议判处拘役的，一般应当提出确定刑量刑建议。

建议判处附加刑的，应当提出附加刑的类型。

建议判处罚金刑的，应当以犯罪情节为根据，综合考虑犯罪嫌疑人缴纳罚金的能力提出确定的数额。

建议适用缓刑的，应当明确提出。

第十三条　除有减轻处罚情节外，幅度刑量刑建议应当在法定量刑幅度内提出，不得兼跨两种以上主刑。

建议判处有期徒刑的，一般应当提出相对明确的量刑幅度。建议判处六个月以上不满一年有期徒刑的，幅度一般不超过二个月；建议判处一年以上不满三年有期徒刑的，幅度一般不超过六个月；建议判处三年以上不满十年有期徒刑的，幅度一般不超过一年；建议判处十年以上有期徒刑的，幅度一般不超过二年。

建议判处管制的，幅度一般不超过三个月。

第十四条　人民检察院提出量刑建议应当区别认罪认罚的不同诉讼阶段、对查明案件事实的价值和意义、是否确有悔罪表现，以及罪行严重程度等，综合考量确定从宽的限度和幅度。在从宽幅度上，主动认罪认罚优于被动认罪认罚，早认罪认罚优于晚认罪认罚，彻底认罪认罚优于不彻底认罪认罚，稳定认罪认罚优于不稳定认罪认罚。

认罪认罚的从宽幅度一般应当大于仅有坦白，或者虽认罪但不认罚的从宽幅度。对犯罪嫌疑人具有自首、坦白情节，同时认罪认罚的，应当在法定刑幅度内给予相对更大的从宽幅度。

【解读】其一，犯罪嫌疑人在不同阶段认罪认罚，会对具体量刑产生影响，这就促使犯罪嫌疑人家属应当在强制措施采取后，尽快委托辩护律师介入案件，以便帮助犯罪嫌疑人准确判断是否应当认罪认罚；其二，本条可以说明犯罪嫌疑人、被告人“不彻底认罪认罚、不稳定认罪认罚”并不能否定其“认罪认罚”这一情节。笔者在之前代理的案件中曾经提到：认罪认罚从宽制度不仅是一个法律程序规定，也是犯罪嫌疑人、被告人的诉讼实体权利规定。犯罪嫌疑人、被告人对部分指控认罪认罚，对部分指控不认罪的，是其诉讼权利的依法行使范畴。不能因为犯罪嫌疑人、被告人对部分罪名予以否认，就剥夺其通过认罪认罚争取从宽处罚的权利。

过去，检察人员认为犯罪嫌疑人、被告人对于“认罪认罚”应当一揽子全盘接受，也就是说，既然认罪就必须认罚。这就缩小了犯罪嫌疑人、被告人及其辩护人就“认罚”事宜进行交涉的空间。一些检察人员直接以“不认罚就等于不认罪”为由，拒绝就量刑建议进行协商。这显然曲解了认罪认罚从宽制度。现在，我们通过第 14 条第 2 款可以明确推导出：犯罪嫌疑人、被告人及其代理人有权在认罪的基础之上，拒绝接受检察院的量刑建议；并在认可犯罪指控的前提下，就量刑部分在法庭上与公诉方展开充分辩论。

第十五条　犯罪嫌疑人虽然认罪认罚，但所犯罪行具有下列情形之一的，提出量刑建议应当从严把握从宽幅度或者依法不予从宽：

（一）危害国家安全犯罪、恐怖活动犯罪、黑社会性质组织犯罪的首要分子、主犯；

（二）犯罪性质和危害后果特别严重、犯罪手段特别残忍、社会影响特别恶劣的；

（三）虽然罪行较轻但具有累犯、惯犯等恶劣情节的；

（四）性侵等严重侵害未成年人的；

（五）其他应当从严把握从宽幅度或者不宜从宽的情形。

第十六条　犯罪嫌疑人既有从重又有从轻、减轻处罚情节，应当全面考虑各情节的调节幅度，综合分析提出量刑建议，不能仅根据某一情节一律从轻或者从重。

犯罪嫌疑人具有减轻处罚情节的，应当在法定刑以下提出量刑建议，有数个量刑幅度的，应当在法定量刑幅度的下一个量刑幅度内提出量刑建议。

第十七条　犯罪嫌疑人犯数罪，同时具有立功、累犯等量刑情节的，先适用该量刑情节调节个罪基准刑，分别提出量刑建议，再依法提出数罪并罚后决定执行的刑罚的量刑建议。人民检察院提出量刑建议时应当分别列明个罪量刑建议和数罪并罚后决定执行的刑罚的量刑建议。

【解读】检察人员应当针对个罪所涉及的情节，先就个罪的量刑结果进行计算，然后再把数罪放在一起进行计算。这里就要求检察院针对数罪提出量刑建议时，应当以书面方式将计算公式罗列出来。笔者认为，这里所说“分别列明”，就是以书面方式列明。

第十八条　对于共同犯罪案件，人民检察院应当根据各犯罪嫌疑人在共同犯罪中的地位、作用以及应当承担的刑事责任分别提出量刑建议。提出量刑建议时应当注意各犯罪嫌疑人之间的量刑平衡。

第十九条　人民检察院可以根据案件实际情况，充分考虑提起公诉后可能出现的退赃退赔、刑事和解、修复损害等量刑情节变化，提出满足相应条件情况下的量刑建议。

【解读】这一条在审判实践中恐怕较难落实。该条表明在犯罪嫌疑人、被告人没有“退赃退赔、刑事和解、修复损害”的前提之下，也要求检察人员就该类情形可能减少的刑罚予以列明。这无形中等于给犯罪嫌疑人、被告人一个观察和等待，甚至讨价还价的时机。比如，可以先参考不退赃退赔的量刑，再参考退赃退赔的量刑，然后再决定是否退赃退赔。这一规定表面上似乎让量刑建议更加细化和公开，但最终是否能够如规则制定者所愿，还需要审判实践去检验。

第二十条　人民检察院可以借助量刑智能辅助系统分析案件、计算量刑，在参考相关结论的基础上，结合案件具体情况，依法提出量刑建议。

【解读】如果检察机关真的开发出这样一个智能系统，那么这一智能系统的说服力是否能够波及法院审判？这一系统又是否应该向社会公开以求公正？辩护律师是否有权知道这一系统的具体运行方式，并使用或借助这一系统来支持自己的观点？这些问题应该如何解决，恐怕不是规则制定者能够提前预知的。

第二十一条　检察官应当全面审查事实证据，准确认定案件性质，根据量刑情节拟定初步的量刑建议，并组织听取意见。

案件具有下列情形之一的，检察官应当向部门负责人报告或者建议召开检察官联席会议讨论，确定量刑建议范围后再组织听取意见：

（一）新类型、不常见犯罪；

（二）案情重大、疑难、复杂的；

（三）涉案犯罪嫌疑人人数众多的；

（四）性侵未成年人的；

（五）与同类案件或者关联案件处理结果明显不一致的；

（六）其他认为有必要报告或讨论的。

检察官应当按照有关规定在权限范围内提出量刑建议。案情重大、疑难、复杂的，量刑建议应当由检察长或者检察委员会讨论决定。

【解读】在检察人员拟定量刑建议之后，应当“组织听取意见”。“组织”的对象是单方听取，还是多方（犯罪嫌疑人、被害人）共同听取？犯罪嫌疑人、被告人和其辩护人是否应该同时在场时听取？

第四章　听取意见

第二十二条　办理认罪认罚案件，人民检察院应当依法保障犯罪嫌疑人获得有效法律帮助。犯罪嫌疑人要求委托辩护人的，应当充分保障其辩护权，严禁要求犯罪嫌疑人解除委托。

对没有委托辩护人的，应当及时通知值班律师为犯罪嫌疑人提供法律咨询、程序选择建议、申请变更强制措施等法律帮助。对符合通知辩护条件的，应当通知法律援助机构指派律师为其提供辩护。

人民检察院应当为辩护人、值班律师会见、阅卷等提供便利。

【解读】一些办案单位以各种手段劝说犯罪嫌疑人、被告人及其家属解除相应的辩护律师的委托手续，这在审判实践中已经不是什么旧闻。特别是自认罪认罚从宽制度实施以来，一些犯罪嫌疑人担心会被重判，不仅在自我辩解方面畏首畏尾，在委托辩护律师方面也是顾虑重重。在一些处罚相对较轻的案件中，犯罪嫌疑人（也包括一些律师）因为过于在意“抗拒从严”而有话不敢说、有证不敢举、有错不敢纠。这导致一些原本可能无罪，或者无需刑事处罚的案件，也以认罪认罚的形式被处理。

第二款是关于值班律师制度的规定。值班律师制度的设置，主要是为了保障犯罪嫌疑人的程序权利，它的出现是与“没有律师在场，警察不得讯问”制度相结合的。警察抓捕犯罪嫌疑人的时候，首先要向其宣告“米兰达警告”，即“你有权保持沉默，如果你不保持沉默，你所说的一切都将成为呈堂证供。你有权在受审时请一位律师，如果你付不起律师费的话，我们可以为你请一位。你是否完全了解你的上述权利?”这一条警告包含以下几层意思：首先是沉默权，犯罪嫌疑人拥有绝对的不自证其罪的权利；其次是律师在场权，除非犯罪嫌疑人放弃此权利，那么警察讯问时，辩护律师必须全程在场，并给犯罪嫌疑人提出法律指导；最后是只有犯罪嫌疑人没有经济能力聘请律师而又要求律师在场时，政府才会出资为犯罪嫌疑人指派值班律师。而值班律师的首要职责是确保警察的讯问过程遵守法律，以保障犯罪嫌疑人的程序及实体权利。

第三款规定了值班律师阅卷制度。《刑事诉讼法》以及相关解释都没有规定值班律师阅卷后要对案件发表明确意见；值班律师也不可能在没有正式委托的前提下，去翻阅可能达几十本、上百本的卷宗。《刑事诉讼法》及其司法解释也没有明确规定值班律师的阅卷及准备时间，以及要参与认罪认罚的在场见证。实践中，值班律师在不能、不想、不便全面阅卷的前提下，难以给犯罪嫌疑人提出中肯的、全面保障其权益的意见和建议。

第二十三条　对法律援助机构指派律师为犯罪嫌疑人提供辩护，犯罪嫌疑人的监护人、近亲属又代为委托辩护人的，应当听取犯罪嫌疑人的意见，由其确定辩护人人选。犯罪嫌疑人是未成年人的，应当听取其监护人意见。

【解读】这一条表明，犯罪嫌疑人对于自己辩护权的对外授予当然拥有决定权。但是这种决定权是在一种完全“无知”的状态下行使的。到目前为止，我国法律没有规定犯罪嫌疑人的家属在判决生效前有会见权。这使得犯罪嫌疑人在家属委托辩护人和法律援助律师之间做出选择的时候，既不知道家属之所以委托这位律师的考量因素，也不知道相关律师的执业能力，很可能出于不正当压力，或者仅仅是为了帮家里省一笔律师费，而违心地拒绝家属委托的律师，选择法律援助律师。所以笔者认为，如果犯罪嫌疑人拒绝家属委托的律师辩护，应当安排家属会见，在双方全面沟通、交流之后，再由犯罪嫌疑人作出决定。

第二十四条 人民检察院在听取意见时，应当将犯罪嫌疑人享有的诉讼权利和认罪认罚从宽的法律规定，拟认定的犯罪事实、涉嫌罪名、量刑情节，拟提出的量刑建议及法律依据告知犯罪嫌疑人及其辩护人或者值班律师。

人民检察院听取意见可以采取当面、远程视频等方式进行。

【解读】此处应该增加一款：在检察人员将上述内容告知辩护律师后，应当给辩护律师预留出单独会见犯罪嫌疑人的时间，待辩护律师单独征求犯罪嫌疑人关于认罪认罚事宜的意见后，再安排认罪认罚的见证会见。

第二十五条 人民检察院应当充分说明量刑建议的理由和依据，听取犯罪嫌疑人及其辩护人或者值班律师对量刑建议的意见。

犯罪嫌疑人及其辩护人或者值班律师对量刑建议提出不同意见，或者提交影响量刑的证据材料，人民检察院经审查认为犯罪嫌疑人及其辩护人或者值班律师意见合理的，应当采纳，相应调整量刑建议，审查认为意见不合理的，应当结合法律规定、全案情节、相似案件判决等作出解释、说明。

【解读】本条没有明确检察人员的"解释、说明"是否应该以书面的方式作出。并且，笔者认为犯罪嫌疑人及其辩护人、值班律师提出相关意见的，检察人员应当制作笔录，并且附卷移送审判机关。

第二十六条 人民检察院在听取意见的过程中，必要时可以通过出示、宣读、播放等方式向犯罪嫌疑人开示或部分开示影响定罪量刑的主要证据材料，说明证据证明的内容，促使犯罪嫌疑人认罪认罚。

言词证据确需开示的，应注意合理选择开示内容及方式，避免妨碍诉讼、影响庭审。

【解读】笔者认为，无论是言词证据还是其他形式的证据，犯罪嫌疑人都享有知情权。如果犯罪嫌疑人连指控自己为何构成犯罪的主要证据都不知情，凭何要求其认罪认罚？换一个角度，即使检察人员没有向犯罪嫌疑人出示相关证据，辩护律师也有义务向犯罪嫌疑人核对这些证据。

第二十七条 听取意见后，达成一致意见的，犯罪嫌疑人应当签署认罪认罚具结书。有刑事诉讼法第一百七十四条第二款不需要签署具结书情形的，不影响对其提出从宽的量刑建议。

犯罪嫌疑人有辩护人的，应当由辩护人在场见证具结并签字，不得绕开辩护人安排值班律师代为见证具结。辩护人确因客观原因无法到场的，可以通过远程视频方式见证具结。

犯罪嫌疑人自愿认罪认罚，没有委托辩护人，拒绝值班律师帮助的，签署具结书时，应当通知值班律师到场见证，并在具结书上注明。值班律师对人民检察院量刑建议、程序适用有异议的，检察官应当听取其意见，告知其确认犯罪嫌疑人认罪认罚的自愿性后应当在具结书上签字。

未成年犯罪嫌疑人签署具结书时，其法定代理人应当到场并签字确认。法定代理人无法到场的，合适成年人应当到场签字确认。法定代理人、辩护人对未成年人认罪认罚有异议的，未成年犯罪嫌疑人不需要签署具结书。

第二十八条　听取意见过程中，犯罪嫌疑人及其辩护人或者值班律师提供可能影响量刑的新的证据材料或者提出不同意见，需要审查、核实的，可以中止听取意见。人民检察院经审查、核实并充分准备后可以继续听取意见。

第二十九条　人民检察院提起公诉后开庭前，被告人自愿认罪认罚的，人民检察院可以组织听取意见。达成一致的，被告人应当在辩护人或者值班律师在场的情况下签署认罪认罚具结书。

第三十条　对于认罪认罚案件，犯罪嫌疑人签署具结书后，没有新的事实和证据，且犯罪嫌疑人未反悔的，人民检察院不得撤销具结书、变更量刑建议。除发现犯罪嫌疑人认罪悔罪不真实、认罪认罚后又反悔或者不履行具结书中需要履行的赔偿损失、退赃退赔等情形外，不得提出加重犯罪嫌疑人刑罚的量刑建议。

第三十一条　人民检察院提出量刑建议，一般应当制作量刑建议书，与起诉书一并移送人民法院。对于案情简单、量刑情节简单，适用速裁程序的案件，也可以在起诉书中载明量刑建议。

量刑建议书中应当写明建议对犯罪嫌疑人科处的主刑、附加刑、是否适用缓刑等及其理由和依据，必要时可以单独出具量刑建议理由说明书。适用速裁程序审理的案件，通过起诉书载明量刑建议的，可以在起诉书中简化说理。

第五章　量刑建议的调整

第三十二条　人民法院经审理，认为量刑建议明显不当或者认为被告人、辩护人对量刑建议的异议合理，建议人民检察院调整量刑建议的，人民检察院应当认真审查，认为人民法院建议合理的，应当调整量刑建议，认为人民法院建议不当的，应当说明理由和依据。

人民检察院调整量刑建议，可以制作量刑建议调整书移送人民法院。

第三十三条 开庭审理前或者休庭期间调整量刑建议的，应当重新听取被告人及其辩护人或者值班律师的意见。

庭审中调整量刑建议，被告人及其辩护人没有异议的，人民检察院可以当庭调整量刑建议并记录在案。当庭无法达成一致或者调整量刑建议需要履行相应报告、决定程序的，可以建议法庭休庭，按照本意见第二十四条、第二十五条的规定组织听取意见，履行相应程序后决定是否调整。

适用速裁程序审理认罪认罚案件，需要调整量刑建议的，应当在庭前或者当庭作出调整。

第三十四条 被告人签署认罪认罚具结书后，庭审中反悔不再认罪认罚的，人民检察院应当了解反悔的原因，被告人明确不再认罪认罚的，人民检察院应当建议人民法院不再适用认罪认罚从宽制度，撤回从宽量刑建议，并建议法院在量刑时考虑相应情况。依法需要转为普通程序或者简易程序审理的，人民检察院应当向人民法院提出建议。

【解读】本条规定被告人认罪认罚后不再认罪的，检察院除了撤回从宽量刑建议，还要“建议法院在量刑时考虑相应情况”。从刑法的适用上来看，对于被告人的量刑只应该有两种考量方式：认罪认罚的从宽处理；不认罪认罚的依法处理。被告人认罪认罚后又反悔的，检察院撤回从宽量刑建议，那么对被告人刑法的评判就应该回归到最初不认罪认罚的状态。在这种情况下，再加一句“并建议法院在量刑时考虑相应情况”是否会导致在原有评判基础上加重处罚呢？笔者认为对此规定可进一步予以完善。

第三十五条 被告人认罪认罚而庭审中辩护人作无罪辩护的，人民检察院应当核实被告人认罪认罚的真实性、自愿性。被告人仍然认罪认罚的，可以继续适用认罪认罚从宽制度，被告人反悔不再认罪认罚的，按照本意见第三十四条的规定处理。

【解读】对于本条内容所涉及的法学理论，笔者之前已经在很多案件中向公诉人和审判人员阐述过了。刑事审判中的“认罪”是指认可其被指控的“行为”，而不包括认可其被指控的“罪名”。被告人认罪，是承认自己曾经做过被指控的那些行为，至于行为是否构成犯罪，构成何种犯罪不能强迫被告人被动接受。对被告人的行为进行刑法评价是法官的职责，而不能强迫不懂法的被告人作出专业评判，当然，即使被告人是法学专家，也不得因此而要求其背负本该由审判人员履行的职责。

第三十六条　检察官应当在职责权限范围内调整量刑建议。根据本意见第二十一条规定，属于检察官职责权限范围内的，可以由检察官调整量刑建议并向部门负责人报告备案；属于检察长或者检察委员会职责权限范围内的，应当由检察长或者检察委员会决定调整。

第六章　量刑监督

第三十七条　人民法院违反刑事诉讼法第二百零一条第二款规定，未告知人民检察院调整量刑建议而直接作出判决的，人民检察院一般应当以违反法定程序为由依法提出抗诉。

【解读】《刑事诉讼法》第 7 条虽然规定：“人民法院、人民检察院和公安机关进行刑事诉讼，应当分工负责，互相配合，互相制约，以保证准确有效地执行法律。”按照“控辩平等”原则，在审判过程中，公诉方和辩护方应当拥有均衡的诉讼能力。此条规定，等于赋予公诉方对于最终量刑拥有较为强势的发言权。

第三十八条　认罪认罚案件审理中，人民法院认为量刑建议明显不当建议人民检察院调整，人民检察院不予调整或者调整后人民法院不予采纳，人民检察院认为判决、裁定量刑确有错误的，应当依法提出抗诉，或者根据案件情况，通过提出检察建议或者发出纠正违法通知书等进行监督。

第三十九条　认罪认罚案件中，人民法院采纳人民检察院提出的量刑建议作出判决、裁定，被告人仅以量刑过重为由提出上诉，因被告人反悔不再认罪认罚致从宽量刑明显不当的，人民检察院应当依法提出抗诉。

【解读】这一点，请参阅笔者前文撰写的《认罪认罚及反悔的处理》。

第七章　附则

第四十条　人民检察院办理认罪认罚二审、再审案件，参照本意见提出量刑建议。

第四十一条　本意见自发布之日起施行。

《人民检察院办理认罪认罚案件听取意见同步录音录像规定》

第一条　为规范人民检察院办理认罪认罚案件听取意见活动，依法保障犯罪嫌疑人、被告人诉讼权利，确保认罪认罚自愿性、真实性、合法性，根据法律和相关规定，结合办案实际，制定本规定。

【解读】本条强调的重点是犯罪嫌疑人认罪认罚的“自愿性、真实性、合法性”。先说自愿性，无论是监察委员会办理的职务犯罪类案件，还是公安部门办理的普通刑事案件，目前法律均没有规定在被调查人、犯罪嫌疑人第一次接受讯问时有律师在场的权利。这就造成被调查人、犯罪嫌疑人要在尚未充分了解自己所涉罪名相关法律规定的前提下，向办案人员陈述案情。而这种陈述首先会被办案人员提示所谓的认罪态度问题，这就是我们常谈及的“坦白从宽、抗拒从严”问题。而事实上，在没有律师在场的情况下，被调查人、犯罪嫌疑人根本没有能力判断自己的行为是否构成犯罪，也没有能力去评判办案人员的讯问程序是否合法。他处在一种完全无知、毫无自我保护能力的状况下，这个时候所谓的自愿，其实内心往往是“不自愿”。

当然，被调查人、犯罪嫌疑人违心的“自愿”认罪认罚也就不具备真实性。但是这种“不真实性”在此后的审判过程中又很难去揭露它、纠正它。在司法实践中，以刑事卷宗中的言词证据为主要断案依据较为常见，被告人当庭所作陈述很难推翻之前的卷宗笔录。

再来看“合法性”问题，当前的认罪认罚从宽制度，虽然规定了检察官在对犯罪嫌疑人制作《认罪认罚具结书》时需要有律师在场，但在实际操作中仍存在一些问题。比如，监察委员会调查案件中辩护律师会见犯罪嫌疑人的时机问题：依照《监察法》的规定，等到案件移送检察院审查起诉时，涉案人员的身份才由被调查人转为犯罪嫌疑人，至此才进入《刑事诉讼法》的调整范围，也才享有《刑事诉讼法》所保障的诉讼权利。而在此之前，被调查人是无法会见律师的，这就造成律师会见时被调查人已经处于长达好几个月的对外隔绝状态，精神和意志多数已经濒临崩溃。讯问笔录已经制作几十份，即使被调查人想要"翻供"也缺乏相应的勇气。再比如，《刑事诉讼法》2018年修正后增加了律师值班制度，但是该规定出台后由于缺乏可操作性，一直处于空置状态。即使这一制度真正落实，由于值班律师的委托权并非来自犯罪嫌疑人本人，其对案件的深入程度也不可能太多等原因，值班律师对犯罪嫌疑人权利的保障也是一个不易落实的问题。

第二条　人民检察院办理认罪认罚案件，对于检察官围绕量刑建议、程序适用等事项听取犯罪嫌疑人、被告人、辩护人或者值班律师意见、签署具结书活动，应当同步录音录像。

听取意见同步录音录像不包括讯问过程，但是讯问与听取意见、签署具结书同时进行的，可以一并录制。

多次听取意见的，至少要对量刑建议形成、确认以及最后的具结书签署过程进行同步录音录像。对依法不需要签署具结书的案件，应当对能够反映量刑建议形成的环节同步录音录像。

【解读】本条应当着重注意两点：其一，检察官提讯犯罪嫌疑人，通常会提一个涉及案情的问题，即犯罪嫌疑人是否认罪。而本条规定容易造成检察官在多次提讯之后，再进行关于认罪认罚的同步录音录像；其二，假使存在多次提讯或者长时间提讯之后，犯罪嫌疑人才同意签署认罪认罚具结书，那么之前的提讯过程必然涉及犯罪嫌疑人不愿意认罪的口供或辩解。这一部分材料是否也应据实制作并移送人民法院，是值得注意的一个问题。如果只针对犯罪嫌疑人的认罪过程制作录音录像，显然是有意忽略了可能涉及犯罪嫌疑人无罪、罪轻的相关证据，不利于检察人员客观公正地处理案件。

第三条　认罪认罚案件听取意见同步录音录像适用于所有认罪认罚案件。

第四条　同步录音录像一般应当包含如下内容：

（一）告知犯罪嫌疑人、被告人、辩护人或者值班律师对听取意见过程进行同步录音录像的情况；

（二）告知犯罪嫌疑人、被告人诉讼权利义务和认罪认罚法律规定，释明认罪认罚的法律性质和法律后果的情况；

（三）告知犯罪嫌疑人、被告人无正当理由反悔的法律后果的情况；

（四）告知认定的犯罪事实、罪名、处理意见，提出的量刑建议、程序适用建议并进行说明的情况；

（五）检察官听取犯罪嫌疑人、被告人、辩护人或者值班律师意见，犯罪嫌疑人、被告人听取辩护人或者值班律师意见的情况；

（六）根据需要，开示证据的情况；

（七）犯罪嫌疑人、被告人签署具结书及辩护人或者值班律师见证的情况；

（八）其他需要录制的情况。

【解读】此条最为关键的一点就是“无正当理由反悔的法律后果”，特别是一审认罪认罚，二审又提出上诉的案件，很有可能出现检察院基于被告人上诉而提出抗诉，导致二审法院以一审认罪认罚程序适用不当为由发回重审的情况。而这种发回重审尚无明确法律依据，其是否会导致重审加重刑罚还需要最高人民法院尽快出台司法解释予以明确。

第五条 认罪认罚案件听取意见应当由检察官主持，检察官助理、检察技术人员、司法警察、书记员协助。犯罪嫌疑人、被告人、辩护人或者值班律师等人员参与。

同步录音录像由检察技术人员或其他检察辅助人员负责录制。

第六条 同步录音录像一般应当在羁押场所或者检察机关办案区进行，有条件的可以探索在上述地点单独设置听取意见室。

采取远程视频等方式听取意见的，应当保存视频音频作为同步录音录像资料。

第七条 听取意见前，人民检察院应当告知辩护人或者值班律师听取意见的时间、地点，并听取辩护人或者值班律师意见。

在听取意见过程中，人民检察院应当为辩护人或者值班律师会见犯罪嫌疑人、查阅案卷材料提供必要的便利。

【解读】辩护律师应当在接到检察院相关通知后，先行会见犯罪嫌疑人。且在检察人员不在场的情况下，独自、充分说明认罪认罚的相关后果，确保

犯罪嫌疑人的认罪认罚在保证“自愿性、真实性、合法性”的前提下进行。

第八条　同步录音录像，应当客观、全面地反映听取意见的参与人员、听取意见过程，画面完整、端正，声音和影像清晰可辨。同步录音录像应当保持完整、连续，不得选择性录制，不得篡改、删改。

第九条　同步录音录像的起始和结束由检察官宣布。开始录像前，应当告知犯罪嫌疑人、被告人、辩护人或者值班律师。

第十条　听取意见过程中发现可能影响定罪量刑的新情况，需要补充核实的，应当中止听取意见和同步录音录像。核实完毕后，视情决定重新或者继续听取意见并进行同步录音录像。

因技术故障无法录制的，一般应当中止听取意见，待故障排除后再行听取意见和录制。技术故障一时难以排除的，征得犯罪嫌疑人、被告人、辩护人或者值班律师同意，可以继续听取意见，但应当记录在案。

第十一条　同步录音录像结束后，录制人员应当及时制作同步录音录像文件，交由案件承办人员办案使用，案件办结后由案件承办人员随案归档。同步录音录像文件的命名应当与全国检察业务应用系统内案件对应。各级人民检察院应当逐步建立同步录音录像文件管理系统，统一存储和保管同步录音录像文件。同步录音录像文件保存期限为十年。

第十二条　同步录音录像文件是人民检察院办理认罪认罚案件的工作资料，实行有条件调取使用。因人民法院、犯罪嫌疑人、被告人、辩护人或者值班律师对认罪认罚自愿性、真实性、合法性提出异议或者疑问等原因，需要查阅同步录音录像文件的，人民检察院可以出示，也可以将同步录音录像文件移送人民法院，必要时提请法庭播放。

因案件质量评查、复查、检务督察等工作，需要查阅、调取、复制、出示同步录音录像文件的，应当履行审批手续并记录在案。

【解读】需要提示大家，本条的关键词是“有条件调取”“可以出示”“必要时播放”。至于是否促成“必须调取”“必须出示”“必须播放”就看辩护律师的个人水平了，你我共勉！

第十三条　检察人员听取意见应当着检察制服，做到仪表整洁，举止严肃、端庄，用语文明、规范。

第十四条 人民检察院刑事检察、检察技术、计划财务装备、案件管理、司法警察、档案管理等部门应当各司其职、各负其责、协调配合，保障同步录音录像工作规范、高效、有序开展。

第十五条 人民检察院办理未成年人认罪认罚案件开展听取意见同步录音录像工作的，根据相关法律规定，结合未成年人检察工作实际，参照本规定执行。

第十六条 本规定自2022年3月1日起实施。

下面是犯罪嫌疑人认罪认罚后在一审阶段反悔，以及一审认罪认罚二审上诉的相关规定。

《人民检察院刑事诉讼规则》（节选）

第二百七十八条 犯罪嫌疑人认罪认罚，人民检察院依照刑事诉讼法第一百七十七条第二款作出不起诉决定后，犯罪嫌疑人反悔的，人民检察院应当进行审查，并区分下列情形依法作出处理：

（一）发现犯罪嫌疑人没有犯罪事实，或者符合刑事诉讼法第十六条规定的情形之一的，应当撤销原不起诉决定，依照刑事诉讼法第一百七十七条第一款的规定重新作出不起诉决定；

（二）犯罪嫌疑人犯罪情节轻微，依照刑法不需要判处刑罚或者免除刑罚的，可以维持原不起诉决定；

（三）排除认罪认罚因素后，符合起诉条件的，应当根据案件具体情况撤销原不起诉决定，依法提起公诉。

《最高人民法院关于适用〈中华人民共和国刑事诉讼法〉的解释》（节选）

第三百五十八条 案件审理过程中，被告人不再认罪认罚的，人民法院应当根据审理查明的事实，依法作出裁判。需要转换程序的，依照本解释的相关规定处理。

《中华人民共和国刑事诉讼法》（节选）

第二百二十七条第三款　对被告人的上诉权，不得以任何借口加以剥夺。

第二百三十三条　第二审人民法院应当就第一审判决认定的事实和适用法律进行全面审查，不受上诉或者抗诉范围的限制。

共同犯罪的案件只有部分被告人上诉的，应当对全案进行审查，一并处理。

第二百三十七条　第二审人民法院审理被告人或者他的法定代理人、辩护人、近亲属上诉的案件，不得加重被告人的刑罚。第二审人民法院发回原审人民法院重新审判的案件，除有新的犯罪事实，人民检察院补充起诉的以外，原审人民法院也不得加重被告人的刑罚。

人民检察院提出抗诉或者自诉人提出上诉的，不受前款规定的限制。

《人民检察院办理认罪认罚案件监督管理办法》（节选）

第八条　办理认罪认罚案件，出现以下情形的，检察官应当向部门负责人报告：

（一）案件处理结果可能与同类案件或者关联案件处理结果明显不一致的；

（二）案件处理与监察机关、侦查机关、人民法院存在重大意见分歧的；

（三）犯罪嫌疑人、被告人签署认罪认罚具结书后拟调整量刑建议的；

（四）因案件存在特殊情形，提出的量刑建议与同类案件相比明显失衡的；

（五）变更、补充起诉的；

（六）犯罪嫌疑人、被告人自愿认罪认罚，拟不适用认罪认罚从宽制度办理的；

（七）法院建议调整量刑建议，或者判决未采纳量刑建议的；

（八）被告人、辩护人、值班律师对事实认定、案件定性、量刑建议存在重大意见分歧的；

（九）一审判决后被告人决定上诉的；

（十）其他应当报告的情形。

部门负责人、分管副检察长承办案件遇有以上情形的，应当向上一级领导报告。

《最高人民法院、最高人民检察院、公安部、国家安全部、司法部关于在部分地区开展刑事案件认罪认罚从宽制度试点工作的办法》（节选）

第二十三条 第二审人民法院对被告人不服适用速裁程序作出的第一审判决提起上诉的案件，可以不开庭审理。经审理认为原判认定事实和适用法律正确、量刑适当的，应当裁定驳回上诉，维持原判；原判认定事实没有错误，但适用法律有错误，或者量刑不当的，应当改判；原判事实不清或者证据不足的，应当裁定撤销原判，发回原审人民法院适用普通程序重新审判。

最高人民检察院在“2019年全国检察机关刑事检察工作电视电话会议”中指出：对被告人否认指控的犯罪事实、不积极履行具结书中赔礼道歉、退赃退赔、赔偿损失等义务以及以量刑过重为由，而提出上诉，符合抗诉条件的，检察机关应当依法提出抗诉。特别是现阶段对检察机关提出精准量刑建议，法院采纳后被告人无正当理由上诉的，原则上应当提出抗诉。

第六章

刑辩律师的重要技能

第一节　刑辩律师的基本庭审技能

台下十年功只为台上一分钟。

身为一名辩护律师，无论你的法律功底多么扎实，社会经验如何老成，如果不能在法庭上得到充分的展示与发挥，你就不可能算作一名合格的刑辩律师。这与一名好的外科医生必须真的能够拿起手术刀给患者治疗是一个道理。

如何成为一名合格的刑辩律师？笔者认为至少要从以下几个方面入手：

一、刑事诉讼程序法要烂熟于心

当前，一些律师陷入了过于注重实体法而忽视程序法的误区。他们认为，只要对相关罪名有深入的了解和把握，就足以应对庭审。然而，这种观念已经过时。没有程序保障，不仅被告人的合法权益会受到侵害，辩护律师的辩护职能也会受到干扰。

在庭审中，有部分法官以“这是辩论观点，留待辩论过程再发表”为由，打断律师在质证过程中的发言。其实，对证据三性（真实性、关联性、合法性）的质疑是贯穿刑事辩护始终的。每遇这种法官，笔者的应对方式是在发言时首先指出以下观点是针对三性中的哪一性进行质证，不给法官预留刁难的空间。

审判人员对程序的模糊认识，不仅可能影响庭审的公正性，也可能削弱律师的辩护权。因此，律师应当转变观念，不仅要注重实体法的学习和研究，还要加强对程序法的学习和理解。只有这样，才能更好地维护当事人的合法权益，实现法律的公正和公平。

此外，律师还需要提高自身的专业素养和庭审应对能力。除了对法律条文有深入的理解，还需要具备丰富的实践经验和敏锐的判断力。只有这样，才能在庭审中游刃有余，充分展现自己的专业素养，为当事人争取最大的合法权益。

综上所述，律师在职业发展中应摆脱重实体法轻程序法的陈旧观念，全面提高自己的专业素养和应对能力。只有这样，才能适应法律职业发展的新要求，为法治建设贡献自己的力量。

二、出庭前要做充分的准备

1. 充分的准备首先指对控方证据材料的全面掌控

在处理案件时，律师必须全面掌握卷宗。有些律师只注重那些表面上关联度较高的证据材料，而不是全面详细地查阅、研究卷宗，这种做法是不可取的。近期，一位二审案件的当事人向笔者反映，其一审律师表示不需要复制全部卷宗。然而，我们必须认识到，如果这些卷宗真的毫无价值，那么侦查机关、公诉机关和法院为何会搜集、提交和质证它们呢？全面掌握卷宗是全面掌控案件的前提。若仅凭自己的浅薄经验选择性地关注“重点”证据，这无疑是一种先入为主的错误做法。在没有全面了解案件的情况下，我们如何确定哪些情节是重点，哪些不是重点？这种做法与有罪推定的审判作风如出一辙。此外，假设辩护律师对重点证据材料的判断是正确的，难道侦查人员和公诉人不会重视？因此，律师必须全面掌握卷宗，以确保对案件的全面了解和准确判断。

2. 重视电子数据和视听资料证据

首先，及时复制相关电子证据是必不可少的环节。在涉及经济犯罪的案件中，电子数据资料往往成为关键证据。因此，律师需要及时获取并深入研究这些资料，以寻找破绽或漏洞。同时，对于涉及团伙犯罪或严重暴力犯罪的案件，审讯同步录音录像也是非常重要的证据。律师需要仔细审查这些录像，了解被告人的陈述和辩解，以及侦查人员在审讯过程中的行为和态度。

其次，对于案发现场可能存在的监控摄像，律师需要及时申请提交或调取。这些监控摄像资料可能来自交警、商铺等不同对象，对于揭示案件真相具有重要意义。如果侦查机关未提交或未调取这些资料，律师需要及时提出申请，以确保这些资料不会因时间流逝而灭失。

除了上述策略和技巧，律师还需要具备全面且丰富的知识和经验。这包括对各类证据的深入了解、对法律法规的熟练掌握以及对法庭程序的熟悉。只有这样，律师才能在法庭上自信地辩护，为被告人争取到公正的待遇。

三、重点法条随身带

在法律界，有一种普遍的观念认为，优秀的律师应该熟记法律条文，出庭时无需携带法律汇编。然而，这种观点在笔者看来有待商榷。诚然，律师确实需要熟知法律，但携带法律书籍并不意味着不信任自己的记忆力，而是对法律专业的尊重和对客户利益的维护。

首先，我们必须承认，法律是一门不断发展的学科。新的法律规定、司法解释和判例不断涌现，即使是经验丰富的律师也难以做到时刻掌握所有最新的法律信息。因此，携带法律书籍可以确保律师随时查阅最新的法律规定，为客户提供更准确、更全面的法律服务。

其次，携带法律书籍也是对法官、公诉人和其他辩护律师的尊重。在庭审过程中，有时会出现与法官或公诉人对某一法律规定产生争议的情况。此时，及时出示相关规定原文是解决争议、辨明是非的关键。辩护律师通过出示法律条文，可以有力地支持自己的主张，同时也避免了因语言表述不当而产生的误解。

审判实践中，很多法院会在庭审过程中屏蔽电讯信号，造成手机、电脑无法正常上网。如果我们的法律法规存储在电脑或者手机终端，可能会因为无法连接互联网造成存储信息读取失败或无法更新。所以，纸质版的法规汇编依然有它存在的必要。

四、开庭之前一定要重温卷宗

笔者之所以养成了每天早上 4 点就起床的习惯，是因为在职业生涯中，笔者经常需要处理各种案件。每次开庭之前，笔者都会早早地起床，再次翻阅案件材料。无论对这些材料已经多么熟悉，或者案件本身多么简单，笔者都会认真对待。这个习惯不仅可以加深对案件的印象，还能启发新的灵感。

对于笔者来说，翻阅案件材料的过程不仅仅是一种重复工作。每次翻阅，笔者都会从不同的角度去思考案件，深入探究其中的细节。这不仅有助于笔者在庭审中更准确地应对各种情况，还有助于更好地理解案件的本质和法律原则的应用。

此外，早起翻阅案件材料也让笔者有更多的时间来思考和准备。有时候，会在清晨的宁静中得到一些新的想法和启示，这些想法和启示往往能够为案件辩护提供新的思路和方向。

五、庭审前与法官、检察官进行简单交流

开庭前与检察官、法官打招呼，不仅是律师展现涵养的一种方式，更是一种策略。通过这个简单的互动，律师可以了解检察官和法官的态度，以便更好地制定辩护策略。如果检察官和法官表现得非常有涵养，那么在庭审过程中，辩护律师就应该展现出更高的人文素养，用理性和逻辑来为自己的客户辩护。相反，如果检察官或法官表现得冷漠、无礼，甚至对被告人厉言呵斥，那么辩护律师就应该采取更为犀利的辩护风格，以应对对方的强硬态度。

在这个过程中，辩护律师需要注意平衡礼貌与策略。虽然要尽可能地了解对方的态度，但也不能过于热情或过分谦卑。保持专业、自信和有礼的态度，能够让对方感受到辩护律师的坚定立场和深厚素养。

六、尊重审判长在法庭上的指挥权

法官驾驭庭审是现代审判制度必须尊重的规则，当然也是法律的规定。辩护律师在法庭上难免会出现与公诉人针锋相对、争辩不休的场面。这时候，大多数法官还是能够保持中立，或至少在表面上维护控辩双方平等的地位和发言机会。但如果遇到过于“偏心”的审判长应该怎么办？笔者的观点是：坚决提出异议，穷尽一切法律手段，但是服从最终裁决。如果法官确实无法做到公平、公正，必须坚决提出异议甚至要求其回避。

某次庭审中，辩论正在进行，一位审判员（看年龄可能资格比较老）突然拉过话筒宣布休庭，并借着休庭间隙试图威胁我方被告人认罪。笔者在庭审恢复后做的第一件事就是要求该审判人员回避！除了强迫被告人自证其罪，笔者要求其回避的理由还包括：指挥庭审、决定休庭的权利在审判长，而不是任何一名合议庭成员都可以随便行使的。按照庭审规则，决定休庭必须敲法槌，而这位审判员拉过话筒来随便一句“下面休庭 15 分钟”就算完事了。

能够快速指出审判人员的行为失当甚至违法，也是建立在全面掌握程序细节规定的基础之上的。

当然，尊重审判长和合议庭指挥庭审的权力，并不代表可以隐忍和放任他们严重侵犯被告人、辩护人诉讼权利的行为。这一点笔者在后面会专门论述。

第二节　刑辩律师庭审必备的三类文书

下面笔者以刑辩律师在法庭上必须提前准备的三大类文书为例，与传统辩护理念做一澄清。

一、发问提纲

有一半以上的辩护律师（后文笔者所指的辩护律师均为专业刑辩律师或只从事辩护工作而不受理其他类型案件的律师）现在仍不重视法庭发问环节，认为辩护律师最主要的阵地在辩论环节。当然，绝大部分法官也持这种观点，他们会厌倦甚至阻挠辩护律师在发问环节的详细询问。但是法庭审理最重要的任务就是“查明案件事实”，在调查取证权大都被公权力机关掌控的前提下，律师能够通过“指控材料”而揭示出有利于被告人的事实真相的最主要手段就是发问。让被告人在法庭上说出他想说出的话，是刑辩律师的首要职责。没有能力维护或者促使被告人在法庭上发言的律师根本算不上称职的辩护人。

一份合格的发问提纲首先要建立在熟悉案情的基础之上，也就是笔者前面所说的全面阅卷。其次，需要摆脱案卷本身的束缚，不能按照侦查机关搜集“指控犯罪”的思路去阅读卷宗。要善于发现侦查人员在搜集证据、制作笔录时回避了什么？掩饰了什么？甚至伪造了什么？如果存在上述问题，通过庭审发问让被告人自己讲出真相、指出公权机关的不当举措，其效果远远好过辩护人用自己的语言去主张。

一份好的发问提纲也应该是一环套一环、环环相扣、前后呼应的。辩护律师在发问过程中要谨遵“每一个问题都必须是有目的的”这一原则，不要说废话，更不要问自己不知道答案的问题。有些律师在发问环节甚至担当起“第二公诉人”的职责，所问的问题既不能证明被告人无罪，也不能证明被告人罪轻，而是直接帮公诉人查漏补缺，甚至是公诉人已经重复过的话题。

一份好的发问提纲还应该是可以随时拆卸、灵活搭配的。很多时候，你想发问的问题已经被公诉人讯问过了，或者已经被其他辩护人发问过了。如果再重复发问既浪费庭审资源，又造成法官和检察官以及旁听人员对律师本人的轻视。因此，一位优秀的辩护律师必须是假设前面已经有数十位同案辩护人发问过问题了，到自己这里仍能提出新鲜、有用、不乏味的问题。

二、卷宗摘要

针对卷宗有两大原则：一是全面掌控，二是打破重组。而打破重组的手段之一就是制作卷宗摘要。

卷宗摘要至少要包括如下几类：犯罪嫌疑人供述、证人证言、书证及其他类型证据汇总。限于篇幅，这里只简要谈一下犯罪嫌疑人供述：

对于犯罪嫌疑人供述，辩护律师除了要将每次笔录中事实相同的部分摘录出来，还要将每次供述的不同点摘录出来，以作对比。最为重要的是，当辩护律师把多份笔录放在一起做反复比较时，有时能够发现侦查人员办案思路上的主线或者变化。笔者在所受理的一些案件中也会发现办案人员“醉翁之意不在酒”的直接证据。

比如，在某涉嫌贩卖毒品团伙犯罪案件中，侦查人员绕了很多弯子讯问当事人与团伙犯罪甚至是与犯罪没有任何关系的问题。如果别的律师或许就把这些情节作为无关信息忽略掉了，但是笔者却觉得这些“无关信息”数量太多，远远超出正常可理解的程度。于是拿着这些笔录专程跑到看守所去询问犯罪嫌疑人，才知道侦查人员是在拿这些问题威胁他如果不配合警方的笔录，就要去报复他的家属。在笔者的进一步追问之下，犯罪嫌疑人讲出了自己曾被刑讯逼供的事实。而这一事实，他曾经主动向他家属委托的前一名辩护律师提起过，但是这名辩护律师却以犯罪事实已经存在，即使控告刑讯也无任何意义为由不让他多讲！但事实是，在刑讯逼供下这名犯罪嫌疑人所作的供述都不是真实的。

三、辩护提纲

“刑辩律师在庭审之前，就撰写好辩护词是中国刑事辩护领域最大的弊病”，这句话笔者曾经在不同的场合反复说过，而且只要有机会就会把这个主张不厌其烦地向其他同行灌输。

法庭审判，是控、辩、审、被告人，甚至包括法警，多方能量相互角逐的一个动态场景。庭审中每一方力量的消长都会对其他各方产生影响，笔者以前在讨论“律师的气场”这个话题时也曾经指出：辩护律师善于适度使用自身气场会对法庭审判造成非常大的影响。

一位辩护律师拿着提前撰写已经定型的稿子，像个话剧演员一样坐在那里朗读。大家想象一下这个场景，无论这位律师的文采有多么飞扬，在各方变量不断影响的法庭上，他飞得起来吗？

况且，法庭发问阶段不是一成不变的，庭审质证阶段不是一成不变的，公诉人在辩论阶段所宣读的《起诉意见书》也不可能提前给律师看。那么律师在全无敌对目标的情况下所撰写的辩护词几乎没有用处。

法庭如战场。对方尚未排兵布阵，你这里就已经定死了：今天必须是一字长蛇阵，或者今天非四门斗底阵不用，你这不叫纸上谈兵叫什么？

最为可笑的是，有些律师的辩护词抬头就是：“经过刚才的庭审发问和质证，辩护人认为……”既然你也知道要经过庭审发问和质证你才有权去“认为……”那提前写好的东西有何用处？（这一内容在辩论章节还会有详细论述。）

第三节　刑辩律师在法庭上的肢体语言

一、肢体语言是沟通交流中的必要组件

孔子曾感叹："书不尽言，言不尽意。"换成今天的话就是，文书不能完整地表达言语，言语不能完整地表达心声。

世界最大的沟壑，莫过于人与人之间心灵的沟通。

为了增进书面文字的准确表达，我们发明了标点符号用以明确情感，后来又增加了表情符号，但依然避免不了各种分歧和误解。口头语言更是如此，我们使用不同的语气、区别高低音调、谈话过程中的停顿或急促，目的都是强化我们语言表达所无法传达的细微情感和内在含义。同样一句话直视着对方的眼睛讲出来，和目光游移散乱地讲出来，带给对方的可信度也会有天壤之别。

辩护律师参与法庭审判的过程中，也应该格外重视肢体语言在整个法庭氛围中的作用。我们不仅自身要善于借助肢体语言进行表达，同时也要重视被告人、公诉人、审判人员，甚至值庭法警和旁听人员的肢体语言。

举一个被告人在接受审判时因为肢体语言不当，导致原本无罪的案子反而被判重刑的例子，在斯蒂芬·金的小说《肖申克的救赎》中，主人公安迪就是这样一位冤大头："我认识他将近三十年了，我可以告诉你，他是我认识的人中自制力最强的一个。对他有利的事情，他一次只会透露一点点；对他不利的事更是守口如瓶。如果他心底暗藏了什么秘密，那么你永远也无从得知。如果他决定自杀的话，他会等到所有事情都处理得干净利落，连字条都不留。如果他当年出庭时又哭又叫、结结巴巴地说不清楚，甚至对着检察官大吼，我相信他不至于被判无期徒刑。即使判刑，也会在一九五四年就获得假释。但他说起自己的故事来，就像播放唱片似的，仿佛在告诉陪审团的人说：信不信由你。而他们压根就不信。"

二、辩护律师肢体语言的分类概述

律师在法庭中应该注重发挥肢体语言效用。下面，笔者把肢体语言简单划分为：身体、手势、表情、眼神、声音五部分来探讨。

1. 身体语言

中国古代的士人阶层非常注重借助肢体来凸显一个人的气质与修养。比如，要“站如松、坐如钟”、讲究“正襟危坐”“君子正其衣冠”等。这些都是通过对肢体形象的要求来修养个人威仪的方式。

辩护律师出席法庭，个人礼仪和形象不仅体现一个人的素养，还可以有效传达对案件必将胜诉的信心。律师对案件抱有信心，也必然提升被告人及其家属的信心。

概括来讲，律师在法庭上首先要坐得端正；要抬头挺胸，不能点头哈腰；应该始终保持目不斜视；无论面向谁发言身体的胸肩部位都尽量正对着他；任何一个动作都要沉稳不慌乱。

还需注意的是，在公诉人、被告人、审判人员等发言的时候，辩护律师一定要专注于对方。如果辩护律师在别人发言时，忙着去翻阅卷宗或者撰写自己的辩护文书，会给人留下慌乱和准备不充分的印象。

2. 手势语言

无论在法庭还是日常生活中，用手指指着别人都是一种忌讳：食指是威胁，中指是猥亵，无名指是莲花，小指是侮辱，大拇指则代表佩服对方而自己服输。正确的指示方法是手掌完全打开，微微弯曲的状态下用手掌背部虚迎着对方，与“请”的手势相类似。

庭审发言通常需要举手向法庭示意。举手这个简单动作也有一些细节需要注意：我们有的律师举手时像个小学生一样，战战兢兢、偷偷摸摸；反之，如果手臂伸长高举过头，则又有失庄重。当然，也不能一概而论，笔者在宁夏某中级人民法院参加庭审时，合议庭恶意阻挠辩护人发言，无论怎样举手，其都视而不见。在这种情况下，我们辩护律师团不仅是把手举得很高，而且同时大声呼喊审判长的名字，以提示她尊重辩护人发言的权利。

3. 面部表情

谈到面部表情，辩护律师最大的禁忌是“笑场”。无论庭审过程中出现多么滑稽可笑的场面，我们都要始终坚持肃穆的表情，也要始终记得自己的当事人正面临牢狱之灾，不慎笑场是对他的极大不尊重。

在面对被告人和有利于己方的同案犯、证人的时候，辩护律师应当尽可能采用友善的表情。

辩护律师无论在法庭上展示何种表情，都必须是主动的、有意识、有目的的，还应当尽量掩饰自己的心理活动，特别是在庭审发问出现不利状况的时候，一定要保持淡定。要假设自己时刻被显微镜放大观察，任何一点疏漏都会成为对方发起新一轮攻击的理由。

4. 眼神

辩护律师的眼神不要游移，眼睛注视的事物要始终和自己正在进行的工作保持一致。

在与公诉人、审判人员、被告人等诉讼参与人交流或对抗的时候，眼睛一定要正面注视着对方。特别是在被告人发言的时候，辩护律师必须始终关注着他。随时用眼神给予他鼓励、接应他的求助。你要时刻用眼睛告诉他：别怕，有我在！

在被告人因回答某个讯问而出现错误的时候，他会第一时间看向辩护席。他急需知道辩护律师对他的表现如何评价。无论他犯的错误有多严重，我们作为辩护人一定不要表现出焦虑或者批评指责。要坦然面对不利局面，并勇于承担应对问题的责任。我们要用眼神告诉他：没关系，还有机会。

5. 声调语速

在庭审发问中，辩护律师有义务提醒被告人注意语速和语调。语速要慢、语调要平缓；要配合书记员的记录速度，更要控制自己的庭审情绪。这些细节当然是辩护人自身更加需要重点把控的。

三、庭审过程中通过肢体语言所要传递的信息

在 2023 年上映的香港电影《毒舌律师》中，男主林凉水起初在法庭上的表现，正可以反映笔者想要跟大家探讨的律师肢体语言的重要性。女主跟他首次合作后的评价是：吊儿郎当。

律师在法庭能不能“吊儿郎当”，答案是：除非你想麻痹对方！

辩护律师通过肢体语言所要传递的信息，至少应该包括如下几点：

1. 自信

笔者曾撰写过一篇文章《无自信，不律师》。无论案件本身有多复杂，也

无论庭审走向有多么艰深，律师出庭的时候都一定要昂首挺胸，举止优雅，要在举手投足间展现自己从容、淡定的自信心。重要的是，要通过发问的方式，把律师的自信传递给被告人。

在一起职务犯罪庭审中，笔者这样询问被告人：高某某，你在××研究所是高级工程师对吗？

被告人：对。

辩护人：任职期间是否受到过奖励？

被告人：每年都是先进个人，我还拿过省里的科研成果奖和个人二等功。

辩护人：你的同事对你评价如何？

被告人：我和上下级关系都很好，大家都是朋友，我没和任何人吵过架、红过脸。

辩护人：取保候审期间你是否又回过单位？

被告人：回过。

辩护人：你曾经的同事见到你时态度是否有所转变？

被告人：没有，大家对我还是很热情，很多人告诉我，他们觉得我是被冤枉了。

我的上述发问，目的有两个：一是要告诉法庭被告人一贯表现良好，对单位作出过突出贡献，即使最终定罪也应该在量刑时考虑他是初犯等因素；二是想通过这几个问题暗示被告人：他本来是单位的中层领导，他的同事对他评价都很高，今天在法庭上不能过分脆弱，要顾及自己的口碑。

被告人在回答完我这几个问题之后，自信心明显增强。

2. 从容淡定

很多律师之所以在法庭上表现不佳，就是缺少一份沉稳和淡定。有的律师举止慌乱，有的说话急促，还有的眼神游移不敢直视他人。

解决这些问题的诀窍只需要一个字："慢"。我们进出法庭，就座辩护席，拿取电脑、卷宗，以及开始发言，这一系列的动作都需要做到尽量平稳。慢下来就会减少失误，慢下来自然有助于缓解紧张。

当然，我们也可以通过发问的方式，把这种平静，传递给被告人。

辩护人：某某某（最好直呼其姓名，唤醒他旧有的身份意识），今天的法庭审理将决定你的后半生，所以你一定不能急躁，明白吗？

被告人：明白。

辩护人：一会儿我问你问题的时候，你一定要想明白再回答，要看着合议庭的法官回答问题，听清了吗？

被告人：听清了。

辩护人：回答问题时，语速要慢，要等书记员记下你说的话之后，再说下一句，不然你说再多但没有被记入庭审笔录的话，合议庭在评议案件的时候也不可能回忆起来，你听懂了吗？

被告人：懂了。

3. 不卑不亢

辩护人在履行职责的时候，同时也代表着整个律师行业的形象。我们绝对不应该对任何人傲慢，但同时也绝对不应该对任何人卑躬屈膝。如果辩护律师在法庭上没有地位，被告人的权益谁来维护？

遇到突发情况，比如审判长打断被告人的发言："被告人，你说的我们都听清了，重复的话和一些细节问题，就不要再讲了。"这时笔者会立刻把身体转向审判席，眼睛直视审判长，把手举过头顶："审判长，我的当事人一旦被认定有罪，将会面临十年以上的牢狱之灾，难道今天我们就不能多给他十分钟的耐心吗？"

4. 同情与安慰

就笔者多年受理的刑事案件来说，当事人多数都是奔着无罪辩护来的。这些被告人自被拘留之日起，就再也没有见到过家人，日常也找不到一个贴己的人去倾诉。等到法庭审判时很多人抑制不住自己的情绪，有的甚至会崩溃。

我们辩护律师是参与庭审的人员中，唯一有责任也有权利去鼓励和安慰被告人的人。遇到被告人情绪激动时，公诉人或审判人员通常是以训诫的口吻要求他保持平静。我们律师则不然，我们要时刻关注被告人的情绪波动，也要适时地对他的情绪进行引领。

在庭审发问中，律师的眼睛尽量不要离开被告人，要时刻以细微的面部表情给被告人以鼓励。并不是被告人所有的情绪失控都会带来负面影响，有时候这种悲情真的会撼动法庭肃穆的气氛。

在一起网络犯罪中，笔者的当事人是一个年轻女孩，她是第一次参加工作，不承想她所在的公司涉及团伙犯罪。庭审中，当我问及她的家庭背景以及收入情况（不到3000元）时，她就几近崩溃地开始哭诉自己的无知和冤屈。女孩说得情真意切、痛断心肠，公诉人都忍不住扭过头去不看她；有个女值庭法警甚至偷偷抹眼泪；审判长柔声细语地尝试了几次都制止不住她的哭泣，最后让笔者来劝解她。

笔者答应下来，但并不急于说话，而是让这种情绪在法庭上蔓延一会。笔者轻声叫了一次她的名字，并且放慢语速，心平气和地对她说："秦某某，对你的不幸遭遇，公诉人和合议庭的法官们都听清了，我们都对你的年幼无知感到惋惜；你今天在法庭上的真诚悔罪，也会得到合议庭的认可，我相信在最终量刑时，合议庭会综合考虑你的情况，一定会给你一个重新开始的机会。你平复一下情绪，让我们继续往下进行，好吗？"

最终，这个女孩被判免予刑事处罚。

第四节　办案笔记的使用技巧

一、正确记录办案手札

把重要的事情记录下来，这是每个律师都必须掌握的基本技能。但是，仅仅记下来是远远不够的，如何有技巧地记录，如何确保记录的信息既完整又易于查找和整理，这是一个值得探讨的问题。

对于个案，一个专门的、可以随身携带的笔记本是必不可少的。这个笔记本的大小要根据你的公文包和书写习惯来确定，但一定要保证足够大，以便记录足够的信息。那种可以随手放入口袋的小本虽然方便，但并不适合记录重要事情，因为它可能会降低你的品位和格调。

在笔记本中，你应该为每个案子留出专门的记录位置。在左侧，你可以记录案件的重要信息，包括但不限于：当事人的联系方式、通信地址；看守所的联系电话和具体地址；办案人员的姓名、电话以及通信地址；案件转换不同阶段的具体日期。这些信息对于后续的案件处理至关重要，因此务必保证记录的完整性和准确性。

在笔记本的右侧，你可以重点记录自己的工作，特别是与办案单位交涉和会见的过程。这些记录不仅可以帮助你回忆起每个案件的会见情况，还可以作为你工作成果的见证。要知道，如果不做详细记录，我们自己事后都很难相信一起案件竟然会见过那么多次。

除了笔记本的使用，还有一些其他的技巧可以帮助你更好地记录信息。例如，你可以使用不同的颜色来区分不同类型的记录，如红色表示当事人信息，蓝色表示办案单位信息，黑色表示自己的工作记录等。这样可以使你的笔记更加清晰易读，也便于后续的整理和查找。

总之，有技巧地记录信息不仅可以帮助你更好地完成工作，还可以提高你的工作效率和专业形象。因此，作为律师，我们应该认真对待这件事情，确保我们的记录既完整又易于整理和使用。

二、笔记本抬头的空白处也有用处

在笔记本的使用中，你是否注意到那些留有空白的上下边缘？许多人可能认为这些空白是为了装订方便或者让纸张显得美观，但实际上，它们的存在有着更为重要的意义。

在律师的工作中，这些空白区域的作用尤其重要。年轻的律师们往往忽略了这些空白区域的使用，这无疑是一种资源的浪费。实际上，这些空白区域是专门为你记录重要事项而设计的。在笔记本的上方，你应该至少记载三个信息：当事人的姓名与涉案罪名，以及律师事务所对这起案件的登记编号。

这些信息的记录不仅有助于清晰地了解案件情况，而且还可以避免出现麻烦。例如，笔者曾经亲眼见过一位律师因为前后填写的案号不一致而被看守所拒绝安排会见。这种情况显然不应该仅仅归咎于对方故意刁难。如果律师事务所实施了规范管理，每一次会见都需要事先登记才能领取公函，就能避免案号记录出现错误。

由此可见，利用好笔记本上方的空白区域是十分重要的。这不仅能够帮助你更好地整理案件信息，避免出现混乱，而且还可以提高工作效率，减少麻烦。因此，年轻的律师们应该学会利用这些空白区域，养成良好的记录习惯。这不仅是一种职业要求，也是一种个人成长的表现。通过不断积累经验，磨炼技能，你将能更好地为客户提供优质的服务，实现个人价值。

三、巧用多色笔

在法律工作中，黑色签字笔或蓝黑色钢笔一直被律师们所青睐。这是因为，与圆珠笔相比，它们更为专业且更适合存档。圆珠笔的油墨可能会随着时间的推移渗透到纸张中，既不利于长期保存，也无法根据碳的挥发量鉴定书写时间。因此，正式的公文、信函和文件通常都是使用签字笔或钢笔书写的。

然而，在自己的笔记本上做记录时，律师们则更倾向于使用多色圆珠笔。尽管它们的价格比普通圆珠笔高出许多，但它们的多功能性使得这一投资变得非常值得。使用多种颜色的笔可以帮助你在回顾笔记时更快速地回忆起记录时的情境，增加现场感。

例如，你可以选择用黑色或蓝色笔记录“当下”的想法，而用红色笔记录几天以后你的修改方案。或者，你可以用蓝色笔记录你必须去做的事情，用红色笔记录你还不确定是否要做的事情。此外，你还可以使用不同颜色的笔来给你的计划进行分级。

不过，这一切的前提是你需要修正你做笔记的习惯。你需要学会在每一行字之间留出适当的空白，以便日后进行补充或修改。这不仅可以帮助你更好地整理思绪，还可以让你的笔记更加清晰、有条理。因此，尽管多色圆珠笔在价格上比普通圆珠笔高出不少，但对于经常需要记录和整理信息的律师们来说，这无疑是一项非常实用的投资。

四、立体化你的笔记本

在法律行业中，律师们常常需要记录大量的信息、整理复杂的思路，以及呈现复杂的法律关系。然而，笔者发现几乎所有的律师都仅仅局限于使用文字这一种载体来作记录，这显然远远不能应对律师职业复杂的需求。为了更好地满足律师的工作需要，笔者认为需要让笔记本变得更加“花哨”，让它立体化。

首先，我们需要认识到文字的局限性。尽管文字可以传达精确的信息，但在记录复杂的思想和法律关系时，文字往往显得力不从心。我们的思维是瞬息万变的，而文字却难以捕捉这些瞬间的变化。因此，我们需要寻找一种更为有效的记录方式。

在这方面，符号、图案和阶梯等可视化元素可以发挥重要的作用。它们可以帮助我们更好地表达思想，使我们的记录更加直观易懂。例如，我们可以使用简单的圆圈和箭头来表示法律关系的流程和结构，这样可以更加清晰地呈现案件的事实和法律关系。

此外，可视化元素还可以帮助我们更好地回忆和整理思绪。当我们使用简单的涂鸦来记录灵感和思考时，这些涂鸦可以成为我们思维的地图。在回顾这些涂鸦时，我们可以更好地回忆起当时的思考过程和灵感，这对于律师来说是非常重要的。

当然，我们也不能忽视文字的重要性。在法律行业中，文字是最基本的表达方式。但是，我们不能仅仅依赖文字来记录所有的信息。我们需要将文字与其他可视化元素相结合，使我们的记录更加丰富、生动和立体化。

总之，为了让我们的笔记本更加实用和高效，需要打破传统的文字记录方式。我们需要让笔记本变得更加“花哨”，让它立体化，通过使用符号、图案、阶梯和涂鸦等可视化元素，更好地表达思想、整理思绪和呈现复杂的法律关系。这将使我们能够更好地应对律师职业复杂的需求，提高我们的工作效率和质量。

五、记录是为了查看

在律师的职业生涯中，养成定期翻看笔记本的习惯具有深远的影响。做笔记的目的不仅仅是防止遗忘，更重要的是通过定期回顾和整理，将这些信息转化为自己的智慧和经验。

随着时间的推移，我们每天都在积累大量的信息和经验，如果不及时整理和回顾，这些宝贵的资源就会随着时间的流逝而流失。定期翻看笔记本，可以让我们重新审视自己的思考和经验，从中汲取智慧，进一步提升自己的专业素养。

然而，很多律师并没有养成这个习惯。他们将笔记记录下来后就置之不理，导致这些笔记失去了应有的价值。这就好比将钱存入银行而不去使用它，这些财富就无法真正属于你。同样地，只有通过反复使用和体验，经验才能真正成为你自己的经验。

定期翻看笔记本的过程，实际上是一个不断固化、深化个人智慧的过程。通过回顾过去的笔记，我们可以发现自己的成长轨迹，了解自己在哪些方面有所进步，哪些方面还需要加强。同时，我们还可以从中发现新的思考角度和解决问题的方法，从而更好地应对当前的挑战和机遇。

为了养成这个习惯，我们可以制定一个定期翻看笔记本的计划。例如，每周或每月抽出一定的时间，专门用来回顾和整理过去的笔记。在翻看的过程中，我们还可以结合当前的工作和学习的需要，对笔记进行分类、归纳和总结，以便更好地应用到实际工作中。

总之，养成定期翻看笔记本的习惯对于律师职业生涯的发展至关重要。通过不断回顾和整理自己的经验和思考，我们可以让这些智慧继续深化、固化，从而更好地应对职业生涯中的各种挑战和机遇。

第七章

开庭前的重要事宜

第一节　合议庭组成人员告知

一、开庭审理前依法应告知辩护律师的事务范围

刑事案件开庭审理前有三个重要时间点，是辩护律师应当特别知晓，并且为维护当事人诉讼权利而应当坚决要求法院遵守的：其一，开庭 10 日前向被告人、辩护人送达起诉书；其二，开庭 5 日前告知当事人、辩护人等提前提供证据；其三，开庭 3 日前送达开庭传票和通知。

在此应该特别注意：《刑事诉讼法》并无《民事诉讼法》第 131 条关于开庭前 3 日内告知当事人合议庭组成人员名单的明确规定。这严重损害了被告人、辩护人对于合议庭组成人员的知情权，妨碍了回避权利的及时行使。

《刑事诉讼法》（节选）

第一百八十七条　人民法院决定开庭审判后，应当确定合议庭的组成人员，将人民检察院的起诉书副本至迟在开庭十日以前送达被告人及其辩护人。

在开庭以前，审判人员可以召集公诉人、当事人和辩护人、诉讼代理人，对回避、出庭证人名单、非法证据排除等与审判相关的问题，了解情况，听取意见。

人民法院确定开庭日期后，应当将开庭的时间、地点通知人民检察院，传唤当事人，通知辩护人、诉讼代理人、证人、鉴定人和翻译人员，传票和

通知书至迟在开庭三日以前送达。公开审判的案件，应当在开庭三日以前先期公布案由、被告人姓名、开庭时间和地点。

上述活动情形应当写入笔录，由审判人员和书记员签名。

《最高人民法院关于适用〈中华人民共和国刑事诉讼法〉的解释》（节选）

第二百二十一条　开庭审理前，人民法院应当进行下列工作：

（一）确定审判长及合议庭组成人员；

（二）开庭十日以前将起诉书副本送达被告人、辩护人；

（三）通知当事人、法定代理人、辩护人、诉讼代理人在开庭五日以前提供证人、鉴定人名单，以及拟当庭出示的证据；申请证人、鉴定人、有专门知识的人出庭的，应当列明有关人员的姓名、性别、年龄、职业、住址、联系方式；

（四）开庭三日以前将开庭的时间、地点通知人民检察院；

（五）开庭三日以前将传唤当事人的传票和通知辩护人、诉讼代理人、法定代理人、证人、鉴定人等出庭的通知书送达；通知有关人员出庭，也可以采取电话、短信、传真、电子邮件、即时通讯等能够确认对方收悉的方式；对被害人人数众多的涉众型犯罪案件，可以通过互联网公布相关文书，通知有关人员出庭；

（六）公开审理的案件，在开庭三日以前公布案由、被告人姓名、开庭时间和地点。

上述工作情况应当记录在案。

二、合议庭组成人员名单的告知时间

依据回避规定的相关要求，合议庭组成人员名单的告知时间可以分为三种情况：①召开庭前会议的，应当在庭前会议时予以告知；②未召开庭前会议的，应当在开庭审理后法庭调查前告知；③更换合议庭成员的应当及时通知，并重新开庭审理。

《刑事诉讼法》（节选）

第一百九十条第一款 开庭的时候，审判长查明当事人是否到庭，宣布案由；宣布合议庭的组成人员、书记员、公诉人、辩护人、诉讼代理人、鉴定人和翻译人员的名单；告知当事人有权对合议庭组成人员、书记员、公诉人、鉴定人和翻译人员申请回避；告知被告人享有辩护权利。

《最高人民法院关于适用〈中华人民共和国刑事诉讼法〉的解释》（节选）

第二百二十八条 庭前会议可以就下列事项向控辩双方了解情况，听取意见：

（一）是否对案件管辖有异议；

（二）是否申请有关人员回避；

……

第二百三十七条 审判长宣布合议庭组成人员、法官助理、书记员、公诉人的名单，以及辩护人、诉讼代理人、鉴定人、翻译人员等诉讼参与人的名单。

第三百零一条 庭审结束后、评议前，部分合议庭成员不能继续履行审判职责的，人民法院应当依法更换合议庭组成人员，重新开庭审理。

评议后、宣判前，部分合议庭成员因调动、退休等正常原因不能参加宣判，在不改变原评议结论的情况下，可以由审判本案的其他审判员宣判，裁判文书上仍署审判本案的合议庭成员的姓名。

《最高人民法院关于人民法院合议庭工作的若干规定》（节选）

第三条 合议庭组成人员确定后，除因回避或者其他特殊情况，不能继续参加案件审理的之外，不得在案件审理过程中更换。更换合议庭成员，应当报请院长或者庭长决定。合议庭成员的更换情况应当及时通知诉讼当事人。

三、将审判委员会委员名单告知辩护律师的相关依据

合议庭组成人员是案件审理的直接责任人，但部分案件需提交审判委员会讨论时，审判委员会委员，亦是被告人、辩护人有权要求回避的对象。故此，案件提交审判委员会讨论的，审判委员会委员名单也应该依法告知当事人。

《刑事诉讼法》（节选）

第一百八十五条　合议庭开庭审理并且评议后，应当作出判决。对于疑难、复杂、重大的案件，合议庭认为难以作出决定的，由合议庭提请院长决定提交审判委员会讨论决定。审判委员会的决定，合议庭应当执行。

《最高人民法院关于适用〈中华人民共和国刑事诉讼法〉的解释》（节选）

第三十七条　本章所称的审判人员，包括人民法院院长、副院长、审判委员会委员、庭长、副庭长、审判员和人民陪审员。

第二百一十六条　合议庭审理、评议后，应当及时作出判决、裁定。

对下列案件，合议庭应当提请院长决定提交审判委员会讨论决定：

（一）高级人民法院、中级人民法院拟判处死刑立即执行的案件，以及中级人民法院拟判处死刑缓期执行的案件；

（二）本院已经发生法律效力的判决、裁定确有错误需要再审的案件；

（三）人民检察院依照审判监督程序提出抗诉的案件。

对合议庭成员意见有重大分歧的案件、新类型案件、社会影响重大的案件以及其他疑难、复杂、重大的案件，合议庭认为难以作出决定的，可以提请院长决定提交审判委员会讨论决定。

人民陪审员可以要求合议庭将案件提请院长决定是否提交审判委员会讨论决定。

对提请院长决定提交审判委员会讨论决定的案件，院长认为不必要的，

可以建议合议庭复议一次。

独任审判的案件，审判员认为有必要的，也可以提请院长决定提交审判委员会讨论决定。

第二百一十七条 审判委员会的决定，合议庭、独任审判员应当执行；有不同意见的，可以建议院长提交审判委员会复议。

《最高人民法院关于司法公开的六项规定》（节选）

二、庭审公开 ……独任审判员、合议庭成员、审判委员会委员的基本情况应当公开，当事人依法有权申请回避……

四、应告知而未告知的法律后果

未告知合议庭组成人员名单，将导致被告人、辩护人无法正确行使回避权，剥夺或限制了被告人、辩护人的基本诉讼权利，致使案件在二审中被发回重审，或者启动再审程序。

《刑事诉讼法》（节选）

第二百三十八条 第二审人民法院发现第一审人民法院的审理有下列违反法律规定的诉讼程序的情形之一的，应当裁定撤销原判，发回原审人民法院重新审判：

（一）违反本法有关公开审判的规定的；

（二）违反回避制度的；

（三）剥夺或者限制了当事人的法定诉讼权利，可能影响公正审判的；

（四）审判组织的组成不合法的；

（五）其他违反法律规定的诉讼程序，可能影响公正审判的。

第二百五十三条 当事人及其法定代理人、近亲属的申诉符合下列情形之一的，人民法院应当重新审判：

（一）有新的证据证明原判决、裁定认定的事实确有错误，可能影响定罪量刑的；

（二）据以定罪量刑的证据不确实、不充分、依法应当予以排除，或者证明案件事实的主要证据之间存在矛盾的；

（三）原判决、裁定适用法律确有错误的；

（四）违反法律规定的诉讼程序，可能影响公正审判的；

（五）审判人员在审理该案件的时候，有贪污受贿，徇私舞弊，枉法裁判行为的。

《最高人民法院关于适用〈中华人民共和国刑事诉讼法〉的解释》（节选）

三百九十一条　对上诉、抗诉案件，应当着重审查下列内容：

（一）第一审判决认定的事实是否清楚，证据是否确实、充分；

（二）第一审判决适用法律是否正确，量刑是否适当；

（三）在调查、侦查、审查起诉、第一审程序中，有无违反法定程序的情形；

……

第三百九十四条　对上诉、抗诉案件，第二审人民法院经审查，认为原判事实不清、证据不足，或者具有刑事诉讼法第二百三十八条规定的违反法定诉讼程序情形，需要发回重新审判的，可以不开庭审理。

第四百零四条第一款　第二审人民法院认为第一审判决事实不清、证据不足的，可以在查清事实后改判，也可以裁定撤销原判，发回原审人民法院重新审判。

《最高人民法院关于审判人员在诉讼活动中执行回避制度若干问题的规定》（节选）

第七条　第二审人民法院认为第一审人民法院的审理有违反本规定第一条至第三条规定的，应当裁定撤销原判，发回原审人民法院重新审判。

第二节　回避提出的时机

一、辩护人依法享有独立提出回避要求的权利

依照《最高人民法院关于适用〈中华人民共和国刑事诉讼法〉的解释》第32条，辩护人提出回避要求的权利并不依附于被告人的授权而存在：①被告人未提出回避要求的，辩护人可以自行提出回避要求；②审判人员询问被告人是否要求回避后，应当继续询问辩护人是否要求回避；③对合议庭组成人员、书记员、审判委员会委员名单的告知义务亦应当向辩护人行使。

二、辩护人提出回避要求的权利贯穿审判过程始终

辩护律师知晓有关回避事由后，应当及时提出：①召开庭前会议的案件，辩护律师应当在庭前会议中详细了解审判人员情况；②未召开庭前会议的，辩护律师应当在庭审时详细记录审判人员、书记员、参与庭审的公诉方人员名单，于庭审后作必要调查了解；③案件具有《最高人民法院关于适用〈中华人民共和国刑事诉讼法〉的解释》第216条情形可能提交审判委员会讨论决定的，辩护律师应当及时了解审判委员会委员情况，以便决定是否要求相关人员回避；④遇到法院院长应当回避的情形，辩护律师应当依照《最高人民法院关于适用〈中华人民共和国刑事诉讼法〉的解释》第18条之规定，要求移送其他法院审理。

三、辩护人不宜轻易放弃回避权利的行使

被告人、辩护人行使回避权利的前提是对相关人员情况充分了解。辩护人很有可能在开庭审理时才知晓相关人员名单，要求辩护人当庭作出相关人员是否应当回避的判断，于情于理都不现实（虽然法律不这样认为）。故此，笔者认为，虽然现行刑事法律和司法解释均没有类似《民事诉讼法》“审判人员确定后，应当在三日内告知当事人”的规定，但辩护人仍不宜轻易表态不要求相关人员予以回避。无论是在庭前会议还是审理中得知相关人员身份情

况，辩护人正确的回应方式应该是：鉴于辩护人刚刚知晓相关人员身份情况，之前不具备核实这些人员是否应当回避的条件，故此，暂不要求相关人员回避，待庭前会议（或庭审）之后，对相关人员身份情况进行落实，如存在回避情形，另行提出。

如此，不仅有利于被告人、辩护人回避权利的充分行使，也必将促使审理法院在今后的案件审理中尽早履行告知义务。

附录：　相关依据

《刑事诉讼法》（节选）

第三十二条　本章关于回避的规定适用于书记员、翻译人员和鉴定人。

辩护人、诉讼代理人可以依照本章的规定要求回避、申请复议。

第一百八十七条第二款　在开庭以前，审判人员可以召集公诉人、当事人和辩护人、诉讼代理人，对回避、出庭证人名单、非法证据排除等与审判相关的问题，了解情况，听取意见。

第一百九十条第一款　开庭的时候，审判长查明当事人是否到庭，宣布案由；宣布合议庭的组成人员、书记员、公诉人、辩护人、诉讼代理人、鉴定人和翻译人员的名单；告知当事人有权对合议庭组成人员、书记员、公诉人、鉴定人和翻译人员申请回避；告知被告人享有辩护权利。

第三十一条第三款　对驳回申请回避的决定，当事人及其法定代理人可以申请复议一次。

《人民检察院刑事诉讼规则》（节选）

第二十八条　在开庭审理过程中，当事人及其法定代理人向法庭申请出庭的检察人员回避的，在收到人民法院通知后，人民检察院应当作出回避或者驳回申请的决定。不属于刑事诉讼法第二十九条、第三十条规定情形的回避申请，出席法庭的检察人员应当建议法庭当庭驳回。

《最高人民法院关于适用〈中华人民共和国刑事诉讼法〉的解释》（节选）

第十八条 有管辖权的人民法院因案件涉及本院院长需要回避或者其他原因，不宜行使管辖权的，可以请求移送上一级人民法院管辖。上一级人民法院可以管辖，也可以指定与提出请求的人民法院同级的其他人民法院管辖。

第三十一条 人民法院应当依法告知当事人及其法定代理人有权申请回避，并告知其合议庭组成人员、独任审判员、法官助理、书记员等人员的名单。

第三十五条 对当事人及其法定代理人提出的回避申请，人民法院可以口头或者书面作出决定，并将决定告知申请人。

当事人及其法定代理人申请回避被驳回的，可以在接到决定时申请复议一次。不属于刑事诉讼法第二十九条、第三十条规定情形的回避申请，由法庭当庭驳回，并不得申请复议。

第三十六条 当事人及其法定代理人申请出庭的检察人员回避的，人民法院应当区分情况作出处理：

（一）属于刑事诉讼法第二十九条、第三十条规定情形的回避申请，应当决定休庭，并通知人民检察院尽快作出决定；

（二）不属于刑事诉讼法第二十九条、第三十条规定情形的回避申请，应当当庭驳回，并不得申请复议。

第三十七条 本章所称的审判人员，包括人民法院院长、副院长、审判委员会委员、庭长、副庭长、审判员和人民陪审员。

第三十八条 法官助理、书记员、翻译人员和鉴定人适用审判人员回避的有关规定，其回避问题由院长决定。

第三十九条 辩护人、诉讼代理人可以依照本章的有关规定要求回避、申请复议。

第二百一十六条 合议庭审理、评议后，应当及时作出判决、裁定。

对下列案件，合议庭应当提请院长决定提交审判委员会讨论决定：

（一）高级人民法院、中级人民法院拟判处死刑立即执行的案件，以及中级人民法院拟判处死刑缓期执行的案件；

（二）本院已经发生法律效力的判决、裁定确有错误需要再审的案件；

（三）人民检察院依照审判监督程序提出抗诉的案件。

对合议庭成员意见有重大分歧的案件、新类型案件、社会影响重大的案件以及其他疑难、复杂、重大的案件，合议庭认为难以作出决定的，可以提请院长决定提交审判委员会讨论决定。

人民陪审员可以要求合议庭将案件提请院长决定是否提交审判委员会讨论决定。

对提请院长决定提交审判委员会讨论决定的案件，院长认为不必要的，可以建议合议庭复议一次。

独任审判的案件，审判员认为有必要的，也可以提请院长决定提交审判委员会讨论决定。

第二百二十八条　庭前会议可以就下列事项向控辩双方了解情况，听取意见：

（一）是否对案件管辖有异议；

（二）是否申请有关人员回避；

……

第二百三十八条　审判长应当告知当事人及其法定代理人、辩护人、诉讼代理人在法庭审理过程中依法享有下列诉讼权利：

（一）可以申请合议庭组成人员、法官助理、书记员、公诉人、鉴定人和翻译人员回避；

……

第二百三十九条　审判长应当询问当事人及其法定代理人、辩护人、诉讼代理人是否申请回避、申请何人回避和申请回避的理由。

当事人及其法定代理人、辩护人、诉讼代理人申请回避的，依照刑事诉讼法及本解释的有关规定处理。

同意或者驳回回避申请的决定及复议决定，由审判长宣布，并说明理由。必要时，也可以由院长到庭宣布。

《最高人民法院关于司法公开的六项规定》（节选）

二、庭审公开　……独任审判员、合议庭成员、审判委员会委员的基本情况应当公开，当事人依法有权申请回避……

《最高人民法院关于审判人员在诉讼活动中执行回避制度若干问题的规定》（节选）

第十一条 当事人及其法定代理人、诉讼代理人、辩护人认为审判人员有违反本规定行为的，可以向法院纪检、监察部门或者其他有关部门举报。受理举报的人民法院应当及时处理，并将相关意见反馈给举报人。

《律师办理刑事案件规范》（节选）

第八十七条 合议庭组成人员、书记员、公诉人、鉴定人和翻译人员具有法定回避情形的，在审判长宣布被告人的诉讼权利后，辩护律师可以根据情况提出，并说明理由。

第三节 回避申请被驳回后的应对

《最高人民法院关于适用〈中华人民共和国刑事诉讼法〉的解释》

第三十五条 对当事人及其法定代理人提出的回避申请，人民法院可以口头或者书面作出决定，并将决定告知申请人。

当事人及其法定代理人申请回避被驳回的，可以在接到决定时申请复议一次。不属于刑事诉讼法第二十九条、第三十条规定情形的回避申请，由法庭当庭驳回，并不得申请复议。

一、最高人民法院相关司法解释涉嫌越权

依照《最高人民法院关于适用〈中华人民共和国刑事诉讼法〉的解释》第35条、第36条，当事人、被告人、辩护人提出回避要求的理由仅限于《刑事诉讼法》第29条（法定情形）、第30条（禁止行为）的有关规定，并

且法庭可以当庭驳回并不得复议。对照《刑事诉讼法》可知，法律并没有授权审判人员判定回避要求是否恰当的权力，有权进行判定的只能是法院院长、公安机关负责人、检察长、审判委员会以及检察委员会。

对于类似超出法律授权的司法解释，还需辩护律师在工作实践中分辨和斟酌应对。

二、辩护人提请回避应尽量围绕法律条文

依据《刑事诉讼法》第 29 条、第 30 条，要求回避的理由可以简单归纳为三种：法定情形、禁止行为、影响公正。法定情形和禁止行为在实践中比较容易把握，而可能影响公正审判的情形较为复杂，辩护律师应当重点研究。

《刑事诉讼法》第 29 条第 4 项“与本案当事人有其他关系，可能影响公正处理案件的”是关于回避的一条兜底条款。辩护律师可以据此对审判人员、公诉人的违法或不当行为提出回避要求，阐明相关行为已经导致该人员与案件审理产生了利害关系，并着重强调这种利害关系对于公正审判所造成的影响是直接的和严重的。

三、辩护人提请回避要讲战术

遇到审判人员、公诉人限制被告人发言、使用有损人格的语言、威胁、诱导被告人供述，或者剥夺被告人、辩护人诉讼权利等情形，辩护人有责任提出反对意见，必要时要求相关人员予以回避，但鉴于该回避理由属于“可能影响公正处理案件”的酌定情形，辩护律师应当做好被当庭驳回回避请求的思想准备。

鉴于辩护律师参加庭审时的各自独立地位，即使是为同一名被告人进行辩护的两名律师其诉讼地位也是各自独立的。因此，当出庭参与辩护的律师为两名以上时，庭前要做好预案分工：当一名辩护律师提出回避要求时，另一名辩护律师尽量不表态，以保留自己继续就相关事项再次提出回避要求的权利。

四、回避被驳回后，辩护人的应对方式

维护被告人合法权益是辩护律师当仁不让的法定职责。因此，即使预估

回避要求不被获准，辩护律师仍有义务勇于提出要求。

当回避被当庭驳回后，辩护律师应当要求书记员将辩护人的请求和审判长的驳回理由一字不落地记入庭审笔录（《最高人民法院关于适用〈中华人民共和国刑事诉讼法〉的解释》第292条规定开庭审理的全部“活动”都应记入笔录），以敦促相关人员收敛自己的违法或不当言行，为庭后展开投诉或控告保留证据。

附录：相关依据

《刑事诉讼法》（节选）

第二十九条 审判人员、检察人员、侦查人员有下列情形之一的，应当自行回避，当事人及其法定代理人也有权要求他们回避：

（一）是本案的当事人或者是当事人的近亲属的；

（二）本人或者他的近亲属和本案有利害关系的；

（三）担任过本案的证人、鉴定人、辩护人、诉讼代理人的；

（四）与本案当事人有其他关系，可能影响公正处理案件的。

第三十条 审判人员、检察人员、侦查人员不得接受当事人及其委托的人的请客送礼，不得违反规定会见当事人及其委托的人。

审判人员、检察人员、侦查人员违反前款规定的，应当依法追究法律责任。当事人及其法定代理人有权要求他们回避。

第三十一条 审判人员、检察人员、侦查人员的回避，应当分别由院长、检察长、公安机关负责人决定；院长的回避，由本院审判委员会决定；检察长和公安机关负责人的回避，由同级人民检察院检察委员会决定。

对侦查人员的回避作出决定前，侦查人员不能停止对案件的侦查。

对驳回申请回避的决定，当事人及其法定代理人可以申请复议一次。

第三十二条 本章关于回避的规定适用于书记员、翻译人员和鉴定人。

辩护人、诉讼代理人可以依照本章的规定要求回避、申请复议。

《最高人民法院关于适用〈中华人民共和国刑事诉讼法〉的解释》（节选）

第二十七条　审判人员具有下列情形之一的，应当自行回避，当事人及其法定代理人有权申请其回避：

（一）是本案的当事人或者是当事人的近亲属的；

（二）本人或者其近亲属与本案有利害关系的；

（三）担任过本案的证人、鉴定人、辩护人、诉讼代理人、翻译人员的；

（四）与本案的辩护人、诉讼代理人有近亲属关系的；

（五）与本案当事人有其他利害关系，可能影响公正审判的。

第二十八条　审判人员具有下列情形之一的，当事人及其法定代理人有权申请其回避：

（一）违反规定会见本案当事人、辩护人、诉讼代理人的；

（二）为本案当事人推荐、介绍辩护人、诉讼代理人，或者为律师、其他人员介绍办理本案的；

（三）索取、接受本案当事人及其委托的人的财物或者其他利益的；

（四）接受本案当事人及其委托的人的宴请，或者参加由其支付费用的活动的；

（五）向本案当事人及其委托的人借用款物的；

（六）有其他不正当行为，可能影响公正审判的。

第二十九条　参与过本案调查、侦查、审查起诉工作的监察、侦查、检察人员，调至人民法院工作的，不得担任本案的审判人员。

在一个审判程序中参与过本案审判工作的合议庭组成人员或者独任审判员，不得再参与本案其他程序的审判。但是，发回重新审判的案件，在第一审人民法院作出裁判后又进入第二审程序、在法定刑以下判处刑罚的复核程序或者死刑复核程序的，原第二审程序、在法定刑以下判处刑罚的复核程序或者死刑复核程序中的合议庭组成人员不受本款规定的限制。

第三十条　依照法律和有关规定应当实行任职回避的，不得担任案件的审判人员。

第三十一条　人民法院应当依法告知当事人及其法定代理人有权申请回避，并告知其合议庭组成人员、独任审判员、法官助理、书记员等人员的名单。

第三十二条 审判人员自行申请回避，或者当事人及其法定代理人申请审判人员回避的，可以口头或者书面提出，并说明理由，由院长决定。

院长自行申请回避，或者当事人及其法定代理人申请院长回避的，由审判委员会讨论决定。审判委员会讨论时，由副院长主持，院长不得参加。

第三十三条 当事人及其法定代理人依照刑事诉讼法第三十条和本解释第二十八条的规定申请回避的，应当提供证明材料。

第三十四条 应当回避的审判人员没有自行回避，当事人及其法定代理人也没有申请其回避的，院长或者审判委员会应当决定其回避。

第三十五条 对当事人及其法定代理人提出的回避申请，人民法院可以口头或者书面作出决定，并将决定告知申请人。

当事人及其法定代理人申请回避被驳回的，可以在接到决定时申请复议一次。不属于刑事诉讼法第二十九条、第三十条规定情形的回避申请，由法庭当庭驳回，并不得申请复议。

第三十六条 当事人及其法定代理人申请出庭的检察人员回避的，人民法院应当区分情况作出处理：

（一）属于刑事诉讼法第二十九条、第三十条规定情形的回避申请，应当决定休庭，并通知人民检察院尽快作出决定；

（二）不属于刑事诉讼法第二十九条、第三十条规定情形的回避申请，应当当庭驳回，并不得申请复议。

第三十七条 本章所称的审判人员，包括人民法院院长、副院长、审判委员会委员、庭长、副庭长、审判员和人民陪审员。

第三十八条 法官助理、书记员、翻译人员和鉴定人适用审判人员回避的有关规定，其回避问题由院长决定。

第三十九条 辩护人、诉讼代理人可以依照本章的有关规定要求回避、申请复议。

《最高人民法院关于审判人员在诉讼活动中执行回避制度若干问题的规定》（节选）

第一条　审判人员具有下列情形之一的，应当自行回避，当事人及其法定代理人有权以口头或者书面形式申请其回避：

（一）是本案的当事人或者与当事人有近亲属关系的；

（二）本人或者其近亲属与本案有利害关系的；

（三）担任过本案的证人、翻译人员、鉴定人、勘验人、诉讼代理人、辩护人的；

（四）与本案的诉讼代理人、辩护人有夫妻、父母、子女或者兄弟姐妹关系的；

（五）与本案当事人之间存在其他利害关系，可能影响案件公正审理的。

本规定所称近亲属，包括与审判人员有夫妻、直系血亲、三代以内旁系血亲及近姻亲关系的亲属。

第二条　当事人及其法定代理人发现审判人员违反规定，具有下列情形之一的，有权申请其回避：

（一）私下会见本案一方当事人及其诉讼代理人、辩护人的；

（二）为本案当事人推荐、介绍诉讼代理人、辩护人，或者为律师、其他人员介绍办理该案件的；

（三）索取、接受本案当事人及其受托人的财物、其他利益，或者要求当事人及其受托人报销费用的；

（四）接受本案当事人及其受托人的宴请，或者参加由其支付费用的各项活动的；

（五）向本案当事人及其受托人借款，借用交通工具、通讯工具或者其他物品，或者索取、接受当事人及其受托人在购买商品、装修住房以及其他方面给予的好处的；

（六）有其他不正当行为，可能影响案件公正审理的。

第四节　公开审判的深层意义

一、对审判程序的监督功能

一个刑事案件移送到法庭接受审判时，对犯罪嫌疑人、被告人已经产生了负面影响。普通民众的思维定式是某一个人被抓了以后，他就是违法了、犯罪了、要接受处罚了。所以，一个人被有关部门提起刑事追诉的时候，整个社会对他的评价都是负面的。

但有些案件，被告人不认为自己构成犯罪，甚至主张自己是被冤枉的，需要在社会评价方面有一个渠道能够给自己正名。

若最终被认定为无罪，审判公开就是对被告人受到依法对待的一个重要保障。这个过程就是让社会大众参与到对庭审的监督中来。让普通民众参与到对案件的评判中来，从旁观者的角度评价这个案件是否为通过合法的程序得出的结论？所有指向被告人犯罪的证据是否充足有效？对被告人的最终评价是否符合大众预期？这是公开审判的核心功能。

二、对被告人的权利保障

接受公开审判是被告人的一项权利，当然也是被告人家属的权利。按照法律规定，只要是中国公民，手持身份证就可以进法院要求旁听案件。这也是社会公众的一个基本权利。

监督法院依法审理案件，不论民事案件还是刑事案件抑或行政案件，是公民的基本权利。

但现在旁听案件还存在一些阻扰。笔者建议大家都去尝试一下旁听庭审，你路过某家法院的时候，拿着身份证去问问法警今天有没有刑事案件，要求旁听，看是否能行使作为公民的监督权。尝试的人多了，就会促使法院改变过去的一些态度和做法。如果公民举着身份证要求旁听案件成为一种常态，法院的公开审判就会成为一种习惯，反过来也就促成了对被告人及其亲属旁听权的一种维护和帮助。

三、对诉讼参与人的监督功能

其中包括对公诉人、律师和审判人员的监督。

1. 对辩护律师的监督

审判实践中经常会遇到被告人抱怨自己的律师在法庭上一言不发。在笔者代理的很多案件中，起初犯罪嫌疑人、被告人自身是有一位律师的，但是家属对律师不满意，甚至有些案件已经开过庭了，家属找到笔者要求参与辩护工作，即便一审即将判决，也会要求笔者答应提前代理二审辩护。有些家属对前期律师表达了强烈不满："我对一审律师太不满意了，都不用等到判决结果下来。"为什么案件还没有下判决，家属就判断律师不称职了？正是因为有些律师在法庭上不敢说话，不会说话，说话没有力度。其实这并不只是法律素养的缺失，而是刑辩经验以及对被告人权利保障意识的缺失。

有些律师没有意识到辩护律师的首要职能和义务是保障被告人的诉讼权利不受侵害，然后才谈得上依照《刑法》去辩解被告人到底构不构成犯罪。

如果辩护律师在法庭上不懂得如何有效保障被告人的诉讼权利，那么本身就是渎职；进一步讲，也就无从维护自己身为律师的诉讼权利。若缺失了权利保障意识，律师出席法庭就是一种失职。

2. 对公诉人和审判人员的监督

保障被告人的合法权利，是司法公正的重要体现，它贯穿于诉讼的每一个环节，体现在每一个细节和每一个行为上。在法庭上，我们有时会看到公诉人呵斥、教训甚至侮辱被告人的情况。这些行为不仅违反了法律程序，也严重侵犯了被告人的合法权益。作为辩护律师，我们必须坚决地站出来，打断这种非法的行为，为被告人争取应有的尊严和权利。

首先，我们要明确无罪推定原则。根据这一原则，被告人未被定罪前应该享有普通公民同等的人格尊严。这意味着，公诉人没有任何权力对被告人进行呵斥、教训或侮辱。这些行为不仅违背了法律的公正和公平，也严重损害了被告人的名誉和尊严。

其次，为了更好地保障被告人的合法权利，我们需要对每一个细节、每一个行为进行深入的分析和讨论。例如，当公诉人呵斥、教训或侮辱被告人时，辩护律师应该立即提出抗议，要求法庭制止这种行为。

第八章 庭审发问

第一节 庭审发问在刑事辩护中的重要意义

毋庸赘述，刑事审判程序中法庭调查和法庭辩论是律师履行辩护职责的主要环节。而法庭调查又分“发问”和“质证”两个环节。我们需要着重探讨“发问”环节（此外，《刑事诉讼法》把公诉人、审判人员对被告人的问话称为“讯问”，而把辩护律师的提问称为“发问”）。

一、辩护律师首先要扭转被告人已经被推定有罪的不利局面

进入主题之前，我们先来分析一下，在刑事诉讼的庭审环节中，被告人、辩护人所要面对的不利局面。

我国《刑事诉讼法》虽然也把“无罪推定”原则写入了条文中，但又在具体的操作中，对被告人的诉讼权利设置了诸多障碍，比如被告人无权获取案件的卷宗。

回到今天的主题：被告人和辩护律师在庭审中首先要面对的，是公诉人和法官已经提前达成了“被告人犯了罪”这样一个“共识”。这种先入为主的思想从他们接收到案卷材料的那一刻就已经深深印在脑海里了。这种思维习惯的成因，概括起来有两个：其一，在绝大多数案件中，被告人是真的有罪的。“案件出错的概率很低”的经验，导致办案人员的第一反应是推定被告人肯定构成了犯罪；其二，不可否认的是，无论是公安人员，还是监委纪委的人员，都是法律专业人员。当公诉人拿到案件时，他会本能地相信公安或

者监委纪委的人员，从而基于工作经验对案件作出有罪认定。而审判人员拿到案件的时候，更是又加了一层对公诉人的专业信赖。所以，公诉人和法官在潜意识里都有一个定论：既然案件移送过来了，那么认定被告人构成犯罪的证据应该确凿无疑。

所以说，当被告人和辩护人走进法庭的时候，他们首先要解决的就是“被告人已经被定罪”这样一个不利局面。

二、发问程序在整个庭审过程占非常关键地位

在刑事审判程序中，辩护人可以发挥作用的阶段有三个：辩论、质证、发问。

1. 辩论

其实，法庭辩论是发生在发问和质证两个阶段之后的，之所以把这一环节放到前面先行讨论，是因为在传统的刑事辩护理念和操作中，辩护律师的工作重心完全只依赖最后的辩论环节。直至今日，绝大多数律师仍然不懂得“辩护前置”的重要性，而就此理念我们已经持续倡导了十余年。

本书首先探讨律师在辩论阶段的工作，就是为了强调：辩护工作的重心尽量往前移的重要性。

庭审进行到法庭辩论阶段，已经是辩护律师出庭履职的最后一个环节。它的功能是对前期法庭调查阶段（发问、质证）观点的总结性发言，是辩护律师对案件整体进行的一个综合陈述和评价。

我们来看法庭审理的过程：法庭审判首先由公诉人宣读《起诉书》拉开序幕，起诉书是公诉机关指控被告人构成犯罪的一个归纳结论。这个结论是如何得出的呢？这要通过后面庭审过程中法庭调查程序由公诉人予以证明。

公诉人的证明手段包含讯问被告人和出示证据两个环节。公诉人先提出论点，再通过举证证明进行论证，最后还有一个总结性发言，即宣读《公诉意见书》。这是公诉人对前期论点和论证过程的归纳总结。

公诉人宣读《公诉意见书》是对辩论环节的启动。到了这个阶段，公诉人已经完成了指控被告人有罪、举证证明两项工作，辩论是对前面的归纳总结，是一个有论点、有论据、有结论的全面的论证过程。

如果律师把工作重心仅放在辩论上，那就少了“提出论点”“摆出论据”这两个重要环节，这种只做总结发言的陈旧方式，显然是无法驳倒对方的。

律师在刑事审判中的角色是反驳方，我们不能在公诉方提出论点、摆出论据的时候无所作为。如果律师将辩护工作的重心放到辩论阶段，就相当于等到人家开始做总结时，你才提出论点、摆出论据，然后去反驳公诉人的观点错误。你用一个环节去反击对方用三个环节所完成的工作，显然是非常被动的，更难以达成为被告人提供有效辩护的目标。

“辩论”是双方用自己的“结论”去反驳对方的“结论”的过程。这个环节是建立在前面的论证基础之上的，控辩双方提出各自结论的前提，是已经充分向法庭展示了一个证明过程。

所以，辩护律师也应该在发表辩护意见之前，有一个证明自己观点的过程。辩护律师应该在庭审一开始的时候就表明自己的观点，那就是：“公诉方指控错误，案件事实真相是……”（立论）。而这个观点空口无凭，显然不能达到让被告人无罪的目的。这就要求辩护律师有一个证明自己观点的“论证”过程。因此，辩护工作的重心需要前移，移到发问和质证两个阶段。

2. 质证

前面笔者提到，要“辩护前置”。下面来比较一下法庭调查环节中“发问”和“质证”两种调查方式所起的作用。

“质证”针对的是侦查或者调查单位已经搜集，并提供给检察院，由公诉人据以证明被告人构成犯罪的各种证据材料，这些证据的特点是已经固定，形式上是不可变的；而“发问”是由辩护人（也包括公诉人）针对被告人提出问题，所形成的言词记录，这些言词证据的特点是即时生成，形式上是可变的，不同的发问方式可能会得到不同的回答。

显然，“不可变证据”（业已形成的证据材料）相较于“可变证据”（尚未说出的言词）而言，辩护人驾驭的灵活度更低。

换个角度分析，与传统的教科书中的观点不同，笔者认为虽然法律明确规定，办案单位有义务搜集证明被告人有罪、无罪、罪重、罪轻的全部证据，但在审判实践中，办案单位在搜集证据时，依然是倾向于认定被告人有罪且罪重。

无论是否刻意追求，办案人员首先关注的是犯罪嫌疑人如何实施犯罪，且该行为是否符合犯罪认定标准。

而且，如果办案人员真的发现了犯罪嫌疑人无罪的证据，并已查实，那么案件也就不会出现在法庭上了（但也存在例外）。

虽然《刑事诉讼法》并不要求被告人负有举证证明自己无罪的义务，但是毫无疑问，法庭上所要展示的绝大多数证据都是对被告人不利的。从辩护的角度来说，如果庭审过程完全围绕着不利于被告人的证据进行，我们律师想让被告人被判无罪，希望当然就非常渺茫了。

在当前法律没有赋予被告人、辩护人具备与控方（公安机关、监察机关、检察机关）相对等的调查取证权的前提下，辩护律师只能针对不利于被告人的在庭证据进行反驳。

所以，笔者认为：质证环节固然重要，但是这个环节主要是公诉方出击，被告人和辩护人进行防守。如果辩护律师想就案件事实主动发起进攻，最好的切入点就是在发问环节。

3. 发问

自从被告人被办案机关展开侦查或调查之日起，他可能从来就没有机会说出自己想说的话。即使在接受讯问时，他曾试图做出辩解，但也可能会被办案人员打断、呵责、不予记录。很有可能，自从犯罪嫌疑人被指控犯罪接受调查以来，从来就没有人曾经细致耐心地听他表达自己对案件的看法。

法院审判阶段，几乎算得上是被告人唯一能够公开表达、自我辩解的机会，甚至是最后一次自我辩解的机会（二审不开庭几乎是常态）。

作为辩护律师，我们是不是有义务帮助被告人充分利用这一重要的、唯一的机会？但是反观法庭审理程序，有设置让被告人畅所欲言、自由表达的程序吗？显然没有。因此，辩护律师对被告人的发问环节，是唯一能够让被告人充分表达的机会。

在庭审程序中，当审判长讯问被告人对起诉书是否有意见时，目的是让他回答是否认罪。即便这时候被告人想详细地解释一下自己没有犯罪，法官也会打断他，不让他展开陈述，并且还会说明他可以在后面的程序中详细辩解。但我们知道，事实上后面的审判程序中也没有被告人自由表达的机会。

按照审判程序，被告人下一次自由发言的机会是在辩护环节，法庭会要求被告人发表自我辩解意见。但是如前所述，到了这个环节，涉案证据都已经出示完毕了，是否有罪的结论已经在审判人员内心生成，一切可能为时已晚。

被告人另外一个可以表达的机会就是庭审最后一个程序即“被告人陈述”环节。这一环节的设置，注重被告人对指控自己犯罪的态度表达，法庭通常期待的言论是：“我认罪、我后悔、我请求从轻处罚……”

综上所述，作为被告人，必然想针对自己的控告进行详细辩解，但我们的法定程序，又缺少了允许被告人充分、自由表达的程序。作为辩护律师，我们就有义务主动创造这样一个机会，让被告人得到一个可以充分、全面、不被打断地说出自己意见的机会。

这个可加以利用的机会就是庭审发问阶段，这是让被告人按照自己的意愿重新讲述案情的唯一一次机会。

第二节　庭审发问要达到的目的

我们先探讨一段实务，借此引出庭审发问所要针对的具体指向。

在一起涉黑案件中，《起诉书》指控被告人涉嫌寻衅滋事罪：“2004 年左右，为争抢东营市广利港以北、垦利县红光码头以南海滩捡拾泥螺，被告人李某某纠集被告人李某、姬某某等人与马某某等人多次摆场子约架，驱赶马某某一方拾泥螺的渔民。后李某某带领孙某某等人到马某某位于东营区某某小区的办公室滋事，扬言打击报复，郑某某当场殴打被害人马某某，准备将马某某带走。经马某某、马某民等人劝阻，并交给李某某 3000 元现金后，李某某等人离开。马某某等人因不堪李某某滋扰，于当年将海滩转包给他人。”

在提取该《起诉书》所涉及的重要信息时，除了明确涉案人员，我们需要重点关注指控所使用的名词、动词、形容词和数词。

这里简要汇总一下，该起指控中的重点词包括：争抢、纠集、多次、摆场子、约架、驱赶、带领、滋事、扬言、打击报复、殴打、准备、带走、劝阻、不堪、滋扰。

一、争抢

先看看“争抢”一词，辩护律师可以通过发问方式，询问被告人李某某涉案海滩的权属问题，包括被害人一方是否有合法的承包经营权、涉案海滩是否不对外开放、李某某一方是否去过该海滩捡拾泥螺，去过多少次，有没有和对方发生冲突等问题。特别提示一下，《起诉书》后面所指控的“摆场子约架”，未必是发生在涉案海滩上。其与指控的“争抢”行为，或许是两个独立行为：“争抢”是目的，“摆场子约架”是手段。辩护律师就该问题发问时，应重点围绕询问被告人是否有“争抢”的主观故意。

二、纠集

再看第二个动词“纠集”。这是本段指控中最为重要的一个词，需要重点关注并查实。因为这是一起涉黑案件，凡是与“组织、领导、参加”相关联的词，必然会影响到案件是否涉黑的最终定性。所以，辩护律师需要通过发问的方式，让被告人辩解是否存在“纠集”这样的行为。为了否定存在“纠集”的情形，就需要被告人回答清楚各被告人之间的相互关系，比如是否有亲属、同事、好友、隶属等情形。还可以进一步引导他陈述与其他被告人经常聚在一起是基于普通的亲友交往等。这样的证言，能够给他们的共同行为带来一定的合理性。最好在我们发问之初就落实清楚被告人之间的关系问题。

辩护人可以发问被告人：他和同案其他人见面时是怎么联系的，谁联系的谁，每次见面是否有固定的程式。这组问题的核心是帮助第一被告人澄清自己并非所谓“组织”“领导”者。如果被告人之间的聚会是基于亲情和友谊，或者每次相聚是由不同的人组织和发起，那就不能对第一被告人定性是“纠集”者。

《起诉书》中的“带领”一词，同样需要辩护律师重点关注和发问。

三、多次

数词“多次”也需要重点落实，我们要通过发问的方式，让被告人明确陈述清楚到底是几次？在笔者代理的案件中，很多《起诉书》所指控的多次，最后经调查其实仅指一两次，显然不能用“多次”来定性。而是否多次对于案件的定性和量刑都是关键因素。

顺便强调一下，笔者这里讨论的法庭发问，原则上是建立在辩护律师知道被告人会如何回答的前提下。律师发问的一个禁忌，就是针对自己不知道答案的问题进行发问。非到万不得已，一定不要去尝试。笔者之所以会追问“到底是几次”是基于查阅卷宗，以及会见被告人之后，综合各方面信息已经知道无法构成“多次”（一般指三次）。

笔者追问第一被告人“到底是几次”时，他回答：“只有一次”。同样的问题，笔者在其他几名被告人那里也得到了“只有一次”的回答。这样一来，《起诉书》指控的“多次”就面临被推翻的可能。在接下来的质证环节，就需要公诉人着重去证明其所指控的“多次”。从这个角度来说，辩护律师通过发问方式，不但干扰了公诉人的举证重心，也撼动了其出庭指控犯罪的自信心。

四、滋事

《起诉书》所指控的罪名是“寻衅滋事罪”，是否构成“滋事”当然是本起犯罪争辩的核心。

用通俗的语言来概括“寻衅滋事”就是“没事找事”，如果被告人是“有事找事”，那就应该依照《刑法》中具体的“事”套用法条进行认定。寻衅滋事之所以如此演变，就是实践中很多事出有因的纠纷，因为套用《刑法》相关罪名达不到犯罪程度，办案单位用寻衅滋事罪去追责。

《起诉书》里面的“扬言、打击报复、殴打、准备. 带走、劝阻、不堪、滋扰”等用词，都是对“滋事”的具体描述。我们需要采用详尽的发问，引导被告人逐步辩解自己的行为并不构成“滋事”。

成功的发问，能够给审判人员提前预埋下对案情的疑问，有助于在后面的庭审中，着重审查这些疑点。如果公诉人所出示的证据不能与《起诉书》中的定性相吻合，自然会动摇审判人员对《起诉书》以及公诉人的信赖。

关于寻衅滋事罪存在的不合理问题，可以参考阅读笔者此前所撰写的文章，希望能够对大家有所帮助。

现在我们来总结本节的主旨，即庭审发问所要达到的目的。

笔者基于自身的辩护经验认为庭审发问的目的是引导被告人讲述一个与《起诉书》完全不同的新故事。

公诉机关出具的《起诉书》其实就是在用法言法语的方式，讲述一个被告人如何实施犯罪的故事。

在无罪辩护案件中，辩护律师的任务是否定公诉方的故事，但仅仅否定还不够。辩护律师还要通过发问的方式，让被告人自己去讲述一个全新的故事。在讲故事的过程中，辩护律师的工作相当于影视剧的导演：律师要用自己独特的节奏、视角、剪切来指导被告人完成这部作品。

由于被告人大多不具备讲故事的能力，就需要辩护律师来帮他实现。笔者经常劝导青年律师要多看法律电影、电视剧，这并非看热闹，也不是视效，而是去看一位优秀的电影导演是如何讲述一个好故事的。

优秀的电影，即使我们已经知晓结局，甚至已经反复看过多遍，但还是想再次观看，其实就是被导演的叙事方式所吸引。

针对发问再做一个简要提示：公诉机关的《起诉书》是辩护律师的"阅卷导航"，也是辩护律师在会见犯罪嫌疑人、被告人时的"案情索引"。而笔者指出的"名词、动词、形容词、数词"等关键词，则是案件的关窍所在。通过对关键信息的提取和把控，可以让辩护律师很快熟悉案情，把握重点，从而让我们有针对性地在法庭上对被告人进行发问。

现在有一个问题摆在我们面前：既然辩护律师在法庭上的发问要有目的性、要事先知道被告人会作出什么样的回答，那么，辩护律师能不能教导被告人如何在法庭上回答问题？或者更进一步说，能教导被告人如何应对庭审吗？这个问题我们在下一节进行探讨。

第三节　刑辩律师能教被告人如何回答问题吗

辩护律师的职责是从专业的角度帮助和指导被告人如何应对审讯。法庭审判不只是一个简单的法律如何运行的问题，还充满了"斗智"和"对抗"。

控辩双方都会通过施展一定的技巧，来迫使被告人或者证人提供自己想要的答案，以便达到自己的证明目的。

辩护律师在刑事诉讼中“辅助被告人应对庭审”这一地位和作用，一直是我国律师制度中犹抱琵琶半遮面的一部分。律师和犯罪嫌疑人、被告人之间到底是一种什么关系，至今依然没有一个准确的定论。

法律的制定者是人，是人就必然会犯错，法律自然也就不是完备的，它需要不断地进化和更新。

当我们发现法律不完善或者出现矛盾，甚至是错误的时候，要拿什么样的价值标准来评判法律？答案是人们普遍的社会道德和良知。

采用陪审员制度来对刑事案件进行审理，就是源于他们不仅对负责审判的法官不信任，甚至对国家制定的法律也抱有警惕和怀疑的态度。在这些国家的民众眼中，只有随机选择的 12 名普通民众，他们依照自己的良知和道德作出的被告人是否构成犯罪的认定，才是符合道德和良知，并且是能够令人信服的。法官的作用，只是在陪审团作出有罪认定之后，依照法律对其进行量刑处罚。

这方面我们的制度还有待完善，但我们的眼光不应该短浅。在“以法律为准绳”的同时，我们还要参照比法律更高的评判原则和价值。

那么，辩护律师能不能辅导被告人如何应对审讯？

答案当然是肯定的。但是在现有制度下必须做一个“度”的把控。

一方面，律师作为专业人士将自己的知识和技巧传授给被告人，这本身就是隐含在委托代理合同范围之内的义务；另一方面，《刑法》第 306 条（辩护人妨害作证罪）依然是悬在律师头顶的达摩克利斯之剑。时至今日，依然有辩护律师因为掌握不好“度”，身陷牢狱之灾。

对此，笔者的建议是把对被告人的辅导范围做以下区分：法律问题和事实问题。

第一，在法律问题上，律师要将有关法律的一切信息和技巧，特别是诉讼程序方面的关键点详细告知被告人，尤其是哪些涉案情节会影响到定罪与量刑。比如，凶案发生之前，“被害人曾经多次辱骂、威胁过被告人”，属于被害人过错范畴，是应当特别提醒被告人强调的情节。诉讼程序方面的问题会影响到案件的公平审判。比如，公诉人对其讯问时，不能提出诱导性或者答案唯一性的问题。

第二，事实问题包括案件实际发生时的过程，还有被告人当时自己的真实想法。客观经过和主观意图，是辩护律师无法真实掌握的情况。这些属于“过去时”，就是已经真实发生过的事情，对已经发生过的事情如果做选择性回答，本质上就是隐瞒事实。所以，辩护律师不能就这些问题给被告人提供“指导”。

因此，关于法律方面的问题，辩护律师可以教被告人如何回答和应对；而有关案件事实方面的问题，则只能由被告人自己总结和陈述。辩护律师没有权利代替被告人做利弊权衡，更不应该教他如何隐瞒或者虚构某一情节。

第三，如何答复被告人庭审如何回答问题的咨询。比如，如果被告人就“事实问题”征求辩护人意见，我们该如何应对呢？

以一起受贿案为例，《起诉书》指控：被告人为一家国家参股银行中的中层干部，在领导授意下多次为某企业违规开具银行承兑汇票，此期间领导向其发放奖励若干万元。检察院以受贿罪提起诉讼。

在庭前会见被告人时，他问可不可以说不知道那些奖金与违规开票有关？这是一个主观性很强的问题。被告人在收到奖金时“是否明确知道是对其违规开票行为的奖励”，只有他自己清楚，辩护律师无法事后进行判断，甚至帮他做出结论性总结。但我们可以根据案卷宗中的证据，一是被告人和同案犯的自我陈述，二是案件发展进程，来做一个合理的猜测。

在这个案例中，如果笔者简单地回复被告人“你实事求是，当时知道奖金是针对违规开票就说知道，不知道就说不知道”，这显然是在绕弯子，被告人会以为辩护律师对他不真诚，耍心眼。但是，笔者更不能把自己对案件的看法直接灌输给他。

因此，笔者是这样回应他的：通过阅卷，我发现你开具票据的时间大体分为两个时间段：分别是 2007 年到 2008 年，以及 2013 年到 2015 年。但是，银行领导向你发放奖励的时间却是 2009 年到 2010 年期间。你收到奖励的时间，和违规开票的时间并不一致。对不对？

被告人：对。

笔者：2007 年到 2008 年你违规开票期间，领导有没有说要发给你奖金，或者说如何奖励？

被告人：没有。

笔者：2009 年到 2010 年你收到奖金的时候，领导有没有明确说这些钱是对你违规开票的奖励？

被告人：没说。

笔者：2013 年到 2015 年你第二次开票的这段时间，没有收到所谓的奖金，你有没有向领导索要过奖励？

被告人：没有，后期开票一分钱没给，我也从来没向领导要过，领导也没有提过有奖励。

笔者：你收到的这些奖励，和你开票的金额之间有没有一个对应比例？比如开 1000 万元汇票给 5 万元奖励；开 5000 万元汇票的给 25 万元奖励？

被告人：没有，领导从来也没说过有什么按开票金额比例来发放奖金的事。

笔者：2008 年到 2013 年，你没有开票行为的这段时间里，工作表现如何？

被告人：那几年我获得了一个国家级、两个省级的优秀标兵称号；行里也评了几次先进。而且，我所在的小组在 2009 年创了银行放贷的历史最高纪录。

笔者：除了被指控的那些奖金之外，针对你的突出贡献，银行有没有另行发放过奖金或其他物质奖励？

被告人：没有。

这时候，笔者就可以对他的问题做一个结论性的回答了："第一，你收到奖金的时间与违规开票的时间并不对应，两者缺乏明确的关联关系；第二，你在 2013 年到 2015 年第二次开票期间，并没有收到相应奖励，证明这个奖励与开票之间并不具备必然关联性；第三，2009 年到 2010 年期间，你没有开票却收到了奖励，也能证明开票和奖励之间没有必然的因果关系；第四，根据你 2009 年到 2010 年所获得的荣誉，银行给你发奖金是理所应当的，你把收到的那些款项当作对你日常工作的奖励，也符合常理。所以，作为辩护律师，我认为你在不知道奖金性质的前提下，辩解说不知道奖励是针对违规开票，具有一定的合理性。”

第四节 庭审发问的第一组问题如何把控

无论何种案情，也不论是发问的当事人还是同案其他被告人、被害人、证人、鉴定人、侦查人员等，第一组问题都应该引起足够重视，因为这代表对整个发问环节的把控能力。笔者的经验是：通常不能直奔主题。下面以对被告人发问为例。

针对被告人的第一组问题，我们可以从四种不同发问目的做一个简单分析。

一、利用发问机会，平复被告人心情

先来分析发问环节被告人的处境：通常这是被告人第一次站在被告席接受审判。此前，他经历了一个漫长又煎熬的案件调查（侦查）阶段，对接下来庭审中将要发生的一切茫然无知，对自己的未来充满惶恐。而法庭调查又首先是由公诉人对其发起进攻来展开的，对于被告人来说，这是他最为紧张的时刻。

将公诉人的讯问称之为诘问更为恰当，通常情况下公诉人对待被告人都不会友好，发问过程甚至会语带威胁。公诉人一般会以警告性的提示来开场：“被告人，现在由我对你进行讯问，希望你如实回答，你的认罪态度会影响到对你的最终量刑。”

业务能力强的公诉人会充分利用讯问过程，一举击溃被告人的心理防线，造成被告人对自身应对能力的彻底绝望，从而放弃抵抗。被告人的陈述往往会被公诉人，甚至审判人员多次打断。

基于此，当我们辩护律师对被告人进行发问的时候，一定不要急于进入案情，甚至我们需要刻意打乱前期庭审的紧张气氛。辩护律师一定要具备影响，甚至主导庭审节奏的意识和勇气。

遇到需要对被告人的情绪进行调整的情形，笔者一般采用对程序进行释

疑来作为切入点。如此一来，不仅可以平复被告人波动的心态，而且也可以明示或者暗示他有权按照实际发生的情况来回答问题，不要受不正当干扰的影响。

遇到被告人发言被公诉人或合议庭打断的情形，笔者的第一组发问则会激发他的权利意识：通常，笔者会直呼被告人的名字，年龄较大的还会称他某某老师（而绝不会称他为被告人）。“无罪推定”是现代法治的根基理念，我们辩护人应当利用一切方式，坚定不移地把它贯彻整个庭审始终。比如：“某某某，法庭调查是为了查明案情，实事求是回答问题是你的义务，同时也是你的权利。你按照实际发生的经过回答公诉人和辩护人的问题，法庭会结合案卷综合评判你的陈述。不要有什么顾虑，明白吗？”（最后这个问句是一定不能遗漏的，不然的话，法庭或许会打断辩护人发问，提醒辩护律师不要在发问阶段发表自己的观点。）

二、利用发问机会，纠正公诉人错误

公诉人对被告人发问的时候，态度都很强势，一般不会允许被告人在回答问题时展开来详细陈述。当被告人对某一问题想要详细进行解释的时候，公诉人很可能会打断他的发言：“被告人，请你直接回答我的问题。是，你就回答是；不是，你就回答不是。”遇到这种情况，被告人显然不具备反驳公诉人的意识和胆识。比如，一般他会继续进行解释：“我这样做是有原因的，对方……”不过公诉人或者合议庭通常不会同意给他详细陈述前因后果的机会。

所以，在发问阶段出现公诉人打断被告人发言的情况时，我们辩护律师应当第一时间提出反对意见，强调合议庭有义务充分保障被告人自我辩解的权利。轮到辩护人发问时，更应该鼓励被告人畅所欲言，强调公诉人和合议庭不应当剥夺被告人充分表达的权利。

比如，“刚才公诉人讯问你某问题的时候，你的话没有说完就被打断了。现在辩护人很想知道，你刚才想解释什么？”或者“如果跟案情有关请你详细说一下”。这样做的目的，首先在于被告人想要重点解释的问题，肯定是他自己认为的重要环节，这原本就是法庭应当承担的权利保障义务；其次，辩护律师要给被告人树立一个有权在法庭上畅所欲言去表达的信心；最后，这样做也是在提醒公诉人和审判人员不要轻易打断或阻止被告人发言，因为被告人的发言即使被他们阻止了，辩护人也会设法让其重新陈述。

三、利用发问机会，纠正庭审程序错误

由于庭审程序错误，导致侵害被告人权益的行为涉及很多方面，篇幅所限这里仅举两例：

一是被告人的开庭准备权。

按照《刑事诉讼法》和最高人民法院相关司法解释的规定，合议庭应当在开庭前不少于 3 日，向被告人送达开庭传票。笔者把此规定称为被告人开庭准备权。

但是，存在法院漠视与被告人权益相关的法律规定的情况。有一些案件，被告人是在被带到法庭之后，才知道当天要开庭审理的情况。可想而知，面对突如其来的法庭审判，被告人难免会心慌意乱。所以，在无罪辩护案件中，笔者会针对每一项剥夺被告人合法权益的行为，提出纠正意见。

作为应对，笔者的第一个问题会问："某某某，请问你是什么时间收到的开庭传票？"如果他回答两天前，或者说压根就没有收到过传票，笔者会继续追问："按照《刑事诉讼法》及最高人民法院相关司法解释的规定，法院应当提前三天以上送达开庭传票，以方便你做必要的开庭准备，这是法律赋予你的合法权利。你是否需要法庭重新给你安排开庭时间，以便做开庭准备？"（这里有一个小的技巧，就是辩护律师需要设法把所有陈述句转化成疑问句来讲出，否则也会被法庭所制止。）如果被告人回答："需要。"那么，我们辩护律师就应当要求法庭立刻休庭，另行安排开庭时间。

再举一例，关于保障被告人休息和饮食的权利。

笔者在沈阳某基层法院代理一起案件时，法院认为可以用一个上午时间，来先后审理两起被告人不认罪的案件。法院原本通知笔者早上 10 点开庭但到中午 12 点 30 分的时候，前一起案件还没有审理完毕，法院安排案件的庭审时，已经快下午 3 点了。

回到法院笔者做的第一件事就是先找到主审法官，询问是否安排被告人吃过午餐。那个法官信誓旦旦地告诉笔者，被告人与工作人员统一吃了法院

购买的盒饭。

但是基于此前的办案经验，笔者不太信任这位法官所说的话。于是开庭第一个问题就提问被告人："你中午吃饭了没有。"她回答："没有。"笔者又问她："此前会见你的时候，得知你有严重的低血糖病症，你现在感觉如何？"她回答："晕得不行，冒虚汗。"笔者再问："能坚持参加庭审吗？"她回答："不可以。"于是笔者当即要求合议庭休庭，必须保障被告人饮食的权利。

四、利用发问机会，教导被告人从容应对庭审

需要重点申明一下，只有在无罪辩护案件，且当事人及家属充分理解和支持的前提下，前述二、三项才能适用。对于不符合前述两个条件的其他案件，并不具有普遍适用性。

那么，在普通刑事案件的辩护过程中，笔者的第一个发问着重于哪个方面呢？通常情况下，笔者更侧重对庭审注意事项的说明和告知。"某某某，现在由我作为辩护人对你发问。回答问题要注意以下几点：首先你要面向这几位审理案件的法官来做出回答；其次，你的语速要慢，要方便书记员把你说的话完整地记录下来，如果你说得太快，导致书记员来不及记录，你所作的陈述也就很难完整地体现在庭审笔录里，不利于合议庭成员庭后重温庭审细节；另外，待会儿我问你一个问题，你回答一个问题，不要着急，因为比较关键的问题我会主动详细询问你。"

这里，笔者强调了三方面的注意事项，每一项既围绕被告人权益，又有利于庭审的顺利进行。笔者以这几个角度作为开场白，法官从未予以打断。从笔者提出的这第一个注意事项，审判人员也能感知到笔者不仅拥有丰富的刑事辩护经验，对于法庭程序的正常推进也是怀有善意的。

第五节　发问提纲的制作

一、发问提纲的制作原则

1. 发问提纲要有明确的针对性

发问与其他庭审环节最主要的区别是它具有很强的互动性。律师提出的

每一个问题，都需要被告人作出相应反馈。如此，这个发问才算有效发问。如果辩护律师没有从被发问人那里得到自己期待的答案，这个问题不仅丧失了价值，而且可能导致律师引导能力的逐步丧失。

特别是针对自己当事人（被告人）的发问。每一个或者每一组问题都应当引向一个律师所期待的答案。律师发问的作用类似于汽车导航。我们需要通过提出问题的方式，引导被发问人到达那个我们想让他到达的地方。在这个过程中，我们无法代替他操作方向盘，也就是无法直接给出答案。这个方向盘必须由他本人亲自把控，问题的答案也必须由他本人亲口说出。

2. 尽可能不要提问自己不知道答案的问题

不论是针对自己当事人，还是对其他同案犯、被害人等进行提问，都要对对方会如何回答有一个大体预期。如果我们在法庭上问出了一个不利于自己辩护方向的答案，首先是一种失职，其次也会影响自信心，进而打乱对庭审节奏的把控。这更会增加被告人的困惑，影响到他与律师顺畅互动的自信心。如果辩护律师确实需要发问一个没有把握的问题，那就要尽量把问题拆分细致。在任何一个环节，发现答案向不利方向发展，都要立刻终止后续发问。

3. 不是所有的涉案情节都需要进行提问

刑事案件的调查和推演是一个非常复杂的过程。法庭审判不过是尽可能还原事实真相，而无法做到完全重现案发经过的所有细节。辩护律师的职责是维护被告人的合法权益，最大限度地挖掘有利于被告人的信息。辩护律师不具备把案件所有事实全部展现给法庭的职责和能力。那是侦查、调查以及公诉机关的权能。加之，我们自己的当事人很有可能会回避不利于自己的信息。所以，作为辩护律师，即便对案件细节存在很多疑问，也要区分这些疑点是否有利于被告人，如果对疑点的挖掘将导致更不利于被告人的后果，我们不妨让那个问题继续存在下去。

4. 发问提纲应当有主有次，有取有舍

我们事先并不知晓公诉人以及其他辩护律师会对我们辩护的被告人提出什么问题，也无法确保我们发问的对象一定会给出符合我们预期的答案。所以在制作发问提纲时要尽量全面和细致，但绝不能机械，不能是一个缺乏灵活性的“死问题”。除此之外，并不是列入提纲的问题，我们就一定要使用，一定要发问。特别对于已经有人发问过的问题，我们绝对不要重复去提问。无论发问、质证还是辩论，如果我们总是重复他人已经说过的话，不仅会降低自身形象，更会直接导致自身观点得不到他人重视。另外，避免重复他人提问的意义还在于不让审判人员养成经常打断你的习惯。我们的发问提纲也不一定按时间顺序，或者事件发展顺序来罗列。先针对重点情节进行发问，然后再对具体细节进行补充发问，很多时候可能效果会更好。

二、发问提纲的具体制作

1. 始终围绕起诉书提出的指控

笔者在本章第二节《庭审发问要达到的目的》中曾经提及，发问的技巧主要是围绕公诉方《起诉书》中的“名词、动词、形容词、数词”来展开的。在随后将要撰写的针对具体个案的实践内容，笔者也会举例证明：《起诉书》往往会隐瞒或者刻意回避一些对被告人有利的情节。所以，辩护律师在制作发问提纲时，应当对有利于和不利于自己当事人的案件情节都有所兼顾。

笔者把《起诉书》已经涉及的案件情节，称作防御性问题，把《起诉书》未曾涉及，但有利于当事人的案件情节，称作进攻性问题。法庭审理过程中，我们可以先提出一系列防御性问题，以撼动《起诉书》的权威性；然后再使用进攻型问题来重新建构一个新的故事。这样一反一正，至少会给他人埋伏下《起诉书》存在很多疑点的这样一个想法。防御性问题和进攻型问题，也可以交叉使用。具体时机的选择，也是一个非常有趣，值得深入研究的话题。

2. 发问是对质证环节的铺垫

按照我国刑事诉讼制度，被告人是无权获取卷宗材料的。《刑事诉讼法》虽然规定辩护律师在会见时可以向犯罪嫌疑人、被告人核实案件材料，但这与被告人应该享有阅卷权，完全不是同一个法律概念。基于此，辩护律师有责任、有义务在庭前会见时就卷宗中的关键性证据与被告人进行沟通。在庭审时，要通过发问的方式，把被告人存有较大异议的案件情节提前做一个铺垫。通过发问环节，让被告人把案件“讲述”一遍，等到公诉人出示不利于被告人的证据时，被告人就不会因为太过突兀而不知如何应对。

比如，针对公诉方会在质证环节出示的某份证人证言，我们可以在发问环节事先提问："张某军你是否认识？案发时他在不在现场？他何时到场？何时离开？他有没有参与到案件中？他与被告人是否认识？他与案件是否有利害关系？如果张某军针对本案出具了一份证言你认为是否可信？侦查人员是否向你讯问过与张某军有关的问题？"

3. 与被告人供述相矛盾的地方应当谨慎对待

不可否认的是，无论基于何种原因和目的，我们的当事人未必会向我们做真实的陈述。当被告人的当庭陈述和我们所掌握的信息及证据相矛盾时，我们必须准确判断进一步的发问是否有利于被告人。通过发问方式让自己的当事人说出不利于自己话的律师，通常被律师界戏称为"第二公诉人"。

举个例子：在一起涉黑案件中，《起诉书》指控各被告人分别乘坐几辆汽车前往外地，去抢回他们被另一伙势力夺走的财物。途中，他们专门成立了一个微信群以沟通信息。从专业的角度分析：微信群的建立，不仅可以证明这些被告人有共同的预谋，积极追求某个犯罪目标，而且还表明他们之间具备一定的组织和协调关系。小小的微信群，也会成为他们构成黑社会性质组织犯罪的一个有力证据。作为第一被告人的辩护人，笔者向所有被告人逐一发问，所有人都说不清何时建群？谁建的群？群名称到底是什么？他们在微信群里都沟通过哪些信息？以及何时解散的微信群？通过对这些细节的发问，是否存在过微信群的指控已经无法证实，以至于公诉人也不再针对这个问题继续纠缠。

4. 拆分案情至每一个时间点和每一个细微动作

庭审发问应当尽量细致，要把每一个细节再拆分成更小的环节来提问。针对重点环节的提问，不仅要细化，还可以转换多个角度来询问同一事实。就像电影中的慢镜头一样，通过细节展示突出问题的重点。我们站在办案人员的角度来分析：无论公安的侦查人员，还是监察委员会的调查人员，他们提审时主要是通过反复追问、突然反问等方法，来核实和固定案件事实的。经过办案人员对问题的不断汇总和归纳，被告人在回答问题时逐渐被培养出一种"只突出不利于自己的信息的习惯"，这显然不利于我们律师挖掘细节。

辩护律师要想办法逐步纠正被告人这一习惯，最好不要直接问："打架的过程是怎样的？"而是要把问题拆分为："冲突发生时大约是几点？当时你在干什么？对方在干什么？是否还有其他人在场？此前你是否认识对方？对方具体说了什么？谁先动的手？打了你几下？对方手里有没有拿什么东西？受伤的都有谁？是否严重？打架持续了多长时间？怎么结束的？谁报的警？警察何时处警？如何处理的？"

5. 发问提纲尽量简洁和灵活

笔者制作的发问提纲通常是针对一起案件设置多组问题，每一个具体问题并不是一个完整的句子，而是由几个词组成。这样有助于庭审时快速浏览和分辨、提取。如果把问题完整地写下来，然后在开庭时一板一眼地去"读"，这样做一是不利于语言的顺畅表达；二是会弱化对被告人节奏的把控力；三是如果书写的句子过长，不利于在转瞬间判断取舍和修正。

再者，针对同样一件事情，采用书面语言和口头语言去表达的时候，使用的词汇也是不一样的。从对庭审节奏的把控角度来说，为了强调问题的重点，有时需要我们有意停顿或者提高音量。使用简单的词组，而不是完整句子做提纲，就不必低下头去长时间朗读提纲，而只需快速扫一眼，就能自由发挥。

第六节　针对被告人之外的其他出庭人员进行发问

一、针对其他同案被告人发问

1. 消除发问对象的戒备心理

要先向他介绍自己是第一被告人的辩护律师，有必要的话直接明确告知他："我有三个或者五个问题要对你发问。"直接告知问题数量，会降低他的紧张感，并且让他对所要经历的"煎熬"有一个大概的心理预期。笔者一般会这样说："某某某，我有三方面（或者三组）问题要对你发问，请你听清楚我的问题后再回答……"强调"三方面"或"三组"的原因，是有些法官也单纯地以为三个问题就只是三句话。但我们辩护律师必须把每个问题拆分成几个细节，来逐层地进行深入探寻，这才有利于对事实真相的挖掘。

2. 不要贸然给对方造成压力

尽量不要试图通过发问的方式来证明被发问人要承担共同犯罪中的主要责任，那样不仅会激化被告人相互之间的矛盾，也会导致辩护人相互之间产生敌对情绪。如果确实需要证明被发问人比自己的当事人要承担更多责任，也要耐心等到质证阶段，通过针对具体证据进行质证的方式来解决。避重就轻是人的本能，在没有十足的把握下，贸然尝试鲜有好的效果。

3. 通过发问弥补其律师不足之处

要尽量去弥补被发问人本人的代理律师因经验不足所造成的疏漏。在当前的法治环境下，很多律师不能做到专司一项法律领域，所谓的“万能律师”往往可能不够“专”“精”。律师就像医生，分科就诊才是专业的表现。有些万金油律师缺乏对刑事辩护技能和技巧的专项研究。在法庭上要么充当“第二公诉人”，对自己的被告人不停地进行批评教育，甚至追问被告人原本不愿意回答的问题；要么发问不当，让被告人作出不利于自己的陈述。遇到此类情况，我们就要借助发问的机会（有时候甚至要主动争取第二轮发问），帮助这些律师弥补过失。

比如，有被告人的律师问：“你说你在公司工作了两年，那陈某某和张某你是否认识？”被告人答：“不认识。”然后这名律师就不再追问。这位律师提出的问题过于“宽泛”，致使被告人所给出的回答只能是一个开放式答案：“不认识。”至于为什么“不认识”，这位律师却没有通过发问的方式给被告人解释的机会。是这名被告人所说在公司工作两年的供述不真实？还是存在其他合理原因？一个人在公司工作两年都不认识其他员工，确实不是正常状态。这位律师的发问缺少了一个前置条件，那就是被告人在公司工作的这两年中，是否必然和陈某某、张某相识和相遇。他的问题会给法庭造成被告人有可能撒谎的错误印象。该案中，轮到笔者发言时进行了补救：“你们公司主营是对外销售，所有的业务人员是否都会到公司报到和上班？”他回答：“不会，很多人都只是领工资，而不用到单位报到。”笔者再问：“根据卷宗，你公司当时有 12 名员工，这些人你都认识吗？”他回答：“不认识，除了刚才说的陈某某和张某之外，半数以上的员工我都没见过面，只是听说公司有这么多人。”笔者以提问的方式，给了这名被告人解释为什么在公司工作两年，但是并不认识陈某某和张某的机会。

二、针对被害人发问

在所有诉讼参与人中，被害人对辩护律师的敌视情绪最为严重。有三点注意事项建议着重考虑：

1. 尽可能不把矛盾转移到律师身上

尽量不要把矛盾转移到辩护律师自己身上，让被害人错误地认为辩护律师导致被告人被判无罪或者减轻处罚。实践中，被害人一方在庭后对辩护律师人身攻击的情况并不鲜见。所以对被害人的发问语气一定要友善。笔者会说："你好，某某某，我是被告人的辩护律师，按照法律规定的审判程序，现在由我向你进行提问。"这里，笔者向他强调了一个法庭程序问题，暗示他无论哪位律师辩护，也都要对他进行提问。

2. 发问要建立在已知答案基础上

尽可能在被害人询问笔录的基础上提出质疑。比如："你在某年某月某日在公安机关所做笔录中说……而在另一份笔录上你却说……到底哪一份为准？为什么会出现两份内容相冲突的陈述？"或者"证人某某在一份笔录中所陈述的案发经过，和你的回答存在严重矛盾，而且他所说的话有其他证据可以相互印证？你还坚持刚才的回答吗？"

3. 针对虚假证词要穷追猛打

在刑事辩护中，我们必须时刻保持对事实真相的尊重和对法律的敬畏。如果确信被害人所作证言是虚假的，作为辩护人必须坚定地站在法律的一边，勇敢地捍卫被告人的合法权益。在这个过程中，不能瞻前顾后，担心个人安危，而应该坚定信念，勇往直前。

首先，我们需要对被害人的证言进行深入的调查和分析。通过对比证据、查找矛盾点、分析逻辑关系等方式，准确地判断证言的真实性。在这个过程中，还需要充分利用专业知识和经验，对证言中的疑点进行深入剖析，以便更好地揭示真相。

其次，在确信被害人证言虚假的情况下，我们应该坚决地穷追猛打。这不仅是对被害人证言的质疑，更是对整个案件的深入剖析。通过质证、辩论等方式，让法官和陪审团更加清楚地了解案件的真实情况，避免冤假错案的发生。

最后，需要明确辩护人的职责。辩护人是为了维护被告人的合法权益而存在的，我们不能因为个人安危而放弃职责。如果因为担心个人安危而放弃对真相的追求，那么不仅违背自己的职业操守，更对不起那些需要我们帮助的被告人。

总之，在刑事辩护中，我们必须坚定信念，勇往直前。即使面临困难和危险，也不能放弃对真相的追求。只有这样，才能真正地捍卫被告人的合法权益，维护法律的公正和尊严。

（参见笔者后文中的《案例：通过诘问被害人的方式揭示案件真相》。）

三、针对证人发问

在司法体系中，证人证言是非常重要的证据来源之一。通常情况下，证人是指那些与案件无关的第三方人士，他们目击了案发经过，因此他们的陈述一般被认为是比较接近事实真相的。然而，也有一些例外情况，证人的证言并不一定完全可信，因此需要对证人进行发问和质证。

在对证人进行发问时，通常会围绕证人的诚实度和感知能力展开。如果证人的证言存在矛盾或者与事实不符，那么其就有可能被视为无效。在这种情况下，律师会采取一系列的策略和技巧来诘问证人，以揭示其不诚实或者感知错误的一面。

历史上有一个非常著名的案例，就是林肯做律师时所处理的“月光案”。在这个案例中，林肯成功地通过诘问证人，揭示了证人的不诚实和感知错误，最终使被告人被判无罪，这个案例也被视为律师诘问证人的经典案例之一。

除此之外，还有许多其他的例子可以证明诘问证人的重要性。例如，在刑事案件中，如果证人的证言与犯罪嫌疑人的供述存在矛盾，那么就需要通过诘问证人来揭示真相。在民事案件中，如果双方提供的证据存在冲突，那么也需要通过诘问证人来确定事实真相。

四、针对鉴定人发问

在法律程序中，鉴定人的角色至关重要。他们利用专业知识和经验，对特定的证据或事实进行科学分析，并为法庭提供独立的意见。因此，对鉴定人的发问应围绕几个核心环节展开，以确保其结论的准确性和可靠性。针对鉴定人的发问主要包括三个方面，分别是鉴定人资质、鉴定程序及因果关系的审查。

首先，必须审查鉴定人及其所在单位是否具备相应的鉴定资质。鉴定人应具备专业的教育背景和经验，并且其资格应得到相关行业协会或权威机构的认可。此外，鉴定人的单位也应具备一定的设施和技术条件，以确保鉴定的科学性和准确性。

其次，鉴定过程是否严格依照法定程序也是审查的重点。鉴定过程中，应确保所有必要的步骤都得到执行，例如现场勘查、模拟实验等，任何遗漏或违反法定程序的行为都可能影响鉴定的有效性，因此必须仔细审查。

最后，应审查检材和鉴定结论之间是否存在必然的因果关系，以及结论是否具有唯一性。鉴定人应基于充分的证据和科学原理得出结论，而非主观臆断或偏见。此外，鉴定结论应清晰明确，并能够为非专业人士所理解。

总之，对鉴定人的发问应围绕其资质、鉴定程序和因果关系展开，以确保鉴定的准确性和可靠性，这是维护司法公正和社会秩序的重要一环。

五、对出庭作证的侦查人员发问

侦查人员到庭接受质询的问题在我国司法实践中并不普遍，尽管最高人民法院曾在2019年就十三届全国人大二次会议第2759号建议《关于提高刑事案件侦查人员出庭率的建议》作出过专门答复，然而，审判实践中具体落实这一制度却面临着较大的阻力。其中一个重要原因是，新的《刑事诉讼法》和相关司法解释均未将审讯录音录像作为必须提交的证据，这使得排除非法证据的可能性变得更加困难。

要改变这一现状，需要辩护律师们共同努力推动相关制度的完善。我们可以通过深入研究相关法律法规，发掘现有制度的不足之处，并积极向有关部门提出建设性的意见和建议。同时，也可以通过具体的案例，展示侦查人员到庭接受质询的重要性和必要性，以促使更多的人关注这一问题。

案例：通过诘问被害人的方式揭示案件真相

1. 基本案情

王某系煤炭个体经销户。2013 年 2 月 5 日晚，客户令某某邀请王某到当地一家酒店吃饭，协商拖欠煤款的偿还事宜。其间，王某到酒店后院上厕所，突遭三名壮汉用黑头套套头，并用铁锨等凶器暴力殴打。因案发前的几天，王某在煤厂也曾遭遇过不明身份的人，用黑头套套头的方式意图将其绑架（未遂），故王某随身携带了一把折叠刀。此次突然又遭遇黑头套套头被暴力殴打的情况下，王某掏出折叠刀一阵乱划，造成对方三人中韩某某死亡、刘某某重伤、张某某轻伤的严重后果。王某的头部也被三人用铁锨砍得血肉模糊，经鉴定构成重伤。

案发后，王某及其家人主张：其一，对方三人是有预谋埋伏在厕所周边故意行凶，王某的行为应当认定为正当防卫；其二，多日前的绑架未遂案与此次厕所行凶案是同一伙人所为，要求将两起案件合并侦查。但警方置王某曾经的报警记录于不顾，也不采信王某关于正当防卫的辩解，最终以双方系互殴，以故意伤害罪，把王某及刘某某、张某某同案移送检察机关提起诉讼。

2. 庭审发问过程

下面是笔者在法庭审理过程中，采用分别发问刘某某和张某某（与王某互为对方伤害案的被害人和被告人）的方式，揭示王某的行为系正当防卫的过程：

问：你们去那家酒店有什么目的？

答：过年了，我们三个人约着一起吃个饭。

问：你们三个怎么碰的面？

答：我开车先去接的韩某某（死者），又接了张某某。

问：几点接的韩某某？

答：下午四点多。

问：几点接到了张某某。

答：接到韩某某之后十几分钟。

问：接到他们俩以后去过别的地方吗？

答：没有，直接去的酒店。

问：既然到了酒店，为什么没有进去吃饭。

答：我们去的时候酒店里人满了，我们就把车停在酒店外面的路边上，想等人少了再进去吃饭。

问：你接完韩某某和张某某后，到达酒店的时间最多也就下午 5 点。而案发时间是在当晚 6：30 分左右。大冷天你们为了吃顿饭，在面包车里等了一个多小时吗？不能到别的酒店去吃饭吗？

答：（沉默不语）

问：你们和王某之间是如何引发的冲突？

答：韩某某（死者）下车去酒店后面的厕所，过了一会我们看到他在厕所门口被王某殴打，我们就跑过去救他。

问：韩某某和王某一开始发生冲突的时候，你和张某某在哪里？

答：我和张某某在车里，我们俩抽烟聊天。

问：你们停车的位置能够看到厕所吗？

答：能。

（出示案发后笔者在现场拍摄的酒店和周边街道的照片。此案公安机关制作的现场勘验图严重失实，厕所与周边建筑物大小比例误差严重。）

问：这是辩护人在案发后去现场拍摄的照片，通过照片可以看出你们停车的位置距离厕所非常远。而且根据你们的口供和警方制作的现场图，案发时你们车头朝东，而酒店的厕所在你们左后方。坐在汽车里面根本看不到后面厕所发生的事情，你们是怎么看到韩某某和王某二人打架的？

答：（沉默不语）

问：况且，你们停车的位置与厕所之间堆积了大量砖瓦，直接遮挡住了你们的视线，对不对？

答：（沉默不语）

（出示笔者在现场拍摄的厕所及周边的照片。）

问：按照警方现场勘验笔录以及你和张某某的供述，发生打斗的现场主要是厕所里面和厕所门口。男厕所的门在厕所的西北侧，门朝北。你们的车停在厕所的东南边，你们停车的地方被厕所本身遮挡，根本看不到厕所门口，更看不到厕所里面。你和张某某是怎么看到王某在厕所里殴打韩某某的？

答：（沉默不语）

问：你们三个人去吃饭为什么随身带着一个黑头套？

答：我们没带黑头套。

问：那么现场遗留下来的，沾满王某头上鲜血的黑头套是谁带去的？难道是王某自己带过去，套在自己头上的？

答：不知道。

问：你和张某某跑到厕所后，又发生了什么？

答：王某疯了一样拿刀捅我们。

问：你们拿东西了吗？

答：没有。

问：那么王某头上的砍伤是怎么造成的？

答：不知道。

问：原来就放在厕所里的那把铁锨上怎么会有王某的血迹？

答：不知道。

（刘某某必然否认自己预谋行凶，早在笔者预料之内。笔者上述所提问题的目的，一是提示法庭本案存在重大疑点，二是把刘某某逼入无法自圆其说的境地。）

问：你刚才说到酒店的时候里面坐满了人，对吗？

答：是的。

问：那么当韩某某被王某捅伤，倒地不起以后，你们为什么不跑进酒店求救，反而是抛下韩某某，两个人自己开车逃离了现场。

答：我们害怕被王某继续拿刀捅。

问：当时你和张某某都被王某用刀捅伤，离案发地很近就有正规医院，你们不去就医？反而开车跑到很远的小诊所去治疗？

答：当时慌了。

问：你在自己的笔录中供述说：你们看到韩某某被捅伤后倒地不起，你俩还拖着他走了几步，拖不动，你们就跑了。这说明韩某某当时伤得很重，你们离开现场后不担心韩某某的生命安全吗？为什么没有第一时间报警？

答：慌了，顾不上。

问：你的工作单位是某某派出所对吗？你担任什么职务？

答：是的，我在派出所当辅警。

问：当晚到现场出警的就是这家派出所，对吗？

答：是的。

问：你在小诊所治疗完毕以后，又回到现场了，对吗？

答：对。

问：但你不是以受害人身份回到现场，也没有向现场的警察报警，而是装作与自己无关的样子，参与了警方的现场办案，对吗？

答：是的。

问：当时韩某某的尸体就躺在地上。你作为他的朋友，为什么不在第一时间把案发经过告知警方？

答：（沉默不语）

问：案发后，你一直没有告诉警方你参与了这起事件，是后来警方找你调查时你才承认，对不对？

答：（沉默不语）

问：你刚才说你和韩某某、张某某都是受害人，是王某主动殴打你们的，那为什么不敢把案发经过告知警方呢？

答：当时太害怕了，韩某某死了。我怕韩某某的家人怪我，所以我没说也有我的事。

问：你回到现场以后，一直以辅警的身份帮助警方封锁现场，并参与了对案件的调查，对不对？

答：对。

问：那你为什么把韩某某身上的手机偷走了？

答：（沉默不语）

问：手机给谁了？

答：完事以后我给他老婆送过去了。

问：你刚才不是说害怕韩某某的家属怪罪你吗？怎么又在当晚急着跑到人家家里去了？

答：（沉默不语）

问：当时正逢春节，天气正冷。你们三个人在一辆漏风透气的破面包车上，冻了一个多小时，就为了等吃饭。这期间也没人进酒店去看看是不是有了空座？然后，你和张某某在一个根本看不到厕所的位置，发现韩某某在厕所里被王某殴打？你和张某某赶过去后，不是把打架的双方拉开，而是用铁锹拼命砍击王某头部？你的朋友被人捅了，你和张某某，不去酒店求救，不向警方报警，不去正规医院就医，不告知警方案发经过，甚至还偷走死者手机……你们这一系列行为合理吗？这是一个被害人该有的反应？该有的作为吗？请你向法庭解释清楚！

发问完刘某某，笔者又换了另外的角度和技巧对张某某进行了发问。同样，也把张某某逼入了无法自圆其说的境地。

3. 辩护效果

这一系列的发问引起合议庭的高度重视，合议庭不仅当即宣布休庭，而且在庭后要求公诉方补充了有利于王某的相关证据。最后查实是拖欠王某煤款的令某某指示韩某某三人，先到王某煤厂用黑头套套头，意图绑架王某未遂；此后又以请王某吃饭的名义，把王某骗到酒店，同时安排韩某某三人趁王某上厕所的机会对其绑架、殴打。另外，经鉴定，凶案现场的黑头套和王某被绑架时的黑头套上，都检测出了韩某某的DNA，这可以证明绑架未遂案是韩某某三人实施的，并且两个黑头套都是韩某某他们带去的。

最终，法院认定王某的行为属于正当防卫，但基于一死两伤的后果比较严重，以防卫过当为由判处其3年有期徒刑（已实际羁押3年）。

第七节　如何围绕案件核心进行发问

摘录笔者代理的某涉黑案件庭审笔录，来与大家探讨围绕案件核心进行发问的技巧。

我们先看《起诉书》的具体指控："2014年5月7日晚，因被告人李某亮工地需要土方，被告人孙某某带人到××市城东××以东盗窃管理处管理的土方，被看管土场的被害人生某某、马某某发现，孙某某为抗拒抓捕，使用随身携带的刀具将生某某、马某某捅伤。经法医鉴定，生某某损伤程度为轻伤二级。”

笔者在前文《庭审发问要达到的目的》中曾经提示：辩护人要通过发问的方式，让被告人讲述一个与《起诉书》完全不同的新故事。案件重点情节的脉络，我们可以通过《起诉书》中的名词、动词、形容词，还有数词来归纳。

针对抢劫罪的这起指控，《起诉书》称“因被告人李某亮工地需要土方，被告人孙某某带人……”这是一个假设性的陈述，至少有两个环节公诉方需要举证证明：①李某亮是否真的需要土方；②后面发生的所谓抢劫行为，是否受李某亮指使。因为从《起诉书》中的指控看，第一被告人李某亮并没有实际参与抢夺土方的具体行为。辩护人的发问应该针对上述问题展开。

公诉人：被告人李某亮，你是否认识被害人生某某、马某某？

被告人：认识。

（要点阐释：他们都是一个村的，乡里乡亲互相认识很正常。）

公诉人：孙某某带人偷挖某管理处的土方的事情你知道吗？

被告人：我不知道。

（要点阐释：公诉方如果指控李某亮知情，就需要在接下来的举证过程中来证明。）

公诉人：你是否知道孙某某将被害人生某某、马某某捅伤？

被告人：当时不知道。

（要点阐释：李某某既然不在现场不知情合乎常理。）

公诉人：刚才你说是事后知道的，知道的时间是？

被告人：我从徐州回来的时候，然后找人去医院看他。

公诉人：你知道后是否为孙某某处理过此事？

被告人：没有，孙某某自己投案自首了。

公诉人：你帮他从中间处理事情了吗？

被告人：没有。

公诉人：孙某某赔偿生某某和马某某的费用是不是你处理的？

被告人：我在他工资里扣的。

公诉人：是你出的吗？

被告人：他找我借的，从工资里扣了。

公诉人：审判长，发问完毕。

公诉方指控李某亮要对抢劫罪负黑社会性质组织犯罪的组织、领导责任，就需要举证证明案件起因确实是李某亮需要土方，并且孙某某盗窃土方是为了李某亮的利益。值得特别重视的是，本起抢劫罪是否成立将会作为黑社会性质组织是否成立的证据，依照与黑社会性质组织犯罪相关的政策解读：即使作为组织、领导者的第一被告人事先不知情，但事后没有明确制止的，也要对该起违法犯罪承担责任。这一规定来自 2015 年《全国部分法院审理黑社会性质组织犯罪案件工作座谈会纪要》“属于 2009 年《座谈会纪要》规定的五种情形之一的，一般应当认定为黑社会性质组织实施的违法犯罪活动，但确与维护和扩大组织势力、实力、影响、经济基础无任何关联，亦不是按照组织惯例、纪律、活动规约而实施，则应作为组织成员个人的违法犯罪活动处理。组织者、领导者明知组织成员曾多次实施起因、性质类似的违法犯罪活动，但并未明确予以禁止的，如果该类行为对扩大组织影响起到一定作用，可以视为是按照组织惯例实施的违法犯罪活动”。（笔者认为，上述座谈会纪要并非正式法律文件，针对《刑法》的扩大解读不具有法律效力，此处不展开探讨。）

所以，针对该起指控，我们辩护的重点，不仅要证明第一被告人事先不知情，还要证明案发后，第一被告人对该起事件也不知晓。

回到案件中，下面是笔者的发问：

问：你有没有去过采土的现场？

被告人：没有。

问：事后有没有去过？

被告人：没有。

问：公安人员带你去过现场吗？

被告人：没有。

（要点阐释：被告人事先、事后都没有去过偷盗土方的现场，最重要的是公安人员也没有带其指认过现场。等到了辩论阶段，我们可以主张被告人完全不知情；侦查机关最初也不认为李某亮应该对此案承担责任，否则依法应该带其到现场进行指认。)

问：现场采土的状况你知情吗？

被告人：我不知情。

问：你知道这次采土获利多少吗？

被告人：我不知道。

问：侦查人员是否告知你获利的情况？

被告人：没有。

(要点阐释：为了反驳《起诉书》所指控“因被告人李某亮工地需要土方”。)

问：当年案发后警方知不知情？

被告人：警方处理了。

问：处理结果是什么？

被告人：我不清楚。

问：孙某某有没有向对方进行赔偿？

被告人：后来听说赔偿了。

问：你知不知道赔偿了多少钱？

被告人：我不清楚。

问：刚才公诉人问你的时候，你说孙某某借你的钱进行赔偿，是怎么回事？

被告人：他没跟我说是要赔偿，就说缺钱用。我就借给他然后从他工资里扣了，不知道是为了赔偿对方。

(要点阐释：再次强调李某亮在案发后并不知情。)

问：这件事情发生后孙某某有没有继续到这里采土？

被告人：没有。

问：案发时你在徐州已经待了多长时间？

被告人：两天。

问：案发后第几天回到东营的？

被告人：第三天。

问：回来后孙某某有没有跟你谈这件事？

被告人：没有。

问：他去自首的事情，你什么时候知道的。

被告人：事后知道的，他老婆打电话给他请假，但没说他去了公安局。

问：当年警方有没有找你进行调查？

被告人：根本和我没关系，警察也从来没找过我。事情过去七八年了，又成了我指使的了，我不服。

问：案子怎么处理的？

被告人：不清楚，应该是赔钱了事。

问：他为什么到那里采土你知道吗？

被告人：我不知道。

问：采来的土干什么用了？

被告人：我不知道，根本和我没关系。

问：案发过程中你有没有到过现场？

被告人：没有。

问：事后有没有去过现场？

被告人：没有。

问：案发前后你知不知道现场的具体位置？

被告人：不知道。

问：现在也不能确定吗？

被告人：不能。

问：你因为涉黑案件被抓后，办案人员有没有带你指认过这个案件的现场？

被告人：没有。

问：到现在你也不清楚采土的现场在什么地方吗？

被告人：对。

问：审判长，发问完毕。

总结：在被告人孙某某的笔录中，并没有关于李某亮事先及事后知情的陈述，卷宗材料中也没有其他的证言或证据可以指控李某亮对此事知情。因此，笔者发问的重点围绕案发前后李某亮对此事完全不知情展开。

我们再以一起故意伤害案来探讨发问技巧。

《起诉书》称："2014 年 11 月 5 日，被告人李某某、孙某某在××市××区府前大街某宾馆与陈某某、被害人高某、张某发生争执，后李某某、孙某某与陈某某、高某、张某互殴，孙某某使用随身携带的匕首将高某、张某捅伤。事后，李某某赔偿高某、张某每人 40 万元。经法医鉴定，高某的损伤程度构成重伤二级，张某的腹部损伤程度构成重伤二级。"

一、《起诉书》存在的问题

依据《起诉书》的指控，辩护律师可以从以下几个角度展开辩护：①冲突发生的起因，陈某某一方是否存在过错，或者说李某某一方是否具有防卫情节；②案发具体过程，孙某某因何拿刀捅人；③《起诉书》并未将陈某某称为"被害人"的原因是什么；④李某某赔偿对方总计 80 万元的行为，与黑社会性质组织特征之一"称霸一方"是否相矛盾。

二、公诉人对第一被告人的发问

审判长：就起诉书指控组织内犯罪中故意伤害罪的犯罪事实，公诉人有无需要向被告人李某某讯问的？

公诉人：这一起犯罪事实指控的被告人是李某某、孙某某。在某宾馆你是否与陈某某发生口角？

被告人：是。

公诉人：发生口角后你们双方是否发生了斗殴？

被告人：没有，他们打孙某某了。

（要点阐释：公诉人并未追问孙某某被打的过程和严重程度。这就需要辩护律师在发问时重点追问。）

公诉人：你是否参与了互殴？

被告人：没有。

公诉人：孙某某是否捅伤了对方？

被告人：是。

公诉人：你怎么知道的？

被告人：后来知道的。

公诉人：什么时候知道的？

被告人：走了以后。

公诉人：孙某某在什么地方捅伤被害人的？

被告人：不知道。

公诉人：当时你在场吗？

被告人：我在场但是没看到。

（要点阐释：通过阅卷可知，案发现场其实并非《起诉书》所泛指的某宾馆，而是发生在该宾馆的电梯内。因此，在如此狭小的空间，又是多人同时参与，李某某在当时没有看到孙某某受伤存在一定的可能性。）

公诉人：孙某某的刀具是怎么来的？

被告人：不知道。

公诉人：你是否看到他的刀具？

被告人：没有。

公诉人：你对被害人的鉴定意见有无异议？

被告人：没有异议。

公诉人：给被害人的赔偿款是不是你赔的？

被告人：对。

公诉人：赔了多少钱？

被告人：40 万元，从孙某某的工资里扣。

公诉人：孙某某一年的工资是多少？

被告人：五六万元。

公诉人：现在还没扣完吗？

被告人：没有。

公诉人：审判长，发问完毕。

（要点阐释：《起诉书》没有提到双方是在电梯内发生争执并殴斗，公诉人在讯问时也有意回避了这一重要情节。根据笔者的从业经验，公诉方竭力要回避的情节，就应该是辩护方需要重点关注的情节。）

三、辩护人对第一被告人的发问

审判长：被告人李某某的辩护人，有无向被告人李某某发问的？

辩护人：案发时你为什么在某宾馆？

被告人：我在那里住。

辩护人：你们与陈某某相遇的位置是哪里？

被告人：电梯。

辩护人：谁进电梯谁出电梯？

被告人：我们出他们进。

辩护人：陈某某那边一共几个人？

被告人：四五个。

（要点阐释：揭示出对方人数远超被告人一方。）

辩护人：他们是什么状态？

被告人：喝酒了，我们一走就骂我们。

辩护人：谁喝醉酒了？

被告人：陈某某。

（要点阐释：解释对方醉酒并首先挑起争端的事实。）

辩护人：陈某某为什么骂你？

被告人：我不知道。

辩护人：争执是怎么发生的？

被告人：我们走，他骂我们，我们就回来了。

辩护人：是谁先动的手？

被告人：陈某某那边的一个小伙子。

（要点阐释：揭示首先挑起斗殴的是对方。）

辩护人：怎么动手的？

被告人：他打孙某某，电梯外面的人用花盆打我头。

（要点阐释：揭示出是对方首先动用了或可致命的武器“花盆”，也提示了李某某加入斗殴是因为先受到对方持械攻击。）

辩护人：花盆砸你哪里了？

被告人：耳朵这边。

辩护人：你受伤了吗？

被告人：当时受伤了。

（要点阐释：强调被殴部位可能危及生命。）

辩护人：受伤后你做了什么？

被告人：他打孙某某，我把那个人拉开了。

辩护人：当时孙某某有没有被打？

被告人：有，我们两个都被打了。

辩护人：被打成什么样？

被告人：不清楚，电梯外面有三个人，走了以后发现受伤了。

辩护人：是在电梯外动的手吗？

被告人：用花盆往里面打，把我打倒了。

辩护人：冲突是怎么结束的？

被告人：他们打完人就跑了。

辩护人：孙某某动刀的时候你是否看到？

被告人：没有。

辩护人：当时你什么状态？

被告人：我被打倒了。

（要点阐释：强调存在现实的危险性。）

辩护人：有没有人报警？

被告人：不知道。

辩护人：警方找过你们吗？

被告人：没有。

（要点阐释：案件发生在 2014 年，过了多年双方都未曾报警，警方也从未对此案展开调查。）

辩护人：你和陈某某认识吗？

被告人：不认识。

辩护人：后来知道他是什么人了吗？

被告人：后来知道他是杀人犯刚服刑完毕放出来。

（要点阐释：强调对方的人身危险性，结合李某某赔偿对方 80 万元的情节，在辩论阶段发表李某某不符合“为非作恶、称霸一方”等黑社会性质组织特征的组织成员的观点。）

辩护人： 当时是你下电梯他上电梯吗？

被告人： 对。

辩护人： 他喝酒了吗？

被告人： 对。

辩护人： 你是怎么看出来他喝酒了的？

被告人： 他身上有酒味。

（要点阐释：再次强化对方喝酒这一事实。）

辩护人： 他当时能站稳吗？

被告人： 能站稳。

辩护人： 他对你进行了什么动作？

被告人： 他靠在我身上，故意找事。

辩护人： 他在什么情况下靠在你身上？

被告人： 他故意碰我，嘴里还骂骂咧咧的。

辩护人： 他碰到你身体什么部位？

被告人： 他的肩膀碰到我胸前。

辩护人： 他碰了你几下？

被告人： 两三次。

辩护人： 那就不是偶然了。

被告人： 对，他故意碰我。

辩护人： 他在碰你后你的反应是什么？

被告人： 我们以为他喝醉酒了，要走的时候他们就骂我，后来要走了又骂。

辩护人： 骂你的内容是什么？

被告人： 就胡骂。

辩护人： 当时电梯里只有你一个人还是你和孙某某一起？

被告人： 我和孙某某在一起。

辩护人：你们一直在一起吗？

被告人：对。

辩护人：陈某某那里来了几个人？

被告人：当时他跟一个女的在一起，后来骂我们，我们要走又来了两个人，不让我们走了，来了三个人。

（要点阐释：深入揭示出案件更为详细的细节，并且表明对方又新增加了人员，而且阻拦李某某离开，才导致后面案情恶化。）

辩护人：后面那些人是什么时候来的？

被告人：过了一会儿就来了。

辩护人：然后发生了什么？

被告人：陈某某出电梯了，让他们收拾我们。

辩护人：陈某某说了什么？

被告人：让他们干掉我们。

辩护人：你说的“我们”是指你和孙某某吗？

被告人：对。

辩护人：后来的那几个人做了什么？

（要点阐释：以下的发问进一步追问细节，以强化李某某一方有现实的危险性，存在正当防卫理由。）

被告人：打孙某某，我去拉他，他从后面用花盆把我打倒。

辩护人：他们用什么打的孙某某，打了哪个部位？

被告人：用拳头打他脸。

辩护人：是几个人上去一块打还是一个人打他？

被告人：一个戴眼镜的动的手，后面的用花盆打我们。

辩护人：光打了孙某某吗？

被告人：我们两个都被打了，用花盆把我打倒了。

辩护人：用拳头吗？

被告人：花盆。

辩护人：花盆在哪个位置？

被告人：电梯有个隔断，上面摆了很多。

辩护人： 花盆是什么材质的？
被告人： 不知道，打起架来没看。
辩护人： 用了一个花盆打你，还是用好几个？
被告人： 三四个。
辩护人： 打在你什么部位？
被告人： 耳朵。
辩护人： 出血了吗？
被告人： 对。
辩护人： 你摔倒是在用拳头打你的过程中还是用花盆打你的过程中？
被告人： 我拉架的时候他把花盆砸我头上，把我打倒了。
辩护人： 你在地上待了多久？
被告人： 一直到他们打完走了。
辩护人： 都走了就你一个人了吗？
被告人： 就剩我自己了，我就起来走了。
辩护人： 孙某某呢？
被告人： 他出去了，走了我没看见他。
辩护人： 后来打架是怎么停的？
被告人： 我不清楚。
辩护人： 你是什么时候知道孙某某拿刀子捅伤人的？
被告人： 我走以后孙某某和我说的。
辩护人： 孙某某的原话是什么？
被告人： 他说他好像用刀子捅到人了。
辩护人： 孙某某说他拿刀子了？
被告人： 对。
辩护人： 孙某某捅人的时候跟你商量了吗？
被告人： 没有，我不知道。
辩护人： 审判长，发问完毕。

四、综合述评

通过以上笔录，就可以进一步阐述笔者在前述文章《庭审发问要达到的目的》中所说“通过发问的方式，让被告人讲述一个与《起诉书》完全不同的新故事”的重要性。庭审发问是后续对证据的质证，以及发表辩护观点的一个依据。只有由被告人亲口说出来的案发经过，才能是我们辩护律师借以否定公诉方指控的依据。如果被告人没有对某一指控进行过否认，那我们辩护律师又在何基础上进行立论呢？

第九章
庭审质证

第一节　价格认定不应定性为书证

价格认定材料应当定性为鉴定意见，而不是书证。

《刑事诉讼法》第 50 条规定："可以用于证明案件事实的材料，都是证据。证据包括：(一) 物证；(二) 书证；(三) 证人证言；(四) 被害人陈述；(五) 犯罪嫌疑人、被告人供述和辩解；(六) 鉴定意见；(七) 勘验、检查、辨认、侦查实验等笔录；(八) 视听资料、电子数据。证据必须经过查证属实，才能作为定案的根据。"也就是说，《刑事诉讼法》非常明确地把书证和鉴定意见作为不同种类的证据进行了规范。另外，《刑事诉讼法》第 146 条规定："为了查明案情，需要解决案件中某些专门性问题的时候，应当指派、聘请有专门知识的人进行鉴定。"

一、鉴定意见的特征

鉴定意见在司法实践中占据着举足轻重的地位，它对于查明案件事实、解决专门性问题具有不可替代的作用。鉴定意见之所以具有这样的重要性和独立价值，主要是因为它具有以下几个核心特征：

(1) 鉴定是为了查明某一项事实。这个待查明的事实，是案件发生以后的事实，比如财务会计报告、价格评估、伤害程度评定，均不是案件发生过程中形成的材料。鉴定意见是对案件发生后的事实进行客观、科学的判断，以提供给法官或陪审员参考，帮助他们准确判断案件的性质和事实真相。

（2）鉴定要解决的是专门性的问题。书证不是解决专门性问题的，比如涉案房屋、车辆、首饰的价值，都是需要解决的专门性问题。专门性问题是指那些需要专业技能和知识才能解决的问题，例如医学、工程学、会计学等领域的问题。鉴定意见是由具有相关专业知识和技能的专家作出的，他们能够利用自己的专业知识和经验，对专门性问题进行深入的分析和判断。

（3）鉴定意见需要指派或者聘请第三方人员。对涉案财产价值进行统计和评估，是一个制造证据的过程，因而必须由第三方无利害关系的人员来制作。第三方人员的独立性和公正性是鉴定意见的核心要素之一，他们不受当事人或其他利益相关方的干扰，能够独立、客观地给出鉴定意见。

（4）被指派或者聘请的人，必须有专门知识和相应的职业资质。鉴定人必须具备相关的专业知识和技能，能够对专门问题进行科学、准确的判断。同时，鉴定人还需要具备一定的职业道德和操守，能够保证鉴定意见的客观性和公正性。

价格认定符合鉴定意见的特征：它需要专门的人员通过专门的程序，利用专门的资质，得出一个专业性的答案。价格认定是司法鉴定中的一种，它涉及对涉案财产的价值进行评估和认定，需要由专业的鉴定人员按照规定的程序和标准进行，以保证认定结果的客观性和准确性。

如上所述，鉴定意见的核心特征包括：查明案件事实、解决专门性问题、需要第三方人员、鉴定人需具备专门知识等。这些特征使得鉴定意见在司法实践中具有不可替代的重要作用，是确保司法公正和准确的重要手段之一。同时，对于价格认定等具体领域来说，这些特征也是必须遵守的基本要求。因此，了解和掌握鉴定意见的特征对于司法实践和学术研究都具有重要意义。

二、书证的特征

我们再来分析《最高人民法院关于适用〈中华人民共和国刑事诉讼法〉的解释》第 82 条对书证的要求：“对物证、书证应当着重审查以下内容：（一）物证、书证是否为原物、原件……（二）物证、书证的收集程序、方式是否符合法律、有关规定……（三）物证、书证在收集、保管、鉴定过程中是否受损或者改变……”

书证作为诉讼中的重要证据形式，具有一系列独特的特点，这些特点使得其在证明案件事实时具有不可替代的价值。以下是对书证特征的详细阐述：

（1）书证必须是原件。原件是指直接来源于案件事实的原始文件，它具有原始性的特征。这意味着书证必须是直接从事件中产生的原始记录或文件，未经任何篡改或复制，例如合同、遗嘱、信件等都是书证的原件。相比之下，鉴定意见是经过特殊程序在案发后制作的，它不具有和案件相关的原始性。

（2）书证的形成过程与鉴定意见存在显著差异。书证通常是由办案人员按照法律规定去收集和整理的。这意味着办案人员需要遵循一定的法律程序和规定，以确保所收集的书证具有法律效力。相比之下，鉴定意见是由第三方具有专门知识的人，按照专门的要求去进行制作的。这种差异反映了书证和鉴定意见在制作过程中的不同角色和责任。

（3）书证具有原始性的特征，这要求办案人员在收集和保管书证的过程中必须谨慎。书证一旦受到污染或损毁，其证明力可能会受到影响。因此，办案人员在保管书证时必须采取适当的措施，以确保其完整性。然而，鉴定意见可以制作多份，它并不具备物证所具有的唯一性特征。这意味着如果需要，可以制作多个鉴定意见副本以供使用。

（4）关于书证的不可替代性。书证一旦被提交为证据，它就不能再被重新制作或更改，这是因为书证的原件已经用于证明案件事实，其内容已经固定。这与鉴定意见不同，如果对鉴定意见有异议，可以要求重新鉴定。这一特点强调了书证在诉讼中的不可更改性和权威性。

如上所述，书证作为诉讼中的重要证据形式，具有独有的特征。这些特征包括原件的原始性、形成过程的法定性、保管过程的谨慎性以及不可替代性。了解这些特征对于理解书证在诉讼中的地位和作用至关重要。同时，也提醒我们尊重和保护书证的原始性和权威性，确保其在法律程序中发挥应有的作用。

三、结论

审判实践中，公诉机关常常需要处理大量的证据材料，其中包括鉴定意见和书证。鉴定意见和书证虽然都是重要的证据形式，但它们在性质和作用上存在明显的差异。鉴定意见是对特定专门性问题进行鉴定后得出的结论性意见，而书证则是通过书面材料来证明案件事实的证据。

将价格认定归入书证范畴的做法，不仅混淆了两种不同的证据形式，还可能影响案件的公正审判。因为鉴定意见和书证在质证、认证等程序中存在差异，错误的归类可能导致证据的误用或忽略。此外，这种做法还可能损害鉴定意见的权威性和可信度，因为鉴定意见需要由具有专业知识和技能的鉴定人出具，而不是简单地归入书证范畴。

总之，鉴定意见和书证是两种不同的证据形式，它们在性质、作用和证明力等方面存在明显的差异。因此，公诉机关在处理证据时应该准确理解和区分两者，避免出现混淆使用的做法。只有这样，才能确保案件的公正审判和法律的正确实施。

第二节　受贿罪既遂与未遂并存时的处罚原则

一、受贿罪犯罪既遂与未遂并存时的处罚原则

《刑法》第23条规定，已经着手实行犯罪，由于犯罪分子意志以外的原因而未得逞的，是犯罪未遂。对于未遂犯，可以比照既遂犯从轻或者减轻处罚。

按照传统理论，犯罪未遂具有三个构成要件：其一，行为人已经着手实施犯罪，这一点将未遂犯与犯罪预备相区分；其二，犯罪未完成而停止下来，这一点将未遂犯与既遂犯相区分；其三，犯罪停止在未完成形态是犯罪分子意志以外原因所造成，这一点将未遂犯与犯罪中止相区分。

所谓已经着手实施犯罪，是指行为人已经开始实施《刑法》分则具体犯罪构成要件中的犯罪行为。

区分受贿罪的既遂与未遂，通常以行为人是否实际控制或者取得财物为认定标准，这种控制，既包括行为人自己控制，也包括行为人的同案犯或者行为人指定人员或者场所的控制。

犯罪未遂需要区分两种类型：一是犯罪行为实施终了的未遂与行为未实施终了的未遂；二是能犯未遂与不能犯未遂。其中，不能犯未遂又分为工具

不能犯未遂与对象不能犯未遂。

《刑法》第 385 条第 1 款规定，国家工作人员利用职务上的便利，索取他人财物的，或者非法收受他人财物，为他人谋取利益的，是受贿罪。

对于受贿罪，相关司法解释规定了三种量刑幅度，受贿数额达到 3 万元不满 20 万元的是《刑法》规定的“数额较大”情节，也就是说，受贿满 3 万元就构成犯罪（司法解释也规定了例外情形），适用 3 年以下有期徒刑或者拘役，并处罚金；如果超过 20 万元不满 300 万元，认定为“数额巨大”，依法判处 3 年以上 10 年以下有期徒刑，并处罚金或者没收财产；超过 300 万元的则认定为“数额特别巨大”。

那么，如果行为人的受贿行为同时存在既遂与未遂两种情况，且既遂与未遂各自应当适用的量刑幅度不相同，应该如何处理？如既遂部分为 15 万元，未遂部分 300 万元。

针对上述问题，目前尚没有明确的司法解释予以明确。

二、受贿罪既遂与未遂的四种情况及处罚原则

（1）对于只有既遂或只有未遂的情况，处理起来较为简单。法定刑的量刑幅度可以直接以既遂或未遂数额确定。如果只有既遂数额符合定罪条件，那么可以根据既遂数额来确定量刑幅度。同样，如果只有未遂数额符合定罪条件，那么量刑幅度可以直接以未遂数额来确定。

（2）当既遂与未遂并存，但只有一种情态的数额符合定罪条件时，确定法定刑的方法一般是将构成犯罪的既遂或未遂数额作为量刑幅度的基础。对于不构成犯罪的既遂或未遂部分，可以作为具体量刑时的参考情节。例如，如果只有既遂数额符合定罪条件，那么量刑幅度可以以既遂数额为基础确定。同时，未遂数额可以作为具体量刑时的参考情节，以体现对犯罪情节的综合考量。

（3）当既遂与未遂并存且均符合定罪条件时，处理起来较为复杂。如果既遂数额与未遂数额不在同一量刑幅度内，全案应按照二者中较重的法定量刑幅度确定。例如，如果既遂数额对应的法定刑幅度较重，那么全案应按照该幅度确定。反之，如果未遂数额对应的法定刑幅度较重，那么全案也应按照该幅度确定。如果既遂数额与未遂数额的量刑在同一幅度内，则应按照既

遂数额的量刑幅度确定。此时，未遂情节可以作为具体量刑时的参考情节。

（4）当既遂与未遂均为单独达到定罪标准，但二者的总额符合定罪条件时，一般会依照既遂与未遂累计的总额来适用刑罚。例如，如果既遂和未遂的累计总额达到定罪标准，那么可以将此作为一个整体来考量。在量刑时，需要综合考虑既遂和未遂的情节。另外，可以考虑未遂情节对量刑的影响，以体现对犯罪情节的综合考量。

综上所述，受贿罪的既遂与未遂问题是一个复杂而重要的议题。本部分通过对四种情况的深入探讨，旨在为司法实践提供有益的参考，在庭审质证时，应根据具体情况进行全面分析和综合考量，以确保法律的公正性和权威性。

附录：　相关依据

《最高人民法院、最高人民检察院关于办理贪污贿赂刑事案件适用法律若干问题的解释》（节选）

第一条第一款　贪污或者受贿数额在三万元以上不满二十万元的，应当认定为刑法第三百八十三条第一款规定的“数额较大”，依法判处三年以下有期徒刑或者拘役，并处罚金。

第二条第一款　贪污或者受贿数额在二十万元以上不满三百万元的，应当认定为刑法第三百八十三条第一款规定的“数额巨大”，依法判处三年以上十年以下有期徒刑，并处罚金或者没收财产。

第三条第一款　贪污或者受贿数额在三百万元以上的，应当认定为刑法第三百八十三条第一款规定的“数额特别巨大”，依法判处十年以上有期徒刑、无期徒刑或者死刑，并处罚金或者没收财产。

第三节　职务犯罪追诉时效的特殊运用

一、审判实践中存在的问题

追诉时效是刑事法律对犯罪人经过一定期间不再追究刑事责任，从而导致刑罚消灭的一种特殊制度，它意味着国家司法机关求刑权、量刑权和行刑权的丧失。律师在辩护工作中，对追诉时效尤其要特别关注。

笔者认为，在我国当下司法格局下，职务犯罪统一交由监察委员会负责调查处理。而监察委员会的设立和运行属于新生事物，比较突兀，与检察院的审查起诉权以及法院的审判权缺乏法治整体运行语境下的有效衔接。深究《监察法》和《刑事诉讼法》会发现监察委员会的调查程序不在刑事诉讼调整范围内。

律师在进行职务犯罪案件的辩护工作中，或可将《刑法》第 88 条有关追诉期限延长制度作为关注重点。

二、追诉期限制度的争议：对事还是对人

《刑法》第 87 条规定了五类追诉时效期限，分别为 5 年、10 年、15 年、20 年，以及特殊情况报请最高人民检察院核准。也就是说，当不同危害程度的犯罪行为经过了前述相应期间后，国家将不再追究其犯罪并处以刑罚。

《刑法》第 88 条规定了追诉期限的两种延长制度：其一，“在人民检察院、公安机关、国家安全机关立案侦查或者在人民法院受理案件以后，逃避侦查或者审判的，不受追诉期限的限制”。其二，“被害人在追诉期限内提出控告，人民法院、人民检察院、公安机关应当立案而不予立案的，不受追诉期限的限制”。

对于“逃避侦查或者审判”以及“应当立案而不予立案”的理解和适用，审判实践中争议不大。追诉期限的争议重点在于如何理解“立案侦查”这样一个时间起算点。

实践中，“立案”有两种情形：一是发现罪案发生，对事件进行立案；二是把某一个人作为涉嫌犯罪的对象进行立案侦查。追诉时效期限是适用于“事”，还是适用于“人”，审判实践中一直存在争议。

笔者认为，追诉时效制度的立案，是指把某人作为犯罪嫌疑人进行侦查立案。比如，《刑法》第 89 条第 2 款规定：“在追诉期限以内又犯罪的，前罪追诉的期限从犯后罪之日起计算。”这款规定显然也指的是对人的立案。另外，刑事法律之所以设立追诉期限制度，是认为行为人在犯罪之后，经过一

定期间不再有新的罪行，证明其经过自我改造已经具备了被社会重新接纳的条件，从而失去了继续处罚的意义。

作为辩护律师，应当把“对人不对事”作为与时效相关案件辩护工作的重点进行把控。

另外，在共同犯罪案件中，还存在犯罪嫌疑人间隔较长时间才被分别抓获这样一种特殊情况。如一起聚众斗殴事件，参与殴斗的人相互之间可能并不熟悉，甚至互不认识。罪案发生后，如果按照斗殴这一“事件立案”来计算追诉时效期限，则所有参与人的时效起算点都是相同的；而如果将“犯罪嫌疑人被立案”作为诉讼时效的起算点，则犯罪嫌疑人之间会出现很大差距。有的犯罪嫌疑人或许会因为缺乏在场同案犯或者证人的指控，在未逃避侦查的前提下超过追诉时效期限以后才被立案侦查。作为辩护律师，就应该提出追诉期限已超过，不应继续追究刑事责任的辩护意见。

三、职务犯罪案件中追诉时效存在的问题：立案调查不是立案侦查

笔者认为，监察委员会对职务犯罪的调查活动，不是《刑法》第 88 条所规定的“侦查”行为，也不是该条所罗列的刑事案件的司法机关。因此，监察委员会对职务犯罪的调查活动，不能适用《刑法》第 88 条有关诉讼时效延长的规定。如果被调查的职务犯罪，超出了《刑法》第 87 条所规定的 5 年、10 年等期限，则相应的犯罪行为不应再受到刑事追诉。理由如下：

（1）我国《刑法》第 88 条明确列举了追诉时效延长制度所适用的机关，即人民检察院、公安机关、国家安全机关、人民法院。依据前述列举，只有这四个机关展开的刑事司法职能，才能造成诉讼时效期限的延长。

（2）《刑法》第 88 条还明确规定：逃避侦查或者审判的，不受追诉期限的限制。而监察委员会的调查行为本身就不是刑事侦查措施，不仅如此，在监察委员会未将被调查案件移送人民检察院审查起诉之前，其调查活动丝毫不受《刑事诉讼法》的约束。既然现行《监察法》未将自己列入《刑事诉讼法》的约束范围，那么监察委员会也不能行使刑事诉讼的相应权力。

（3）《刑法》第 87 条规定：“犯罪经过下列期限不再追诉……”也就是说，对于犯罪的追诉时效期限制度适用于一切犯罪，并未将监察委员会调查

的案件排斥在外。因此，《刑法》第 87 条追诉时效期限适用于职务犯罪。但是《刑法》第 88 条追诉期限的延长却不适用于职务犯罪。

四、特别提示：在职务犯罪案件中不存在追诉期限延长问题

如前所述，无论现有的职务犯罪调查及审判制度是否完善，既然《刑法》《刑事诉讼法》均没有将监察委员会作为“刑事侦查”单位进行规范。那么与刑事侦查职能相关的规定也就无法或者说难以适用于监察委员会的调查行为。

考虑到《监察法》于 2018 年 3 月 20 日正式实施，而在此之后《刑法》和《刑事诉讼法》都经过了修正，可以合理推测，立法机关在制定《监察法》时已经充分认识到监察委员会及其调查活动的特殊性，并认为在职务犯罪案件中，追诉时效延长制度存在一定的“漏洞”或特殊情况。因此，律师在处理职务犯罪案件时，应重点关注司法衔接中的这一断层，并在质证过程中加以利用。

第四节 涉黑案件“纪律规约”的排除方法

一、公司、单位的正常管理制度，不能直接作为黑社会性质组织“纪律规约”的证据出示

在某些审判实践中，对于黑社会性质组织的认定往往过于粗疏，导致一些正常的、合理的成文或不成文规定被公诉方错误地作为黑社会性质组织的组织纪律、活动规约来指控。这些规定可能包括不允许员工吸毒、按时上班打卡等，这些规定的目的和意图是维护公司的正常运营和管理，而非支持黑社会性质组织的非法活动。

作为辩护人，我们需要从这些约束性要求的目的和意图出发进行辩护。首先，我们需要明确这些规定的性质和来源，证明这些规定是公司正常的、合理的规定，而非黑社会性质组织的非法纪律。其次，我们需要探究公诉方对这些规定的解读是否合理、公正，是否存在过度解读或误读的情况。

为了支持我们的辩护，我们可以引用相关的法律法规、公司规章制度以及实际证据。例如，我们可以提供公司的员工手册、劳动合同等文件，证明这些规定是公司正常的管理规定，而非黑社会性质组织的非法纪律。我们还可以通过调查取证，收集员工对于这些规定的反馈和评价，证明这些规定得到了员工的认可和遵守。

在质证过程中，我们还需要注意公诉方的论点和论据的合理性、公正性和合法性。如果公诉方的论点和论据存在缺陷或错误，我们需要及时指出并加以反驳。例如，如果公诉方错误地将公司的正常管理规定作为黑社会性质组织的非法纪律来出示，我们需要通过法律解释和案例分析来证明这种解读的不合理性。

二、公诉方承担相关司法解释进一步的举证义务

2015 年《全国部分法院审理黑社会性质组织犯罪案件工作座谈会纪要》指出："对于黑社会性质组织的组织纪律、活动规约，应当结合制定、形成相关纪律、规约的目的与意图来进行审查判断。凡是为了增强实施违法犯罪活动的组织性、隐蔽性而制定或者自发形成，并用以明确组织内部人员管理、职责分工、行为规范、利益分配、行动准则等事项的成文或不成文的规定、约定，均可认定为黑社会性质组织的组织纪律、活动规约。"

上述文件是一个非常开放、笼统的规定，对于涉黑案件的认定范围的扩大起到了推动作用。但我们依然可以紧扣文件字眼，发挥律师的辩护作用，指出这一规定的核心词就是"目的与意图"。

即使有组织纪律和活动规约，但如果其目的不是保障黑社会性质组织的存在和发展，那么这些纪律和规约就不能被认定为组织犯罪中的纪律规约。例如，公诉方指控被告人安排手下人打扫卫生的行为，其目的与意图不能简单地认定为是保障组织的存在和发展。同样，指控被告人要求员工不要吸毒的问题，任何企业都不会容忍自己的员工有吸毒恶习。

在涉黑案件中，"组织纪律、活动规约"作为重要特征，应当具备两个特征：其一，需要具备功能性；其二，需要具备目的性。功能性和目的性都是围绕着组织来实施的，如果脱离了和组织相关的功能性和目的性，那就不能

作为组织的规章制度来认定。

公诉方仅仅举证存在规章制度还不足以证实存在组织纪律和活动规约，还需要举证证实这些所谓的纪律规约与组织的存在目标具有高度关联性。只有证实这些纪律规约是为了增强组织的纪律性和隐蔽性，才能将这样的纪律规约和黑社会性质组织画上等号。

辩护人需要重点注意的是，纪律规约不仅包含了有关人员管理、职责分工、行为规范、利益分配、行动准则等细节，还和黑社会性质组织的架构和层级具有关联性。这些细节可以用来区分是否存在所谓的组织者、领导者、骨干分子、积极参加者、一般成员等从属关系。

辩护律师在辩护时应当打破公诉方的指控逻辑，跳出对方的语境，把案件细节综合运用起来作为自己的辩护素材。通过对细节的深入分析和解读，辩护律师可以有效地揭示案件的真相，保护被告人的合法权益，确保审判的公正性和合理性。

第五节　被告人的经济实力不代表黑社会性质组织的经济特征

一、质证过程中要严格甄别“经济实力”与“黑社会性质组织”的关系问题

针对黑社会性质组织犯罪的辩护，一定要把握好经济实力与《刑法》第294条所规定的“经济特征”之间的区别。

无论被告人还是所谓的犯罪团伙，仅仅具备一定的经济实力，并不构成法律规定的黑社会性质组织成立的经济特征。公诉方还需举证这种经济实力带有黑社会性质组织的目的性，如此才能认定具备黑社会性质组织犯罪成立的经济特征。

二、“经济特征”必须来源于“黑”，用之于“黑”

2009年发布的《最高人民法院、最高人民检察院、公安部办理黑社会性质组织犯罪案件座谈会纪要》明确指出所谓的经济特征是“以商养黑”“以

黑护商”。这就从两个角度把具备经济实力与黑社会性质组织经济特征进行了区分：如果没有以商养黑，没有用攫取的经济利益去实施犯罪，就不构成黑社会性质组织；没有用黑社会性质组织来攫取经济利益，也就不能证明黑社会性质组织是存在的。

公诉方的举证必须全面，能够把经济实力和组织行为结合起来算作黑社会性质组织的经济特征。

《刑法》第294条第5款第2项规定：“有组织地通过违法犯罪活动或者其他手段获取经济利益，具有一定的经济实力，以支持该组织的活动。”这是黑社会性质组织必须具备经济特征的法律来源。

但2009年《最高人民法院、最高人民检察院、公安部办理黑社会性质组织犯罪案件座谈会纪要》对此做了扩大解释：“无论其财产是通过非法手段聚敛，还是通过合法的方式获取，只要将其中部分或者全部用于违法犯罪活动或者维系组织的生存、发展即可。”

在庭审质证阶段，辩护律师一定要要求公诉人明确所举证据的证明目的是什么？应当反复要求公诉人说明：证据与指控犯罪之间的关联性是什么？同一组证据，既可以证明某一具体犯罪行为的存在，又可以作为指控黑社会性质组织四大特征的证据。

三、有关经济特征的质证要点

与组织犯罪相关的每一组证据都需要具备两种关联性：一是和个案相关联；二是和组织犯罪相关联。如果仅能证实个案存在，但无法与组织犯罪相牵连，那么这一起事实就不能作为组织犯罪进行认定。

审判实践中，公诉方证实个案存在，远比证实个案与组织之间的关系更容易。所以，一些公诉人在说明证明目的时往往会故意回避个案和组织犯罪的关联性。

即便有些案件已经有生效判决认定犯罪存在，但是这起犯罪是否和黑社会性质组织存在关联，仍需要公诉方进行举证。公诉方的举证不仅要证明犯罪事实存在，还需要有证据证明犯罪和组织之间具有关联性。

扫黑除恶专项斗争开展以来，一些公诉方会凭陈年往事证明黑社会性质组织存在时间较长。但这些事件多数属于独立事件，是一名或者几名被告人的独立犯罪，与组织犯罪未必相关。

2015 年《全国部分法院审理黑社会性质组织犯罪案件工作座谈会纪要》强调："'一定的经济实力'，是指黑社会性质组织在形成、发展过程中获取的，足以支持该组织运行、发展以及实施违法犯罪活动的经济利益。""是否将所获经济利益全部或部分用于违法犯罪活动或者维系犯罪组织的生存、发展，是认定经济特征的重要依据。"辩护人可以依此作为自己的反驳观点。

四、有利于辩护方的指导案例

最高人民法院在指导案例（牛某贤等人绑架、敲诈勒索、开设赌场、重婚案）中明确："是否将所获经济利益全部或部分用于违法犯罪活动或者维系组织的生存、发展，即所获经济利益是否客观上起到豢养组织成员，维护组织稳定，壮大组织势力的作用，是认定经济特征的重要依据。"

该指导案例进一步强调了被告人具有经济实力与黑社会性质组织经济特征之间的区别："牛某贤获取经济利益的主要途径是开设赌场……且所获赃款基本上用于其个人家庭支出，尚无证据证实牛某贤将所获取的上述不义之财用于保持组织稳定，实施其他违法犯罪、支持组织活动或者维系组织的生存与发展。"

最后强调一点：经济特征也与组织架构相关，简单地说，就是经济特征还牵扯谁领导谁、谁管理谁、谁养活谁的问题。公诉方有义务举证证明"组织的经济实力用于组织犯罪"。

"来源于组织犯罪，又用于组织犯罪"，这才是涉黑案件中，辩护方针对经济特征所要重点关注的问题。

第十章

刑辩律师的法庭辩论技能

第一节　辩护词应当提前写好吗

毫无疑问，律师最为主要的战场就是在法庭上的。对于大多数被告人及家属来说，他们对于辩护律师最为期待的，就是法庭上慷慨陈词的那一瞬。

那么，辩护律师到底要不要在开庭前就写好辩护词？要想理顺这个问题，我们先来谈一下刑事审判的庭审程序。

一、庭审程序的功能

以刑事一审为例，庭审程序一般是这样展开的：首先是核对被告人身份；其次由公诉人宣读《起诉书》。前面这两个程序：第一，确定了站在法庭上的被告人的身份；第二，向法庭和公众告知为什么检察机关要代表国家，对被告人提起诉讼。(其中还包括被告人权利告知，以及被告人、辩护人是否提出回避请求等程序细节。)

在前面这两个阶段最为重点的任务是：公诉人向法庭和社会大众讲述了"被告人的犯罪故事"。这个故事有起因、有过程、有后果。最重要的是公诉人将指出，被告人的行为应受刑事惩罚性。如果我们把刑事审判比作一场辩论赛的话，公诉机关就是在这个程序中提出了自己的"立论"。它将在下面的程序中，逐步证实自己观点的正确性，这个证明过程包括证据展示和观点阐述。

对证据的证明又包含两个部分：一是让被告人自己讲述（如果被告人不

承认犯罪，公诉人会借此主张其主观认罪态度恶劣）；二是出示相关证据。

整个法庭审判的重头戏，就是围绕“对犯罪是否构成犯罪的证据展示”以及“被告人是否构成犯罪的观点论辩”这两部分重点展开，前一部分称为“法庭调查”，后一部分称为“法庭辩论”。

普通民众以及传统的辩护理念，一直认为律师工作的重点应该放在法庭辩论上，而一篇好的辩护词，就是辩护律师水平和能力的综合体现，其实这种观念早就不符合刑事审判的实际需要，过于简单和粗疏了。

二、辩护律师要讲述一个不同于《起诉书》的故事

笔者在前文指出，代表国家对被告人提出刑事指控的公诉机关在法庭审判初始阶段就在做一个非常重要的工作：讲述被告人犯罪的故事。在此后的所有程序中，公诉人出庭的任务都是围绕着讲述和证明这个“故事”展开。公诉方向被告人讯问以及出示证据的目的，就是让法庭、旁听人员以及虚拟中的所有公众相信：被告人犯了罪，而且应当受到刑事处罚！

如果辩护律师只将法庭工作的重心放在辩论阶段，那就失去了90%的胜诉机会。因为有关被告人的故事已经被公诉方讲完，关于被告人构成犯罪的印象，已经深深烙印在法官和旁听人员心目中。

所以，笔者一直主张辩护律师出席法庭的首要目标是讲述一个与公诉方完全不同的故事（此处不包括认罪案件）。辩护律师应当先讲出一个新的故事，然后在辩论阶段阐述自己的故事是正确的，公诉方的故事是错误的，这才是一个称职的刑辩律师所肩负的使命。

三、辩护词所针对的重点是法庭审判“过程”

那么，律师应不应该在开庭前就写好辩护词？

笔者的观点是：拟定辩护提纲就可以了，完整的辩护词不仅没有必要，而且会成为律师庭审发挥的桎梏。

我们还是从公诉方谈起，公诉方的《起诉书》是一份非常严肃和正式的文本，是在案件没有递交法庭之前就已经撰写完毕的，向法院表达了公诉机关对案件的整体描述和观点。这份文书有公开性的特征，即《起诉书》不仅

要向被告人和辩护人送达，还将公之于众。

所以，审慎的公诉人在撰写《起诉书》的时候，就会考虑到被告人、辩护人会如何反驳这份文书。所以，这份文书通常都会撰写得非常简练，以陈述性和评判性语言为主，不带公诉人的任何主观评判和感情色彩。

而到了法庭辩论阶段，公诉方还会再发表一份《公诉意见书》，这份文书更多代表了公诉人对整个案件的“看法”。这份文书相对于《起诉书》，灵活得多，也丰富得多，不仅包含法律评价，也会带有一个道德和社会价值观念的阐述。但是这份文书，公诉人是在法庭审理过程中宣读的。

现在我们知道，辩护律师在法庭审判之前所拿到的《起诉书》，并非公诉人的全部观点，甚至也不是公诉人最为犀利的观点。《起诉书》只不过是一个严整的外壳，《公诉意见书》才是公诉方的撒手锏。

辩护律师如果在庭前撰写好完整的辩护词，就可能“无的放矢”。你的对手想说的具体意见你都还不知道，你就准备好了完备的反驳意见？“辩护词”的重点是什么？重点在一个“辩”字。其作为一种反驳文书，在不清楚对方“立论”的大量核心观点和内容的前提下，也不存在“辩”的对象。

在刑事审判法庭上，有时候会见到公诉人说一套、辩护人说另一套，双方牛头不对马嘴，完全接不上话。这就是辩护律师所发表的观点，没有建立在反驳公诉方意见的基础之上的结果。这种情况下，你认为法庭会采信谁的意见？

笔者前面所说的还只是法庭审理过程中的第一轮辩论，真正的法庭辩论不止一轮。在双方分歧较大、观点争执激烈的情况下，你来我往论辩好几轮的情况是非常普遍的。双方反复辩论的过程，就是争议焦点的逐步浓缩过程：由第一轮的普遍分歧；进展到第二轮对分歧的总结论辩；再到第三轮的几处重点分歧的争执；最后归结为某一、两个水火不容的核心争议。越到后来越能显现控辩双方的辩论水平和案件分歧的实质。

开庭前就已经写好的辩护词能预知此后第二轮、第三轮辩论时的争议吗？显然不能！不仅如此，法庭辩论阶段是由公诉方发表《公诉意见书》（不是《起诉书》）拉开序幕的；辩护人发表的第一轮辩护意见针对的就是《公诉意见书》。当公诉人发表第二轮辩论观点时，反过来是由他针对辩护人的第一轮观点而展开。这是公诉人对辩护人整体论点的一个全面反驳；辩护人再次回应时，一方面要坚持自己第一轮的“立论”，另一方面要驳斥公诉人第二轮新的观点。辩护人的第二轮发言要靠当庭的随机应变，没有任何事先准备的机会。

我们有时看到一些律师在第二轮辩论时完全丧失了反驳能力，表现得消极和被动，就是因为他缺少临场发挥的相应经验和训练。

通过前面的介绍，我们知道律师的辩护词所针对的并不只是《起诉书》，还包含对公诉人当庭发表的《公诉意见书》的反驳。所以，辩护词无法做到提前撰写完备；而且，法庭辩论不止一轮，律师在法庭上发表的所有观点，都应当“写入”最终的辩护词。

四、灵活展示辩护词

除了以上因素，律师不能提前完稿辩护词的其他原因还包括：

（1）律师在法庭上所要讲述的故事，未必完全如律师事前拟定的那样去发展。它可能受到诸多因素的干扰，比如被告人庭审发挥情况、公诉人庭审应变情况。因此，律师在辩护阶段的发言，还肩负着对前期发问、质证的总结和补救的任务。

（2）法庭发言不是领导讲话，不能低头念稿。律师在法庭上的所有发言，都是面向审判人员、被告人、旁听人员，甚至收看庭审直播的观众作出的。所以，律师不能照本宣科，而是要抬起头来根据发言观点的需要，目光分别直视这些受众。

（3）法庭发言当然要注重法言法语，但同时也更应该采用通俗易懂、口语化倾向的词汇。同样一个观点，我们用书面文字去表达和我们用口头语言去表述，特别是论辩的时候，所使用的文字、语序、语气，都有很大差别。你会发现那些华美精练的文字稿只适合阅读和朗读，而不适合作为谈话时的交流用语。法庭发言有时候需要慷慨激昂，有时候也需要倾心诉说，但归纳起来它是在“说”。刻板的纸面文字只会限制你的临场发挥。

所以，笔者主张律师在庭审前的辩护意见只需要拟定一个提纲即可，待庭审结束后，再综合法庭上的全部发言，重新整理成正式文稿后提交法庭。

第二节　辩护观点如何切入

一、提升立论高度

在发表辩护观点时，我们不应平铺直叙地从具体案情开始，而应该首先深入挖掘案件所涉及的对某种法律价值的侵害，将这种价值视为一个崇高的目标置于法庭之上。辩护的本质不仅仅是对具体事实的争议，更是对法律原则和伦理道德的坚守。

对法律价值的侵害，是指被告人的行为对整个社会秩序、公平正义、人权保障等方面造成的负面影响。在辩护过程中，我们需要通过对证据的细致分析和对法益的深入探讨，来揭示这种侵害的程度和性质。同时，我们还需要论证被告人的行为并未违反法律的基本原则，以证明其行为的合法性和合理性。

二、法的价值在其恒定性与平衡性

这种法律价值并非仅仅来自《刑法》《刑事诉讼法》条文的简单引用，而应源于更深层次的伦理道德观念。法律条文往往是滞后的，难以应对复杂多变的社会现实。因此，我们需要借助古代著名思想家管子“以法诛罪，则民就死而不怨”“法者，不可不恒也”的名言来强调法律对整个社会的评价标准应当具有恒定性和衡平性。

衡平性包括时间和空间两个角度。从空间角度来说，同一起事实应当追究同一种责任，无论是在哪个地域，只要在中国法律管辖下，同样的行为就应得到同等的评价，这也是审判实践中越来越重视指导案例作用的原因。衡平性的另一个角度就是时间性，一个国家的法律规范，应当在一定时间内保持平稳，不能朝令夕改。

法律的适用如果在时间和空间上出现不平衡，或者因各种人为因素而随意变通，就会造成国家秩序的混乱，导致审判不公、不正的后果。这不仅会让社会和公众对未来感到惶恐不安，还会严重损害法律的权威性和公信力。

三、综合案件情况指出审判问题

在前述立论的基础上，我们还需要进一步指出：本案恰恰充分体现了不公平、不衡平、不持平的特征。国家制定的法律，是一个社会的基石和骨架，只有在稳定的法律预期基础之上，人们才知道如何去行动，并且准确判断自己的行为可能会引发的后果。

如果国家法律的公信力被破坏，民众将无法预期自己的行为后果，进而导致整个社会陷入混乱和无序状态。因此，我们必须坚决捍卫法律的公平、公正和衡平性原则，确保被告人的合法权益得到充分保障。同时，我们也需要强调法律的适用应当具有一致性和稳定性，以维护整个社会的秩序和稳定。

第三节　刑辩律师能否发表猜测性观点

近期开庭又遇到审判长打断辩护律师发言，要求辩护人不要发表“假设性、推测性”的观点。笔者随即举手对审判长此举进行了驳斥，理由如下：

一、刑事审判的根基就是“假设和推测”

现代刑事诉讼讲求的是无罪推定原则，我国《刑事诉讼法》也将这一原则明确地写入了法条中。《刑事诉讼法》第 12 条规定：“未经人民法院依法判决，对任何人都不得确定有罪。”这一条文就是最典型的“推测性规定”。没有依法审判并作出生效结论之前，推定被告人是无罪的，所以，我们才会称被告人为“犯罪嫌疑人”。“嫌疑”即推测，这个词语的含义在我们的日常生活中非常常见，它涉及我们对未知事物的猜测和估计。在人类的知识探索中，推测也扮演着重要的角色，它帮助我们理解那些我们无法直接观察或测量的事物，引导我们探索未知的领域，推动科学的进步。

推测并非无根据的臆测，而是基于现有的信息和逻辑推理的一种思维方式。它需要我们根据已知的事实、经验和规律，对未知的事物进行合理的推断。推测的过程需要我们保持开放的心态，接纳新的信息和证据，不断修正和更新我们的观点。

在科学研究中，推测的应用尤为广泛。科学家们通过观察和实验获取数据，然后运用推测的方法，对未知的现象和规律进行推断。例如，在物理学中，科学家们通过观察和测量物体运动的数据，推测出万有引力和牛顿定律；在生物学中，科学家们通过对化石的研究，推测出物种进化的历史和机制。

除了科学研究，推测在日常生活中也无处不在。我们在处理复杂的问题时，常常需要运用推测的方法来预测未来的趋势和结果。例如，在商业决策中，企业家们需要根据市场数据推测未来的市场需求；在医学诊断中，医生们需要根据病人的症状推测可能的疾病。

然而，推测并非绝对可靠。由于我们无法掌握所有的信息和证据，推测的结果可能存在误差。因此，我们需要保持谨慎和运用批判性思维，不断验证和修正我们的推测。同时，我们也需要认识到推测的局限性，承认其不确定性，并在此基础上作出明智的决策。

总之，推测是一种重要的思维方式，它帮助我们理解未知的事物，探索新的领域，推动科学的进步。然而，我们也需要保持谨慎和运用批判性思维，不断验证和修正我们的推测。只有这样，我们才能在知识的探索中不断前进，更好地理解世界。

二、刑事审判的整个过程也基于“假设和推测”

在刑事诉讼的启动之初，我们首先要假设某人已经触犯了法律，构成了犯罪。这个假设是基于已有证据和事实的一种合理的推测，为后续的调查工作提供了基础和方向。

如果没有这个“假设”和“推测”，那么负责侦查和调查的单位就只能在证据确凿之后，才能采取行动。这种情况下，很多刑事案件可能会因为证据难以收集而被搁置，甚至有些犯罪嫌疑人会借机潜逃，导致案件无法得到解决。

举个例子，如果一个小偷偷了东西后立即逃离现场，我们不能等到找齐所有证据后再去追捕他。我们需要根据已有的线索和信息，假设他是犯罪嫌疑人，然后进行调查和追捕。在这个过程中，我们可能会发现更多的证据，进而进一步证实我们的假设。

因此，“假设”和“推测”在刑事诉讼中起到了非常重要的作用。它们帮助我们快速锁定犯罪嫌疑人，及时采取行动，防止证据被销毁或隐匿，提高案件侦破的效率。当然，这并不意味着我们可以随意假设或推测，它需要在法律规定的范围内，并且随着调查的深入，我们需要不断地修正和完善假设，确保最终的判决是公正和准确的。

三、刑事诉讼的所有证明依据都来自“假设和推测”

《最高人民法院关于适用〈中华人民共和国刑事诉讼法〉的解释》第71条强调了证据在刑事审判中的核心地位，同时也强调了法庭调查程序的重要作用。证据是刑事审判的基础，其真实性、合法性和关联性必须经过严格的法庭调查程序进行查证和确认。

在刑事审判中，我们首先需要假设所有的证据“可能是不真实的”，这是基于“假设和推测”所制定出来的规则。这一规则的制定，是为了确保审判的公正性和准确性。如果一份证据天生就不允许质疑，不需对它品头论足，不能质疑它的真实性、合法性和关联性，那么刑事诉讼也就不需要设置控、辩、审这三方角色了，甚至连法官都不需要设置，直接由侦查人员查办完结后作出有罪认定，并量刑就行了。

因此，这一规定对于保障刑事审判的公正性和准确性具有重要意义。在法庭调查程序中，控辩双方需要对证据进行充分的质证和辩驳，法官则需要根据证据的真实性、合法性和关联性进行判断和认定。这一过程不仅有助于揭示案件真相，也有助于保障被告人的合法权益，实现司法公正。

四、发表推测性观点符合律师职业定位

《最高人民法院关于适用〈中华人民共和国刑事诉讼法〉的解释》第71条对于保障刑事审判的公正性和准确性具有重要的意义。在刑事审判中，我们必须对证据进行严格的法庭调查，以确保证据的真实性、合法性和关联性。只有这样，才能实现司法公正，维护社会公正公平。

辩护律师在法庭上发表“假设性”“推测性”的言论，在法律上具有合法性，并且对于刑事审判（包括民事审判）来说也是至关重要的。

首先，我们需要理解辩护律师的角色和职责。辩护律师的职责是代表被告人的利益，为其进行辩护。在刑事审判中，辩护律师需要利用一切合法手段，包括发表“假设性”“推测性”的言论，来为被告人争取最大程度的合法权益。这些言论可能是基于对案件的理解和分析，也可能是基于对法律规定的解释和引申。无论哪种情况，这些言论都是为了更好地为被告人进行辩护，从而保障其合法权益。

其次，我们需要明确“假设性”“推测性”言论的合法性和合理性。在刑事审判中，证据的收集和认定是一个复杂的过程，有时候很难完全排除合理怀疑。在这种情况下，辩护律师发表“假设性”“推测性”的言论，可以帮助法官更加全面地了解案件情况，发现可能存在的疑点和漏洞，从而更加准确地判断事实和适用法律。这种言论并不是为了混淆视听或者误导法官，而是为了更好地履行辩护职责，为被告人争取合法权益。

最后，我们需要认识到辩护律师发表“假设性”“推测性”言论的重要性。在刑事审判中，辩护律师不仅仅是代表被告人的利益，更是维护司法公正的重要力量。他们通过发表这些言论，可以帮助法官更加全面地了解案件情况，发现可能存在的疑点和漏洞，从而更加准确地适用法律。这种准确适用法律的过程，也是保障司法公正的重要手段。

所以，辩护律师在法庭上发表“假设性”“推测性”的言论是合法、合理且重要的。这些言论可以帮助辩护律师更好地履行职责，维护被告人的合法权益，同时也有助于法官更加全面地了解案件情况，发现可能存在的疑点和漏洞，从而更加准确地适用法律。因此，我们应该尊重辩护律师的职责和权利，同时也应该加强对辩护律师的培训和教育，提高其专业素养和职业道德水平，从而更好地维护司法公正和社会公正。

第四节　涉黑案件的辩护重心是危害特征

一、公诉方堆积词汇式的指控不能替代其举证义务

庭审质证结束，进入辩论阶段，首先是由公诉方发表《公诉意见书》，然后是辩护人发表辩护意见。通常情况下，《公诉意见书》是在开庭前已经拟定

成文的。出庭公诉人在法庭上发表的正式文书，通常要经过领导审核。领导一般不知道也不在意被告人、辩护人在法庭上如何质证和发表观点，这也就造成《公诉意见书》可能存在机械性和脱离实际性。

笔者曾多次撰文，指出辩护律师在法庭上的观点一定要有针对性和灵活性。公诉方的思维和表达可以是“死”的，但辩护律师不可以。我们一定要培养随机应变的基本功。

基于以上原因，《公诉意见书》也可能脱离实际、脱离证据，华而不实。公诉人会以辞藻堆砌的方式，罗列大量所谓组织犯罪造成的危害后果，如某被害人离婚了、某被害人患上了焦虑症。笔者还曾遇到公诉人说某人受到惊吓后一年多去世的情况。

从证据的角度来分析，这些结论都应该归入主观臆断，是无法通过客观证据予以证明的，它们不属于能够进行客观评价的事实。这些被害人可能出于主观归罪，又可能是故意栽赃，性质上都是一种纯粹的主观判断。两个人离婚的真正原因复杂，无法得出是因被告人的侵害行为造成这一结论，存在很多种合理怀疑。一个人患上焦虑症是怎么来定性的？如何证明和案件有必然联系？

辩护律师一定要注意辨识这些没有证据支撑的不实指控，当庭指出公诉方主观推定的评价不能作为被告人具有社会危害性，特别是涉黑案件危害特征的结论。

二、对个案的指控不能替代危害特征的举证义务

涉黑案件通常先针对个案进行审理，然后再针对黑社会性质组织犯罪进行审理。辩护律师一定要注意公诉方在个案举证中，有没有明确证据与组织犯罪之间的关联性。也就是笔者在前文所指出的，质证过程中一定反复要求公诉方明确证明目的，并监督书记员如实记录。

在一些涉黑案件中，公诉方会以个案中已经举证为由，在组织犯罪质证过程中“省略”。对此辩护人一定要提示法庭注意：虽然公诉人在个案的举证过程中列举了很多证据，但是公诉人并没有说明这些个案和组织犯罪之间的关联性。因此，公诉方有义务在证明组织犯罪危害特征的时候，把个案与组

织犯罪之间的关联性说清楚。

最高人民法院在指导案例（王某娜等人故意伤害、寻衅滋事、非法拘禁、敲诈勒索案）中指出：就危害性特征来说，不能仅根据一个或数个孤立事实来认定，而是要通过一系列的违法犯罪事实来反映。而且，对于具体的违法犯罪事实也不能只看客观上造成的后果，还要审查行为时的主观意图。在对涉案犯罪组织是否形成非法控制与重大影响进行司法判断时，除了要对照（2009年、2015年）两个纪要的相关规定，还应着重审查涉案犯罪组织是否基于争抢势力范围、树立非法权威、攫取不法利益等非法控制目的而实施违法犯罪行为。

因此，仅仅有个案犯罪，不一定就能与组织犯罪联系得起来。需要公诉人对证据进行说明，并且以可从法律上站得住脚的逻辑证明个案与组织之间存在牵连关系。前述指导案例指出：是否在一个较长的时期内连续多次实施违法犯罪行为，是否对他人的自主性造成干扰或者破坏，才是认定危害性的重点问题。

因此，个案不但和组织之间要有联系，个案之间相互也要有一定的联系，这样它才是一个有组织、成体系、有架构的黑社会性质组织。

另外，辩护人还要强调，公诉方还有义务证明被侵害对象的数量，以及所造成的后果已经真正达到了形成非法控制或者重大影响的严重程度。

三、前科材料不能替代危害特征的举证义务

辩护人要注意识别被指控的黑社会性质组织的组织者、领导者、骨干分子的前科材料能否证明：①前科材料中的同案犯，是否就是现在的组织成员；②生效文书认定的同案犯如果与组织成员并不重叠，可以作为否认组织存在的辩方证据使用；③公诉方还有义务证明在当今社会，组织架构的复杂性日益增加，各种组织成员之间的关系也变得越来越错综复杂。了解这些成员之间的组织架构、层级关系、管理、利益等关系，对于理解组织的运作和决策过程至关重要。

首先，组织架构是组织成员之间关系的基础。它规定了组织的层级关系、职责和权力分配，以及成员之间的沟通渠道。一个合理的组织架构能够提高

组织的效率和灵活性，使得组织能够更好地适应外部环境的变化。

其次，管理是组织成员之间关系的核心。管理者的职责是协调各个成员的工作，确保组织目标的实现。他们需要具备领导能力、沟通能力和解决问题的能力，以便在面对挑战时能够作出正确的决策。同时，管理者也需要关注成员的利益，创造一个良好的工作环境，提高成员的积极性和创造力。

最后，利益关系也是组织成员之间关系的重要组成部分。组织的成功与否往往取决于成员之间的利益关系是否平衡。如果利益关系不平衡，可能会导致组织内部的矛盾和冲突，影响组织的稳定和发展。因此，管理者需要关注成员之间利益关系的平衡，通过合理的激励机制和分配制度来维护组织的稳定与和谐。

综上所述，了解组织成员之间的组织架构、层级关系、管理、利益等关系，对于理解组织的运作和决策过程至关重要。通过合理的组织架构和管理，以及平衡的利益关系，组织能够更好地适应外部环境的变化，实现可持续发展。

第十一章

庭审程序违法的应对

第一节　被告人权利保障的几个重点

一、公开审判权

我国《刑事诉讼法》第188条规定："人民法院审判第一审案件应当公开进行。但是有关国家秘密或者个人隐私的案件，不公开审理；涉及商业秘密的案件，当事人申请不公开审理的，可以不公开审理。不公开审理的案件，应当当庭宣布不公开审理的理由。"由此可见，被告人有接受公开审判的权利。但是，实务中，有个别审判庭的做法涉嫌影响被告人接受公开审判的权利：

1. 限制旁听人数

按照法律的规定，公开审判的案件，应当在开庭3日以前先期公布案由、被告人姓名、开庭时间和地点。个别法庭没有及时公布开庭时间，致使被告人家属来不及申请旁听；也有个别法庭限定每名被告人只有1名至2名家属进入旁听，这种限制旁听人数的行为，也涉嫌影响被告人接受公开审判的权利。

2. 把犯罪嫌疑人所有亲属都变成证人

个别法院在案件办理之时，让犯罪嫌疑人的所有近亲属，全部做一遍询问笔录，导致这些人全都具有了所谓证人身份。等案件开庭时，被告人近亲属就没有资格进入法庭旁听。这种行为变相影响了被告人接受公开审判的权利。

二、无罪推定权

无罪推定作为现代司法通行的理念，也被明文写入我国《刑事诉讼法》，但在审判实践中真正执行到位还是很难的。比如，对犯罪嫌疑人采取羁押措施的案件占了绝大多数的问题，既然推定被告人在判决生效以前是无罪的，那么对其行动自由的剥夺就与该原则相违背。

下面就庭审过程中，辩护人保障被告人的无罪推定权展开论述。

笔者认为，在庭审过程中，辩护律师需要着重强调以下几点：其一，被告人不着识别服（看守所号衣）；其二，被告人不戴戒具；其三，被告人不被羞辱。

1. 出庭不着看守所识别服

最新的司法解释已经明确规定，被告人出庭接受审判时可以不着看守所识别服。但这一规定在一些地区依然没有得到有效落实。出现这种情况，第一责任主体是看守所，如果看守所不给被告人提供正常服装，那么其自身是无法决定自己的穿着的；第二责任人是法院，法院有义务主动提醒看守所为被告人提供普通衣着，发现被告人穿着识别服出庭的，应当通知看守所纠正；第三责任人是辩护律师，辩护律师应该时刻抱着捍卫被告人合法权利的积极意识，在开庭前的会见中，提示被告人可以拒绝着识别服出庭；在庭审中发现问题时，也应该第一时间提出反对。

2. 被告人在庭审过程中不应佩戴戒具

这一点不再赘述，但笔者需要提醒律师同仁：束缚椅也是戒具的一种，如果被告人到庭后被安排坐在束缚椅上，辩护人依然要提出反对和抗议。束缚椅是把被告人的手、脚和身体全都固定在椅子里，这当然是戒具的一种。

3. 被告人在庭审过程中不被羞辱权

这一点包括但不限于，保障被告人在庭审过程中不被训斥。再延展开来，还包括不被所谓的“批评教育”。既然被告人是否构成犯罪还未确定，对其进行批评教育就是一种有罪推定，特别是对其人格权的侵犯。所以，每当遇到公诉人试图对被告人进行批评教育的，笔者都会打断他：庭审是在无罪推定前提下对被告人进行的评价和审判，在没有被定罪之前，公诉人无权对其进行批评教育。

另外，在有些庭审中，合议庭若认为被告人态度不好，就会斥令他站起来回答问题或者质证和答辩，这是一种变相体罚，同时也是对被告人合法权益的侵害。作为辩护律师就应该提出抗议，要求合议庭明确《刑事诉讼法》的哪一条允许体罚被告人？

三、知晓指控权

知晓指控权并非表面看起来那么简单。被告人当然有权利辩解，我们通常把被告人对案件的自我表达称作被告人的供述和辩解。

有一点需要特别强调：不认罪被告人发表的观点不能叫供述，他的所有言谈举止都应该定性为辩解。实践中公诉人和审判人员习惯性地把被告人的笔录和发言统称为“供述”，辩护律师有义务反复去纠正、提醒他们这样的笔录和发言不能叫供述，应该叫辩解。因为他的发言是围绕自己不构成犯罪展开的。

知晓指控权至少包含两个方面的内容：其一，有权知晓被指控的罪名和事由；由此引申出其二，有权知晓据以指控自己犯罪的所有证据材料。

1. 知晓被指控的罪名和事由

关于第一个方面，在犯罪嫌疑人只涉及少量几起犯罪时一般不会出现剥夺其知情权的情况。但是在涉及多起犯罪，特别是在共同犯罪案件（比如黑社会性质组织犯罪）中，被告人不知自己究竟被指控了多少犯罪的情况也时有发生。

在笔者代理的一起涉黑案件中，公诉方指控被告人涉嫌寻衅滋事犯罪的案件有6起，但是卷宗材料显示侦查机关对犯罪嫌疑人所作的笔录中只涉及5起涉案事实，另外一起案件没有讯问过犯罪嫌疑人。这样一来当然谈不上让犯罪嫌疑人进行供述或者辩解，明显剥夺了犯罪嫌疑人知晓指控的权利。

侦查机关就某一起涉嫌犯罪的事实进行查证的时候，应该第一时间讯问犯罪嫌疑人，让他解释是否参与这个事情，给他辩解或者坦白的机会。

这涉及的不仅是犯罪嫌疑人的辩解权，还有举证权。假设犯罪嫌疑人有一个时间证人可以证明案发时自己不在场，他提供这一线索后，可能直接导致侦查机关认定他不需要承担刑事责任。但如果，在侦查过程中，犯罪嫌疑人并不知道有这起指控，他当然就丧失了及时举证的权利。

这种情况存在于在某些大型案件中，涉及人员多，犯罪起数多，整个卷宗里都没有被告人对这一起指控的辩解，办案人员压根就没问过他，但是我们很多律师就忽视了这个问题，忽视的是什么？忽视的是被告人自我辩解，知晓指控的权利。

依照法律规定，能够证明被告人无罪和罪轻的证据，侦查机关和检察机关也应当一并移送法庭进行审查。而多数情况下，能够证明被告人无罪和罪轻的证据一般就只有被告人自己才掌握。等在法庭上，或者拿到起诉书的时候才知道有新的指控，你让他怎么去进行辩解？

2. 犯罪嫌疑人、被告人有权知晓卷宗材料

无论是从无罪推定原则还是被告人有自我辩解的权利中，都不难推导出“被告人有知晓案件卷宗的权利”。

甚至辩护律师的辩护权，也首先来自被告人的辩解权。我国刑事案件定罪率居高不下的一个重要原因就是被告人不清楚指控自己的证据。在法庭上，有四种诉讼参与人：公诉人、辩护人、审判人员、被告人，而被告人是唯一参与了案件，知道事实真相，有能力从事实和证据的角度为自己辩解的人，有知晓卷宗的权利自然不为过。

辩护律师能从现有证据和法律的角度出发为被告人进行辩护，但却没有能力从还原案件事实的角度讲述案件经过以及批驳证据的虚假。

笔者所参与的山东乳山的一起涉黑案中，经过律师团的不懈努力，最终法庭决定把卷宗材料全部复制给被告人，进行查阅和质证。笔者衷心为该案的审判人员点赞！

四、自主辩解权

在法庭审理过程中，被告人拥有多重权利，其中一项至关重要的权利便是自主辩解权。这项权利是指被告人有权在法庭上进行自我辩解，就其所知的事实和观点进行阐述。自主辩解权在法庭审理中占据着举足轻重的地位，它不仅是被告人维护自身权益的重要手段，更是确保司法公正不可或缺的一环。

1. 自主辩解权的本质

被告人作为案件的实际参与者，最为了解案件的事实和细节。在法庭上，他有权利就其所感知的事实进行辩解，这不仅是对自身权益的维护，也是确保司法公正的重要一环。试想，如果审判人员只允许被告人围绕卷宗里所表明的事实进行阐述，那么何来无罪辩护的可能？自主辩解权的行使，能够使被告人有机会充分表达自己的观点和辩驳公诉方的指控，从而为司法公正和人权保障奠定坚实基础。

2. 辩护律师在保障被告人自主辩解权方面扮演的重要角色

在庭审过程中，辩护律师需要通过发问、质证和辩论等环节，竭力让被告人讲述一个与公诉方完全不同的故事。这是因为被告人所要讲述的故事往往与公诉方所讲的故事存在出入，甚至完全相反。因此，辩护律师需要通过精湛的技巧和策略，确保被告人能够充分行使自主辩解权。在这一过程中，辩护律师需要以专业知识和经验为基础，为被告人提供有力的法律援助，确保其权利得到最大程度的保护。

值得注意的是，被告人在法庭上可能会因为表达能力不足或紧张而出现表达不清的情况。此时，审判人员应当耐心倾听，而不是过早打断或限制其发言。因为这不仅可能打乱被告人的思路，还可能剥夺其阐述事实真相的权利。另外，在涉及大量证据的情况下，辩护律师需要通过详细的阅卷工作，帮助被告人理解证据的性质和重要性。只有这样，被告人才能在法庭上对每一项证据进行有针对性的辩驳，从而最大限度地行使自主辩解权。

总的来说，自主辩解权是被告人的一项基本权利，应当得到充分的尊重和保障。在实践中，辩护律师、审判人员以及所有相关方都应当认真对待这一权利，确保被告人在法庭上能够充分阐述自己的观点和事实。只有这样，我们才能真正实现司法公正和人权保障。同时，为了更好地保障被告人的自主辩解权，我们还需要不断加强法律制度的完善和司法环境的改善，通过不断提高司法人员的专业素养和公正意识，确保他们在庭审过程中能够充分尊重和保护被告人的权利。此外，加强法律宣传和教育也是必不可少的措施。通过普及法律知识、提高公民的法律意识，我们能够营造一个更加公正、透明的司法环境，进一步促进被告人自主辩解权的落实。

五、更换律师权

在刑事诉讼中，被告人的权益保障是一个备受关注的问题。其中，被告人的更换律师权是一项重要的权利。下文将深入探讨被告人更换律师权的必要性、相关规定以及实践中存在的问题。

首先，被告人更换律师是为了保障自己的合法权益。在复杂的刑事案件中，被告人需要的辩护权往往涉及专业高端的领域。如果被告人对辩护律师不满意或者辩护律师出现其他状况解除委托，那么被告人可以再请一次律师。然而，这里存在一个限制问题，即被告人不得更换两次律师，否则就要给被告人指定律师或法律援助律师。

那么，什么情况下被告人会更换律师呢？一种情况是案件疑难复杂，需要更专业的辩护律师，另一种情况是辩护人在法庭上和审判方发生了重大的争议，被剥夺了辩护权。但是，被剥夺辩护权的情况不属于被告人主动更换律师的情形，而是“被更换”。这种情况下，不允许被告人继续更换律师吗？

对于长时间开庭的案件，如法院通知要开三个月，不允许辩护律师请假，而辩护律师有其他庭审冲突怎么办？如果不允许辩护人请假，被告人怎么办？要解除委托吗？解除了委托以后换一个新律师来，新律师有时间阅卷吗？

此外，长时间开庭还侵犯了被告人的休息权和辩护律师的休息权。辩护律师是个劳动者，法院的做法违背了《劳动法》的规定，比如 8 小时工作制。在 8 小时以外，辩护律师就没有义务提供服务，在工作日之外的休息日就有权利休息。被告人也一样，其本身被关在看守所里，生活条件已经比较艰苦再剥夺他的休息权，第二天连续开庭，在正常的工作时间之外，其所做的辩解、质证、发言等全都是在一种疲劳状态下所作出的反应和答复。这怎么可能不失真呢？法律规定的在侦查和调查阶段都不允许疲劳审讯，为什么到了法庭上疲劳开庭成了一种理所当然的事情呢？这是不是应该引起我们律师界的重视和反对？

综上所述，被告人更换律师权是一项重要的权利，旨在保障被告人的合法权益。然而在实践中存在一些问题需要解决，为了更好地保障被告人的权益，我们需要进一步完善相关法律法规，确保被告人的合法权益得到充分保障。同时，我们也需要加强对被告人更换律师权的宣传和教育，提高公众的法律意识和法律素养，让更多的人了解并尊重这一权利。

六、被告人的健康保障权

在刑事司法体系中，被告人的权利保障是一个至关重要的议题。近期，笔者注意到在法庭上，许多被告人的健康状况并不理想。尤其是在全球疫情的背景下，一些被告人因健康状况不佳而在庭审中面临诸多困难。这引发了笔者对被告人健康保障权的深入思考。

首先，我们必须认识到，被告人的健康状况是影响其权利保障的重要因素之一。在庭审过程中，如果被告人身体状况较差，可能会在心理和生理上承受巨大压力。一些被告人可能因患有慢性疾病或传染病而需要特殊照顾。此时，法庭应当采取必要措施，如安排医生为其进行检查和治疗，以确保被告人的生命安全和身体健康。这不仅体现了法律的人道关怀，也彰显了法治的精神。

然而，在实践中，我们发现一些法庭并未对此给予足够重视。例如，笔者遇到的一起案件中，被告人因高血压等疾病在庭审中出现了身体不适，但法庭并未及时为其安排医疗救助，反而强行让其继续开庭。这种情况不仅侵犯了被告人的基本人权，也影响了庭审的公正性和效率。因此，我们有必要对这一问题进行深入探讨，并提出切实可行的解决方案。

针对这一问题，笔者建议律师同行们在代理案件时应充分了解被告人的身体状况，并在必要时为其争取合理的医疗保障。同时，我们也应该关注辩护人的权利保障问题。只有当辩护人的权利得到充分保障时，才能更好地为被告人提供法律援助。

此外，对于那些因健康问题无法出庭的被告人，我们也应该考虑采取远程视频庭审等方式，以保障他们的出庭权利。同时，我们也需要完善相关法律法规，明确规定在庭审过程中法庭应当采取的措施，以确保被告人的健康保障权得到有效保障。

总之，被告人的健康保障权是一个至关重要的议题。我们需要重视这一权利，确保在庭审过程中充分保障被告人的生命安全和身体健康。同时，我们也需要关注辩护人的权利保障问题，以确保他们能够为被告人提供充分的法律援助。通过共同努力，我们可以推动刑事司法体系的不断完善，确保每一个被告人在庭审中得到公正、公平的对待。这不仅有助于维护法律的权威和尊严，也有助于促进社会的和谐与稳定。

第二节　公诉人能当庭增加罪名吗

法律是神圣而严肃的，执法者应当本着一颗敬畏的心态去履行自己的职责。但笔者曾遇到某公诉机关当庭增加罪名，上演“猜罪名游戏”的奇葩事情。

案件涉嫌黑社会性质组织犯罪，法院将 19 名认罪认罚的被告人和 6 名作无罪辩护的被告人分开进行审理。笔者代理第二被告人作无罪辩护。在庭审质证过程中，笔者发现公诉人竟然在未变更或追加《起诉书》，且未明确说明的前提下，在举证提纲中给六起案件增加了罪名。在辩护人的一再追问下，公诉方拒绝作出说明，并称《起诉书》对案情的描述已经涵盖了所增加罪名的行为特征，这样做不算增加罪名。以下是笔者在辩论阶段针对这一违法行为即兴发表的辩护意见：

在组织犯罪的敲诈勒索案指控中，有六起个案隐藏了不同的罪名：在丁某云被敲诈勒索案中，《起诉书》没有指控非法拘禁罪；在范某超被敲诈勒索案中，《起诉书》没有指控催收非法债务罪。公诉机关竟然在丁某云被敲诈勒索案的“举证提纲”中，当庭增加指控被告人于某芳、谭某宁犯非法拘禁罪。那么问题来了，《起诉书》中没有载明被告人丁某芳、谭某宁的行为还构成了非法拘禁罪，被分庭审理的丁某芳、谭某宁以及他们的辩护律师，怎么就非法拘禁罪做辩解和辩护准备？

在冷某强被敲诈勒索案中，公诉机关同样是在“举证提纲”中增加了一个催收非法债务罪。被告人手上有举证提纲吗？举证提纲是《起诉书》的一部分吗？公诉方怎么能在庭审过程中，突然告知被告人还要追究催收非法债务罪？记得辩护人在质证过程中发现这一问题并提出质疑时，公诉人的答复是《起诉书》指控的具体的行为中，已包括所谓催收非法债务罪的相关描述。有行为描述，就算《起诉书》的明确指控吗？公诉方的举动和猜谜游戏有什么区别？公诉人给被告人一个谜面，然后问他：“你觉得你构成什么犯罪？”公诉方不在《起诉书》中告知，也不在开庭前告知，等到开庭的时候突然告诉他：“你的行为除了构成敲诈勒索罪，还构成催收非法债务罪。”这符合法律规定吗？

这六起案件以敲诈勒索罪或者寻衅滋事罪提起诉讼，然后又在举证过程中增加了催收非法债务罪或者寻衅滋事罪、非法拘禁罪。尤为严重的是，公诉人不是在法庭上公开告知，而是把追加的罪名隐匿在质证过程中。辩护人认为，公诉方在庭审过程中随意增加罪名的行为：一是，剥夺了被告人和辩护人知悉案情的权利；二是，剥夺了被告人和辩护人进行辩解和辩护的权利；三是，造成了被分庭审理的 19 名被告人的认罪认罚不真实。

一、剥夺了被告人和辩护人知悉案情的权利

本案分庭审理的 19 名被告人的认罪认罚程序，违反了《刑事诉讼法》第 120 条“侦查人员在讯问犯罪嫌疑人的时候，应当首先讯问犯罪嫌疑人是否有犯罪行为，让他陈述有罪的情节或者无罪的辩解”的规定。也就是说，在犯罪嫌疑人受到刑事追诉的第一时间，他就有权利知晓自己的行为涉嫌构成什么犯罪，这样他才能够有针对性地作辩解或者供认，然后才存在是否选择认罪、认罚的问题。犯罪嫌疑人知晓对自己指控的权利，是在侦查机关第一次抓他，第一次讯问他的时候，就已经当然存在的权利。

《刑事诉讼法》第 171 条规定：“人民检察院审查案件的时候，必须查明：(一)……犯罪性质和罪名的认定是否正确……”该规定要求公诉机关在审查案件材料的时候，查明对案件的定性和罪名的认定是否正确。这个义务一直持续到提起诉讼的阶段。作为公诉机关，对犯罪性质的认定和罪名的认定体现在《起诉书》中，当然必须把犯罪的行为、性质、触犯的刑法条款、罪名，写得清清楚楚明明白白。

《刑事诉讼法》第 173 条第 1 款规定：“人民检察院审查案件，应当讯问犯罪嫌疑人，听取辩护人或者值班律师、被害人及其诉讼代理人的意见……”这里规定的“听取意见”是要求公诉机关讯问犯罪嫌疑人：其一，有没有这个犯罪事实；其二，认不认可这个犯罪事实；其三，告知其这个犯罪行为触

犯了《刑法》哪一条，构成了什么罪。这样，犯罪嫌疑人才能有针对性地去作供述或者辩解。若检察院提审犯罪嫌疑人时都不确定其构成什么犯罪，则无法讯问犯罪嫌疑人，也无法让其认罪、认罚。因此，《刑事诉讼法》第 173 条第 2 款规定："犯罪嫌疑人认罪认罚的，人民检察院应当告知其享有的诉讼权利和认罪认罚的法律规定，听取犯罪嫌疑人、辩护人或者值班律师、被害人及其诉讼代理人对下列事项的意见，并记录在案：（一）涉嫌的犯罪事实、罪名及适用的法律规定……" 如果公诉人在让犯罪嫌疑人作认罪、认罚时不知道对方到底构成什么犯罪，要指控的罪名不明确，即犯罪嫌疑人的行为到底是触犯了 A 罪还是 B 罪？还是同时触犯了 C 罪？还是这三宗罪都要指控？在未查明的情况下，是无法给犯罪嫌疑人、被告人作《认罪认罚具结书》的，其辩护人或者值班律师也无法当场见证。分庭审理的另外 19 名被告人，到现在能不能搞清楚自己到底被指控了多少个罪名？他们肯定搞不清楚！19 名被告人的律师也没搞清楚！因为《起诉书》没写明，至少在敲诈勒索罪中的这六起案件中，已经足以构成公诉方指控的严重违法，以及认罪认罚程序严重的违法，还有法院适用认罪认罚审理程序的严重违法。

《刑事诉讼法》第 186 条规定："人民法院对提起公诉的案件进行审查后，对于起诉书中有明确的指控犯罪事实的，应当决定开庭审判。"但是本案指控的事实不明确，公诉人在开庭过程中临时追加了新罪名。这是否造成了本案的审理对象不明确？是否造成合议庭在正式开庭的过程中都不知道自己要审查何种犯罪？

二、剥夺了被告人和辩护人进行辩解和辩护的权利

《刑事诉讼法》第 187 条第 1 款规定："人民法院决定开庭审判后，应当确定合议庭的组成人员，将人民检察院的起诉书副本至迟在开庭十日以前送达被告人及其辩护人。"法律为什么规定需要提前 10 天送达起诉书？就是要让被告人和辩护人有知情权，并且有开庭准备的权利。让被告人知道自己被指控了什么犯罪，针对这一指控是否进行辩解，是否作认罪认罚。结果公诉机关当庭突然冒出其他罪名来，被告人的知情权、辩护和辩解权是不是被剥夺了？辩护律师的知情权和辩解权，是不是也被公诉人给剥夺了？若当庭为

没有做准备的罪名进行辩护，则辩护律师无法履行职责。那分庭审理的19名被告人的辩护人在帮助被告人作认罪认罚的时候，他们并不知道有这几个追加的罪名，公诉人当庭提出一个新的罪名的时候，那些辩护人显然没有注意到庭审出现了这个错误。假设那些辩护人注意到这个突发情况，但是他们没有要求公诉人作出说明，也没有要求合议庭进行休庭以便作辩护准备，更没有告知被告人原来的认罪认罚已经无效了，这些辩护人是否构成渎职？整个认罪认罚程序是否也应该推倒重来？

我们再来看《人民检察院刑事诉讼规则》第358条的规定："人民检察院决定起诉的，应当制作起诉书。起诉书的主要内容包括……（三）案件事实，包括犯罪的时间、地点、经过、手段、动机、目的、危害后果等与定罪量刑有关的事实要素。起诉书叙述的指控犯罪事实的必备要素应当明晰、准确。被告人被控有多项犯罪事实的，应当逐一列举……"什么是"与定罪量刑有关的事实要素"？就是公诉机关先确定一个罪名，然后用相应的证据来证明被告人的行为构成了这个犯罪。按照公诉人当庭解释的逻辑：尽管在起诉书中罗列了被告人的行为，但是罪名不确定，需要被告人自己去猜。这是多么明显的严重违法！而且每一个罪名有不同的构成要素，公诉人起诉被告人构成了某一个犯罪，对事实进行描述的时候，需要把犯罪的构成要素逐一地列举出来，让被告人了解知悉，以便被告人作相应的供述或者辩解的准备。反过来说，指控犯罪事实的必备要素一旦明晰了，指控的罪名必然也是明晰的。公诉人当庭说"在起诉书的指控中叙述了相应的情节"，这一解释根本不能成立。为什么公诉人没有因为这个情节得出构成寻衅滋事罪的结论？为什么不在起诉书中直接指控寻衅滋事罪？

三、造成了分庭审理的19名被告人的认罪认罚不真实

笔者相信这一致命错误不是出庭公诉人故意造成的，可能是召开会议时因为案件和证据太多，导致制作起诉书和举证提纲的不是同一拨人，这才造成了当庭增加罪名的错误。

无论责任由谁承担，错误已经是既成事实。案件审理已经接近尾声，错误已经不可挽回，合议庭也必然要对公诉方新增加的指控作出裁断。而且，

不管将来合议庭认不认可追加的罪名，现在已经造成了前期庭审程序的严重错误：从讯问被告人开始、从送达起诉书开始、从制作《认罪认罚具结书》开始，一直到这些被告人参与了一个认罪认罚的庭审程序，这些都是不可逆转、无法挽回的程序错误。

《人民检察院刑事诉讼规则》第426条还规定："变更、追加、补充或者撤回起诉应当以书面方式在判决宣告前向人民法院提出。"变更、追加、补充或者撤回起诉主要指的是罪名。刑事审判就是审理是否构成犯罪，其前提就是要先有一个罪名，有一个定性，然后厘清犯罪构成。有了犯罪构成，再看证据和犯罪构成是不是相吻合。公诉指控没有具体罪名，犯罪构成何来？证据如何与犯罪行为进行联系？如何和罪名进行联系？

19名分庭审理的被告人所作的认罪认罚，显然不包含这些追加的指控，其认罪认罚因此而无效。他们的辩护律师也因为失职，而应该受到谴责。

分庭审理的认罪认罚的整个庭审，是不是应该推倒重来？

第三节　审判长是否有权决定记入庭审笔录的内容

审判实践中，时有发生辩护律师与合议庭发生较大争议，审判长直接要求书记员对辩护律师的发言不予记录，这种做法是否合法？

我们来看关于庭审笔录的法律规定。《刑事诉讼法》第207条规定："法庭审判的全部活动，应当由书记员写成笔录……"这里的法律用语是"全部活动"，而非"发言"。本条可以拆解出三层含义：①笔录记录的是法庭上发生的"活动"，而非"言词"；②法律要求记入笔录的是"全部活动"，而非部分；③法律并没有赋予合议庭或者审判长有选择性地记录笔录的权利。

因此，法庭上发生的一切"活动"，特别是审判人员、公诉人、辩护人之间的争执更应记入笔录：如审判长打断辩护人发言、审判长敲击法槌这些"活动"，也是必须记入笔录的。遇到类似情况，我们辩护律师除了要求书记员必须将庭审过程中的一切活动记入笔录，还应该突出强调以下三点，以彻底否定审判长意图决定庭审笔录记录内容的权力：

一、庭审笔录是判断被告人、辩护人诉讼权利是否得到保障的直接证据

庭审笔录在诉讼过程中扮演着重要的角色，它不仅是合议庭评议案件时回顾庭审过程的依据，更重要的功能是保障诉讼参与人的权利。因此，庭审笔录的真实记录对于保障司法公正和被告人的合法权益至关重要。

首先，庭审笔录如实记录了庭审过程中的所有发言和行动，不仅包括法官、检察官、辩护律师等的发言，也包括被告人、证人等诉讼参与人的陈述。这种全面的记录有助于确保所有人的权利得到保障，防止因个别人员的偏见或不当行为而对案件造成不公。

其次，庭审笔录是法庭审判的重要依据。在评议案件时，合议庭可以根据庭审笔录对案件进行全面回顾和分析，确保审判的公正性和准确性。如果庭审笔录未能如实记录，就可能导致审判结果的偏差，甚至造成冤假错案。

最后，庭审笔录也是对被告人、辩护人权利保障的监督机制。如果庭审过程中出现对被告人、辩护人发言的打断等不当行为，需要如实记录在庭审笔录中。这样，将来就可以根据庭审笔录对这种行为进行审查和判断，从而保障被告人的合法权益。

故此，庭审笔录的作用远不止于对庭审过程的回顾。它作为保障诉讼参与人权利的重要工具，对于保障司法公正和被告人的合法权益具有不可替代的作用。因此，在庭审过程中，必须重视庭审笔录的制作和记录工作，确保其真实、完整、准确，从而为司法公正提供有力的保障。

二、庭审笔录是审判监督的行使依据

庭审笔录在法庭审理程序中扮演着至关重要的角色，它是记录法庭审理过程、展示证据、记录被告人和辩护人陈述的重要文件。因此，无论是法院的内部监督，还是检察机关对庭审活动的审判监督，庭审笔录都可以作为判断法庭审理程序是否合法的重要依据。

首先，法院的内部监督通常由刑庭庭长、院长、审判委员会等对合议庭的监督构成。这些监督主体通过审查庭审笔录，可以发现并纠正法庭审理过

程中可能存在的程序违法行为，如证据展示不充分、被告人和辩护人权利受到侵害等。如果审判长或合议庭组成人员随意决定庭审笔录的记录内容，那么这些监督主体就无法准确了解法庭审理的真实情况，进而无法对程序违法行为进行有效的纠正。

其次，检察机关对庭审活动的审判监督也是基于庭审笔录进行的。检察机关通过对庭审笔录的审查，可以判断法庭审理程序是否合法、公正，以及是否存在违反法律程序的行为。如果庭审笔录的记录内容不准确、不完整，那么检察机关就无法全面了解庭审过程，进而无法对法庭审理程序进行有效的监督。

最后，未来可能进行的倒查也是基于庭审笔录进行的。通过审查庭审笔录，可以追溯法庭审理过程中是否存在违法行为，进而对相关责任人员进行追责。如果庭审笔录的记录内容不准确、不完整，那么倒查就无法准确还原庭审过程，进而无法对违法行为进行有效的追责。

故此，庭审笔录是判断法庭审理程序是否合法的重要依据，也是保障被告人和辩护人权利的重要工具。因此，我们必须重视庭审笔录的记录工作，确保其准确、完整地记录法庭审理过程中的一切重要信息。只有这样，才能确保法庭审理程序的合法性和公正性，保障所有当事人的合法权益。

三、庭审笔录是二审法院判断一审程序是否合法的重要依据

在刑事诉讼中，二审法院扮演着至关重要的角色。当一审法院在审理案件时出现严重违法或严重剥夺被告人、辩护人诉讼权利的情况时，二审法院有权作出相应的裁决。其中一个重要的环节就是案件发回重审。

首先，我们来深入探讨一审法院出现严重违法的情况。这种情况通常涉及程序性问题，比如违反法定程序、证据不足或者审判人员存在明显的违法行为等。一旦二审法院发现这些问题，其将不得不重新审视整个案件，以确保法律的公正和公平。这不仅是对被告人权利的保障，也是对整个司法制度的维护。

其次，我们再来探讨一审法院严重剥夺被告人、辩护人诉讼权利的情况。

这些权利包括但不限于辩护权、上诉权和申诉权等。如果一审法院在审理过程中未能充分保障这些权利，二审法院将可能作出发回重审的裁决。这不仅是对被告人权益的及时补救，也是对辩护律师专业职责的尊重。

故此，一审庭审笔录如果未能如实记录庭审情况，自然是对诉讼参与人的严重侵害，属于程序违法范畴。二审法院在发现一审程序严重违法或严重剥夺被告人、辩护人诉讼权利的情况下，将导致案件发回重审。这一制度不仅是对被告人权益的保障，也是对整个司法制度的维护和修正。

《刑事诉讼法》第 238 条规定："第二审人民法院发现第一审人民法院的审理有下列违反法律规定的诉讼程序的情形之一的，应当裁定撤销原判，发回原审人民法院重新审判：（一）违反本法有关公开审判的规定的；（二）违反回避制度的；（三）剥夺或者限制了当事人的法定诉讼权利，可能影响公正审判的；（四）审判组织的组成不合法的；（五）其他违反法律规定的诉讼程序，可能影响公正审判的。"

四、对律师不服法庭关于排除非法证据、回避、证人出庭等决定的保留意见应当详细记入笔录

《最高人民法院、最高人民检察院、公安部、国家安全部、司法部关于依法保障律师执业权利的规定》第 38 条规定："法庭审理过程中，律师就回避，案件管辖，非法证据排除，申请通知证人、鉴定人、有专门知识的人出庭，申请通知新的证人到庭，调取新的证据，申请重新鉴定、勘验等问题当庭提出申请，或者对法庭审理程序提出异议的，法庭原则上应当休庭进行审查，依照法定程序作出决定。其他律师有相同异议的，应一并提出，法庭一并休庭审查。法庭决定驳回申请或者异议的，律师可当庭提出复议。经复议后，律师应当尊重法庭的决定，服从法庭的安排。律师不服法庭决定保留意见的内容应当详细记入法庭笔录，可以作为上诉理由，或者向同级或者上一级人民检察院申诉、控告。"

第四节　庭审结束后，撤销认罪认罚量刑建议的违法性

《最高人民法院关于适用〈中华人民共和国刑事诉讼法〉的解释》第 358

条规定："案件审理过程中，被告人不再认罪认罚的，人民法院应当根据审理查明的事实，依法作出裁判。需要转换程序的，依照本解释的相关规定处理。"这里的"审理过程中"一般理解为开庭后至宣判前；"转换程序"是指该司法解释第 348 条规定的"对认罪认罚案件，应当根据案件情况，依法适用速裁程序、简易程序或者普通程序审理"。

《最高人民法院关于适用〈中华人民共和国刑事诉讼法〉的解释》（节选）

第二百二十九条　庭前会议中，审判人员可以询问控辩双方对证据材料有无异议，对有异议的证据，应当在庭审时重点调查；无异议的，庭审时举证、质证可以简化。

《人民检察院刑事诉讼规则》（节选）

第四百一十九条　适用普通程序审理的认罪认罚案件，公诉人可以建议适当简化法庭调查、辩论程序。

显然，当整个庭审程序完成以后，公诉人撤销认罪协议无疑剥夺了被告人及其律师对于证据的完整质证和辩论的权利。我们必须深入探讨这一问题的根源及其影响。

在正常的法律程序中，如果犯罪嫌疑人或被告人在法庭审理过程中提出无罪辩解，那么公诉人和合议庭应该如何处理呢？公诉人有责任提醒被告人，他现在的辩解已经超出了认罪认罚的范围，并向他明确解释这样辩解的后果，即公诉方可能会撤销认罪认罚的量刑建议。然而，在一些案件中，我们发现公诉人并没有尽到这一提醒义务，这无疑剥夺了被告人应有的权利。

同时，个别合议庭在审理过程中也存在问题。一旦发现某一被告人提出无罪辩解，合议庭有责任提醒他及他的律师：当前正在进行的是普通程序简化审理，其中出示证据和辩论过程都会相对简化。如果被告人坚持无罪辩解，合议庭应当明确询问他是否仍要坚持这一辩解。如果被告人和辩护人坚持无罪辩解，合议庭应当立即宣布休庭，将此案划归普通程序正常审理。因为普通程序简化审理没有充足的示证、质证和辩论过程，特别是证据问题，不会向被告人详细举证，这无疑剥夺了他们的质证权利。

最关键的是，公诉人在整个案件审理完毕、质证结束后才撤销量刑建议。这意味着被告人失去了详细知悉证据内容的机会。如果在庭审过程中一旦出现某被告人对指控不认可的情况，就应立刻中止审理，将其划分到普通程序中，这样在程序上还算做出了一定的补救。然而，现在的情况是，不仅质证程序已经结束，整个审理程序也已经结束，被告人及其律师再也无法得到一个充分质证的机会。

撤销认罪协议的问题不仅仅是一个简单的法律问题，还涉及被告人的权利、法律的公正性和程序的正当性。我们必须深入研究和改进当前的法律程序，以确保每一个被告人在法律程序中得到公正的对待和拥有充分的辩护权利。

第十二章

刑事二审辩护技巧

第一节　二审辩护中的几个细节问题

一、刑事案件的二审辩护远较一审困难

刑事案件的二审辩护是一项极其复杂且充满挑战性的工作。在一审程序结束后，理论上被告方的所有诉讼权利已经用尽，如提出管辖异议、申请调取证据、要求重新鉴定等可能影响案件实质的程序和异议都已提出。此外，公安机关（或监察委员会）、检察院、法院这三种不同的国家司法、监察机关对案件的定性基本一致：被告人有罪，并需接受刑事处罚。因此，二审律师在辩护时所面临的困难显而易见。

从程序上看，由于一审程序完成了大多数辩解手段，二审律师在很多方面受到限制：一是，很难说服二审法官开庭审理案件；二是，在此基础上，二审律师提交的书面辩护意见自然也就得不到法官重视；三是，缺少了公开审理的监督，二审法官所受到的社会舆论压力自然也很小。

从实体上看，要想在二审中打破一审定性，扭转二审法官认为一审不会出错的惯性思维，亦非易事。二审律师需要从案件中找到可能存在的漏洞或错误，提出有力的辩护观点和证据，才能让二审法官对一审判决产生质疑。

二、如何对待一审律师的辩护观点

在处理二审案件时，我们必须以严谨、客观的态度对待一审律师的观点。

一审律师的观点应当在二审中得到正视和尊重，一审律师通常在侦查或审查起诉阶段就介入案件，有更充分的时间了解案情并与被告人沟通。因此，二审律师不应忽视一审律师的观点和立场。

对于一审律师的观点，我们应当进行理性分析，并参照法律规定进行取舍。如果一审律师的观点正确，我们应当尊重并采纳；如果存在分歧，我们正好借此来少走弯路。贬损一审律师并不是明智之举，因为不同的人对同一法律条款的理解和解读可能会有所不同。

在接受二审委托时，我们应当依靠自己的专业知识和能力来赢得客户的信任和认可，而不是以贬损一审律师的手段来获取案件委托。尊重一审律师的观点并理性分析，不仅能够提高我们自己的业务水平，也能体现我们自身良好的修养。

三、摆脱一审律师思维桎梏，提出全新辩护观点

在刑事辩护中，有时候一审律师的思路可能会存在瑕疵或偏差，这时就需要二审律师跳出原有思维模式，提出全新的辩护观点。然而，这个过程并不容易，需要谨慎处理与一审律师的关系，以及对当事人的解释工作。

首先，我们必须明确一点，如果一审律师的辩护方向是错误的，那么我们不能继续沿着这个方向走下去。这就像南辕北辙一样，即使马跑得再快，方向错了，最终也无法到达目的地。因此，我们必须有自己独立的观点和思考，对当事人负责，才能避免渎职的风险。

然而，直接转变辩护思路并不是一件容易的事情。在当事人眼里，一审律师是专业的，他们可能会对我们的改变产生疑虑。此外，一审律师也可能对二审案件有所关注，想要了解我们的辩护思路。这时我们需要好好解释我们的想法和观点，让当事人明白我们的转变是有理有据的。

为了提出全新的辩护观点，我们需要深入研究和理解案件的每一个细节，寻找可能存在的漏洞和不足。这需要我们具备丰富的法律知识和实践经验，以及对案件的敏锐洞察力。同时，我们还需要充分了解当事人的诉求和想法，以便更好地为他们辩护。

在处理与一审律师的关系时，我们需要尊重他们的专业知识和经验，但

同时也要有自己独立的思考和判断。我们可以与一审律师进行深入的交流和探讨，从中汲取经验和教训，但最终的决策和判断还需要依靠自己。

综上所述，跳脱一审律师思维桎梏，提出全新的辩护观点是一项艰巨的任务。但只要我们具备丰富的法律知识和实践经验，以及对案件的敏锐洞察力，就能够成功地为当事人进行有效的辩护。

四、重燃当事人信心，积极迎战二审

在处理案件时，我们必须充分考虑到家属和犯罪嫌疑人在一审判决后的情感状态。他们往往处于极度的情绪波动中，深知二审改判的可能性微乎其微，将我们视作他们最后的救命稻草。作为二审律师，我们需要时刻坚定自己的信心，确保当事人对我们产生绝对的信任。

一旦接受委托，我们必须迅速与当事人建立互信关系。半信半疑的代理关系无法形成统一意见。律师不是听凭当事人指挥的出租车司机，律师作为专业人士必须有独立的思考和决策空间。在刑事案件代理中，律师应该敢于承担案件不利的后果，畏首畏尾任由当事人指挥和决断只能加重案件结果不利的概率。

面对家属和犯罪嫌疑人的低谷情绪，我们需要采取有效措施来进行安抚。这不仅关乎具体的案件结果，更在于二审整个过程需要律师和当事人共同倾尽全力奋力一搏。我们有必要在心理层面上给予他们足够的支持，确保他们在整个过程中有所依托。

第二节　二审案件阅卷技巧

二审阶段的首要任务就是获取案件的卷宗。这些卷宗可以通过一审律师获取，或者直接到二审法院去阅览。

一、一审判决可以作为阅卷导航

阅卷的过程需要细致入微。首先，要认真研读一审判决书，了解案件的基本情况和判决结果。一审判决书有格式化要求，通常会分门别类详细列举

出各种证据，包括被告人的供述、证人证言、书证、鉴定结论等，以从表面上显示判决结果的合法性和正确性。

然而，证据种类和数量的罗列，并不代表犯罪事实的真实存在。判决书所列举的那些关键证据，或许所能证实的内容与判决相反。比如，在一些案件中，一审公诉方在举证时，有选择地挑取了其中能够指控被告人有罪的部分进行出示；或者，一审法官在撰写判决书时故意忽视，歪曲了其中有利于被告人的部分。

因此，在阅卷过程中，我们需要仔细研究判决书中所罗列的证据，全面分析这些证据的真实性和可靠性。

二、指控文书之间的相互矛盾点可以作为二审辩护重点

笔者所说的“指控文书”是指侦查机关制作的《提请批准逮捕书》《起诉意见书》，检察机关所制作的《起诉书》《公诉意见书》，以及一审《判决书》之间的不同甚至矛盾。这些文书能够从侧面反映案件的演进过程，可以据此分析出在法律适用和证据取舍上，各机关之间所存在的分歧。这些分歧如果有利于被告人，则可以作为我们二审律师的突破重点。

三、重视未被一审公诉人出示的证据材料

在一审开庭时，检察官往往不会出示所有的证据，这并不意味着这些证据不重要，相反，它们可能对案件产生重大反转作用。

例如，笔者曾经遇到，庭审前一天晚上法官打电话称，公诉人将不会出示卷宗中与指控犯罪相矛盾的证据（被告人具有正当防卫性质）。根据法律规定，公诉人有全面举证的义务，包括对被告人罪轻或无罪的证据也必须出示。于是，一开庭笔者就提出公诉人回避申请，并且直接表明将到上级检察机关对该公诉人的渎职行为提出控告。法院当即宣布休庭。再次开庭后，公诉方不得不全面出示了案卷材料。这个案件经过一年多的庭审程序，最终认定了被告人的正当防卫行为。

许多律师在法庭上过于被动防守，只关注公诉人当庭出示的证据，而忽视了其故意隐匿证据的可能性，导致一些有利于被告人的证据，未能得到有

效评判。

因此，查阅一审案卷时，要重点关注公诉人未出示的证据。不出示并不意味着这些证据不重要，相反，它们可能对揭示案件真相具有重要意义，从而导致整个案件产生逆转。

四、认真研究一审判决

首先，我们需要深入了解判决书是如何形成的，并探究其背后的依据。如果法院《判决书》与公诉机关《起诉书》之间存在差异，这些差异也可以作为二审律师寻找突破的重点。

基于笔者的观察：公、检、法三机关由于各自职责分工不同，针对案件所作出的文书也存在各自的特点。

在某些案件中，《起诉书》和《判决书》认定的罪名并不一致。这就需要辩护律师，研读相关案件材料寻找二审辩护的方向。

作为律师，我们的职责是站在维护被告人合法利益的角度，细致入微地审查案件，寻找可能存在的问题，以质疑的态度看待刑事法律文书，不盲目相信所谓权威。

五、重视一审律师观点

如上一节所述，在处理二审案件时，我们必须认真对待一审律师的观点。一审是整个案件的基石，而一审律师作为案件的首席辩护者，其观点和辩护策略对于案件的走向具有重要影响。

首先，我们必须深入理解一审律师的辩护观点。判决书应对这些观点进行全面、客观的评价，包括被采纳和被驳斥的意见。这不仅有助于我们全面理解案件的事实和法律适用，也能帮助我们了解控、辩、审三方冲突的焦点所在。通过对比判决书与一审律师的辩护观点，我们可以发现法院对哪些观点持支持态度，对哪些观点持否定态度，从而更好地把握案件的核心争议点。

其次，一审律师的经验和专业知识对于我们具有重要的参考价值。有时候，一审律师可能因为各种原因未能取得理想的结果，但这并不代表其辩护观点没有价值。判决书对一审律师辩护观点的评价，可以成为我们判断一审裁量是否公正的依据，帮助我们发现可能存在的案件盲点或违法之处。我们可以从中学习一审律师的辩护技巧和策略，吸取其经验教训，为二审辩护做好充分准备。

最后，我们必须尊重一审律师的观点。虽然我们可能在某些方面与一审律师存在分歧，但我们应该保持开放、包容的心态，借此尝试从不同的角度思考问题。

六、重视一审庭审笔录

二审案件的代理，一定要及时复制一审庭审笔录。通常情况下，只有70%至80%的律师能够掌握庭审发问技巧。庭审笔录能够很好地反映出一审律师是否充分利用发问程序帮助被告人揭示案件真相。

很少有辩护律师能够有技巧地发问，这往往导致了案件走向对被告人不利。很多律师在庭审发问阶段，只是简单地走一个过场："这事是你干的吗？是不是你？有没有别人参与？"这些问题不但没有技巧、没有节点、没有顺序，很难为被告人争取到有利的结果，而且往往强化了公诉方指控被告人构成犯罪的效果。

二审律师在拿到庭审笔录后，应该重点研究庭审发问和质证过程中，一审律师的观点和技能。认真分析其中的得失，找出其中的问题，并制定有针对性的新的辩护策略。

第三节　如何促使二审法院开庭审理案件

在处理二审案件时，辩护律师肩负着重要的使命——促使法院开庭审理。这不仅关乎被告人的权益，更是对司法公正的坚守。辩护律师深知，运用恰当的方式是促成开庭的关键。

根据《刑事诉讼法》第234条的规定，被告人对第一审认定的事实、证据提出异议，可能影响定罪量刑的上诉案件，应当开庭审理。但在审判实践中，对于绝大多数二审案件，法院拒绝开庭审理。面对这种现状，辩护律师该如何应对?

依笔者的经验，能够促使二审法院开庭的重点在于一个“新”字：新的法官、新的压力、新的证据、新的观点。

辩护律师可以采取以下一种或多种方式，促使其开庭：

一、新的法官

以不开庭审理属于严重违法为由，要求合议庭组成人员全体回避。具体来说，是通过书面方式指出二审法院不开庭审理的严重违法性，要求合议庭组成人员全体回避。这无疑可以让法院感受到事件的严重性，促使其安排开庭审理。

二、新的压力

向同级检察机关提出审判监督申请。检察机关作为法律监督的守护者，把压力转嫁给检察院，促使法院更慎重考虑不开庭所带来的系列后果，增加开庭的可能性。

三、新的证据

(1) 申请调取新的证据、要求通知新的证人出庭作证：对于新的证据，法院必须转交同级检察院进行审核，只要证据与案件的关联性达到一定程度，检察机关就必须作出回应。而这种回应显然只能通过开庭质证，才符合法律要求。

(2) 要求重新鉴定或者勘验，一审未经鉴定的则提出相关鉴定申请。这些申请的目的也是从程序上促使新证据产生。只要法院同意安排新的鉴定，二审开庭就会成为必然结果。

(3) 自行调查取证递交法庭后要求开庭质证。二审不同于一审，案件经过一审法院审理并判决之后。理论上，侦查程序已经完全终结。辩护律师调查取证的风险，相较于一审过程已经大幅下降。此时，完全可以放开手脚，大胆取证。而新证据的提交也是促使二审开庭审理的重要砝码。

四、新的观点

此处所说的新的观点，不同于二审辩护词。代理二审案件应该积极主动出击，笔者的经验是在复制一审卷宗时就明确告知二审法官，阅卷后需要与他当面沟通。在沟通时，除了尽可能提出前述调取新证据、申请重新鉴定等意见，还需要书面递交《二审应当开庭审理的律师意见》。详细阐明关于二审应当开庭审理的程序性意见，以及实体方面还需要查明的问题有哪些。这里需要注意，针对实体方面仅需提出质疑，而不能把全部观点“一股脑”地递交法庭，否则，法官又会觉得你的意见已经全面表达完了，也就没必要再组织开庭了。

第四节　二审辩护意见的侧重点

在刑事诉讼中，上诉状和辩护词是两个非常重要的文书，有时会由同一名律师撰写，但是它们的内容和侧重点却有着明显的不同。

一、二审辩护词不能类同于一审上诉状

上诉状主要是针对一审判决所存在的问题而撰写的，它包括反驳和立论两个部分。反驳部分主要是指出一审判决所存在的事实和法律错误，针对的是一审判决书所载明的“经审理查明”和“本院认为”。而立论部分则需要跳脱一审判决书语境，基于被告人及辩护律师在一审庭审中提出而未被采纳的意见展开。因此，上诉状主要针对的是一审判决书存在的问题以及一审过程中未被采纳的观点。

二、二审辩护词有其独特侧重点

相比之下，二审辩护词的撰写内容和重点则有所不同。二审辩护词的倾诉对象是二审审判组织，重心需要放在“如果二审维持原判，将是一个新的错误裁决”这一观点上。在不开庭审理的条件下，二审辩护词的撰写内容包括详细阐明开庭审理的必要性、告知二审法院案件存在的问题和证据需要核实的事项，以及重点强调错案追究问题等。如果二审法院维持一审判决，等

于是把一审法官的错误继续下去，二审法官也要承担同等责任，将来一旦案件得到纠正，其也要接受处罚。

因此，二审辩护词无论是在内涵还是在外延上都应该比一审上诉状更加宽泛和深邃。

三、不同于上诉状的辩护观点才有可能促使二审开庭

然而，在实际操作中，由于一些律师对上诉状和辩护词的认识存在偏差，认为两者可以相互替代，导致二审案件往往不开庭审理。从二审法官的角度来说，他们在认识上的偏差其实和部分律师相同，即以为上诉状和辩护词内容相同，看了上诉状就不需要再看辩护词了。

故此，要促成二审普遍开庭，首先就要纠正律师自身认为“上诉状等同于辩护词”的错误观点。在二审辩护中，律师应该提出一系列程序上的申请，这些申请未必一定促成二审开庭审理，但如果不提出任何申请，二审法官自然会认为本案无需开庭审理。

另外，笔者认为，如果当事人委托一审律师继续代理二审辩护，那么辩护人应该尽量避免在二审中提出与一审重复的观点。如果不能在二审中提出新的观点，应该考虑拒绝继续代理该案（除非当事人没有能力更换新律师）。

理由如下：首先，如果一、二审辩护人是同一位律师，自然会导致二审法官认定辩护人的意见已经体现在一审卷宗中，其只需要看卷宗就能知道辩护人的观点，自然没有组织二审开庭的兴趣。其次，如果新律师介入，自然要向二审法院提出阅卷要求。律师重新阅卷将会打消二审法官急于结案的念头。最后，如同医生一样，不同律师对于同一案件的认识程度和角度也会不同。新律师将要发表新观点这一预期，很可能成为二审法官决定开庭审理的一个有利因素。

综上所述，上诉状和辩护词作为刑事诉讼中的重要文书，虽然可以由同一名律师撰写，但是二者的侧重点和内容却存在明显的不同。在实践中，律师应该对二者有清晰的认识和理解，避免出现偏差和混淆。同时，为了保障被告人的合法权益和实现司法公正，辩护律师必须在二审辩护中提出新的观点和思路，以促成二审开庭审理。

第十三章

刑辩律师的自我修养

第一节　不从众，卓尔不群

一、法定的反对者

你有没有想过第一个剪掉辫子的人，在他那个时代会有多么的孤单?

笔者在给年轻律师进行培训的时候曾经反复强调："律师，是法定的反对者。"而反对者，从来都是少数、是另类。

笔者不知道你们最初选定律师行业作为自己的终身事业时内心在想什么，也无法揣度你所追求的最终价值到底是什么?但笔者可以很明确地告诉你：律师这个职业的最核心价值就在于独立思考。

二、争做行业精英

你的当事人找你寻求帮助的时候，期望你是一个法律界的精英。而精英并不意味着社会地位的高下，而是因为你与众不同。

律师这个职业并非一定给你带来高额的收入，开豪车、住豪宅的也未必就是好律师。十几年前，当笔者开始接触这个行业里的那些顶尖人物的时候，他们没有一个是以自己有多高的收入来自夸的。他们谈论的是自己帮助过谁、促进了哪一项规则的改进……

如果你从来没有意识到这个职业意味着多么神圣的使命，那我建议你从现在静下心来，认真思考。

人与动物的最大区别，在于人类会独立思考。律师与其他职业的最大区别，在于律师必须独立思考。

你要用独立的视角、独立的证明体系，甚至独立的法律解读，去说服他人以实现你的当事人所追求的合法权益。

你不能与你的当事人相同、你不能与你的对手律师相同、你不能与主审法官相同、你甚至不能与已有的判例相同……

“规则”就像阶梯，它帮助人类提升文明，但同时又能让人借以追求下一个高度。

永远不要迷信权威！

不要让多数人的观点左右你！

你必须学会看到别人看不到的东西，追求别人不曾想象过的高度。

耶稣基督在梦中对保罗说“不要怕，只管讲，不要闭口，有我与你同在”时，保罗正身处道德腐败、荒淫纵欲的哥林多。

释迦牟尼开讲大乘佛法时，有几千弟子离座而去，留下的只是少数。

而孔子一生颠沛流离，没有一个诸侯国肯接纳他所行的“道”。

苏格拉底则死于雅典的民主制度。

他们都是自己时代的另类，又都是整个人类的先驱。

他们的共同点只有一个：独立思考、不从众。

第一个站在法庭上为“十恶不赦的罪人”进行辩解的那个人，必然是他那个时代不可容忍的异类。

人类文明的发展并非一直向前，会走弯路，甚至开倒车。“法律”就像时代列车所奔驰的铁轨，而我们律师就是那个路轨寻道员，铁轨的任何松动或偏离都要靠我们去发现、去示警、去挥举红灯。

我们一定不要把自己当作列车上的乘客，就此昏然睡去……

第二节　没有一场比赛始于起跑线

律师的职业生涯真的就像是在跑一场马拉松。从你踏入这个江湖的第一天，你所有的朋友、所有的对手，最终都是你的对手。你们都有一个目标，要比别人更快、更强、更能坚持。

半途休息或者弃赛不会得到任何人的同情和共鸣。你只有往前跑，在别人倒下的地方继续前进这一个选项。

拿到律师执业资格的那一刹那，你只是争取到了一个参赛名额，你只是终于有资格和强者站在了同一个跑道。

接下来的路漫长而艰难。你会发现你过去所学过的所有知识，连跑前的热身运动都算不上。你今后所作出的每一个决断，不仅事关你的未来，还关系到你当事人的成败，甚至他的生死。

以前给青年律师做培训的时候，笔者通常会问他们一个问题：从什么时候开始，当别人称呼你为“律师”的时候，你不再感到惶恐和愧疚？从什么时候开始，你可以非常笃定自己配得上“律师”这一称呼？

据笔者的多年观察，越是要花费比较长的时间才能进入“律师”角色的人，他在未来的表现就越出色。因为他从一开始就对这个角色心存敬畏。

“敬畏”会时刻提醒自己：自己将要从事的是一件有价值的事情，是值得自己付诸一生去努力追寻的目标。

相反，那些从未感觉当上“律师”以后与此前的自己有何不同的人，他们的职业生涯往往更迷茫。他们缺少一个高度感，找不到可以日进点滴的成就感。他们很难意识到有责任让自己与昨日不同，也感受不到有责任让自己与众不同。

作为写给青年律师的第二封信，笔者是想提醒各位：一定要对自己的工作怀抱一种使命感。

你不是早起遛弯的老年人，你是要去参加一场比赛。这是一场只有精英才有资格相互比肩的专业竞技赛。

而且，这不是 5 公里、10 公里的欢乐跑，是实实在在要脱掉你一层皮的残酷马拉松。

甚至，这场马拉松也不是通常所见的 42. 195 公里的常规赛。只要你实力够强，它就会变成距离超过 100 公里，需要翻山越岭、跨越沟壑才能完成的超级越野马拉松。

重点在于你今天给自己定下了哪一个目标。

你今天跨出的每一步，都只是明天的起点。你现在所引以为豪的每一点成就，不过是进入下一个比赛环节的号码牌。

所以，你的目标有多远，取决于你今天下了多大的决心、做了多充裕的准备。

你必须从现在开始就充盈自己。你必须把自己的目标放在比终点线更远一点的地方。这样你才有可能坚持到完赛。

尼采曾经在书中写道：你自己的脚，抹去你后面路上铭记着的“不可能”。

你从事律师工作的过程就是你生命消耗的过程，你必须让它更有难度、更有价值。因为任何轻易能够达成的目标，都不值得我们耗费生命去追求。

最后，笔者要针对知识积累提一点个人意见：要多读法律之外的书，开阔视野，只有读懂了社会和人生，才能对法律作出正确的符合人性的评判。

第三节 如何快速融入你所在的律师事务所

这是笔者写给青年律师的第三封信。

在第一封信中，笔者谈到了律师应当具备的第一素养：独立性。你要把自己培养成一个卓尔不群的人。关于这一点，笔者曾有一个比喻：假设你站在一群人之中，然后有人向旁观者介绍，这群人里有一名律师。那么这名旁观者要迅速把你从人群中找出来，“哦，那个人应该就是律师！”这里面当然包含了一个律师的形象和气场问题。

在第二封信中，笔者提到了一个词：目标感。你要立志，而且要立长远之志。你要把目标定得比别人远，这样你才有可能比别人优秀。

今天笔者要讲的第三点是：你不能让人看起来总是孤身一人；你必须快速融入你所在的律师事务所；相比较独立能力和立大志，你更需要培养脚踏实地从身边做起的务实精神。

一名优秀律师要具备三个素养：法学知识、办案经验、应变能力。前两项加在一起最多占你职业能力的 40%，真正决定你是否优秀的是第三项！它“独占”60%。

不要说你是哪个名牌大学，何种学历毕业，即便你是法学院的教授，你也未必是一名称职的好律师。

即便你从业 30 年、40 年，甚至你还分别在法院、检察院、公安系统都待过，你也未必是一名称职的好律师。

律师不是坐在象牙塔里的教书匠，也不是有三五十年驾龄的出租车司机。律师就像一个拳手，要有勇气迎战比自己强大的对手；律师就像一名保镖，随时都得做好应对突然袭击的准备；律师还要像一名不屈不挠救死扶伤的医生，当所有人，包括其他医生都想要放弃的时候，你依然要再去尝试做一次人工呼吸。

所以，律师的最重要素养，是有能力应对一切环境事务。

应对环境的前提是你得先有能力融入环境。

笔者前面说了那么多律师应变能力的重要性，是要强调融入环境是所有那些能力的前提。

如果你不能快速融入一个环境，特别是像你所在律师事务所这样对你友好的环境，你又如何有能力去对付那些敌对环境？

在刚刚考取律师资格证的时候，笔者曾经给自己写下这样一个座右铭：“我要像投入水中的盐一样，在融入社会的同时也改变着它的成分。”这是在提醒自己：要先懂得融入，然后才谈得上个人发展。

当笔者第一天走入要实习的那家律师事务所，就主动跟所有人（不论是律师和内勤）进行了自我介绍。不论他看起来是否友好，是否有耐心听笔者讲，笔者都主动过去跟他握手，告诉他我是谁，希望他以后多指点。

后来，当笔者开始独立执业，也是向遇到的每一位法律人主动介绍自己。总会有人愿意对你表示出友好姿态，你怎能错过呢？你不主动去尝试又怎么知道呢？

你必须让人知道，你背后有一个强大的团队。

除了“融入”，你还应该懂得“展示”。

你要有一种“方位感”，知道自己在人生中、在环境中处于哪个位置。而且你要善于展示它。

再详细一点解释：你不仅要努力做一名好律师，还要让人看起来像一名好律师。

你可以在脑海中搜索一下你心目中优秀律师的形象和作为，包括影视剧里的。你想想他/她们为什么“看起来”那么优秀？

笔者在第二封信中还提到过一个“律师角色”问题。这里所说的你要融入律师事务所，也包含你的一个角色定位问题。

比如说，你的家人和朋友知道你当上一名律师都一年多了，可依然只在你的朋友圈看到你晒美食，他们会不会对你的工作能力有所疑虑？显然，你没有展示出一个律师该有的思维和形象呀！

再比如，他们只知道你现在当了律师，但是看不到你的律师事务所、你的同事是怎样的，他们会不会对你的处境有所担忧？你看起来似乎对你所在的单位不感兴趣，更谈不上自豪。对不对？

如果你的当事人，也是你的微信好友，他又会怎么看呢？他会不会觉得“你的孤独”证明你还没有找到人生的归属？他还会觉得你比他强大、比他成功吗？如果你的当事人觉得你也不过如此，你的代理还会一帆风顺吗？

总结一下笔者这封信的观点：我们律师不能总是处于被动地位，要善于主动去控场。主动与人交流，让人对自己有印象、感兴趣，这就是一种控场能力。所以，你要想方设法尽快融入你的律师事务所，并取得你的同事和师长的认可和关注。这样你才有精力去全身心地提高你的对外业务能力。如果你在一家律师事务所都一年了，你身边的同事对你还不了解，你又怎么有自信在与陌生人的交往中占据主动地位呢？

如果你不能以一种自豪的心态向不确定的大众展示你的工作、展示你的单位、展示你身边的好友和同事，外人又如何判断你具备独当一面的能力，是他可以将危难托付给你的那个法律专业人士呢？

第四节 规划你的职业生涯

一、目标感是律师必备的素养

律师是一种对逻辑思维能力要求较高的职业，小到一个案件的代理进程，大到5年、10年职业规划，对未来始终保持计划性体现了一名律师的综合素养。

培养目标感有助于锻炼对事物的宏观把控能力，特别是在刑事辩护领域，对律师的要求永远是一名静可以调东风、动可以退司马的机智如诸葛孔明一般的角色。

提前规划明确的职业目标，才能有意识地探寻律师在社会发展中的责任和使命，从而避免沦为仅仅沉迷于“抠”法律条文的工匠。

二、未雨绸缪永远不会太迟

波多维斯曾经说过：立志没有所谓过迟。每一天都可以成为律师职业生涯中新的开端，只要愿意去尝试，世界上就没有什么不可能。

你可以尝试从短期规划进行锻炼，比如一星期、一个月、一年。

如果你真的去尝试就会发现，在一天之内完全按照计划行事几乎是难以做到的。特别是律师职业总是不断地“被打扰”：咨询电话、新发现的案情突破点、未预约的拜访……总之，会有各种各样预料之外的人和事来改变你既定的方案。

当你尝试以后，你就会体会到：越是如此容易被打扰，你就越需要计划你的时间安排。

短期如此，长久的职业生涯更需要如此。

假如你曾经留意观察过，就会发现身边有很多“走不回来的人”：他们不是回不到原点，而是寻不回原路：很少有律师执业10年以后依然能够记得自己刚入行时的雄心壮志。他们被岁月所消磨、为生计所改变、忘记了自己最初所要寻找的梦想。

现在就把你的职业规划写下来，作为你追寻的目标。让它成为你自我鞭策的尺绳，每当你有所偏离时，记得你当初所要追寻的：道。

三、你的计划并非一成不变

二十多年以前，笔者给自己写下了这样一句话："我要像投入水中的盐一样，在融入社会的同时也改变着它的成分。"要想对某些事物造成影响，必须先与这些事物尽可能接近、融合。

试问，如果将一块石头投入水中，除了能够暂时激起层层涟漪之外，石头能改变水质吗？假如有石头改变了水质，那也是这石头的一部分先融化于水里，才有可能做到。

目标可以是永恒的，达成目标的途径却可以是多样的。甚至连目标也是可以改变的，有过登山经验的人会有此体会：有时我们以为登上这个山头就到达绝顶了，可上去之后才发现这只不过是更高绝岭的侧峰。如果事先没有心理准备，很多人会在此处驻足再也无力前行，他们的心力耗尽了自己的体力。

适时调整自己的职业规划，对一切可以预期的变故制定可以应对的方案，并且明了：很多事情都是我们自身能力所无法预期，并难以掌控的。这样遇到挫折你就不会轻易灰心丧气。

四、想得高才能走得远

永远不要把你的目标定在脚下！你需要制定一个足以被称为高瞻远瞩，甚至连你自己都会感到惊吓的目标。那些立志远渡重洋的人，即使失败也肯定比要出海打鱼的渔民走得更远。

特别是在我们已经从互联网时代升级到人工智能时代，律师职业的发展空间从来没有像今天这样广阔与便捷。更多的法律实务也逐渐从线下转移至线上。现在我们已经能够摆脱场地束缚，随时随地办公。我们律师事务所也已经开始鼓励部分律师尝试成为"共享式办公"的获益者。

往远期预计：法律事务不仅会摆脱场所束缚，也必将摆脱行业束缚；不仅会逐渐涌现一些不是律师的人从事过去律师才能从事的业务（比如我们律师事务所针对交通事故案件设立的理赔顾问），也会有更多的律师从传统的执业领域扩展到社会生活的每一个分支（比如从事法律事务的公司）。

如果你今天所制定的 5 年规划、10 年规划没有将这些因素考虑进去，那你将来面临的便不仅是要修正你的执业规划，甚至可能被迫彻底放弃你的执业资格。

五、行动从点滴开始

近几年笔者经常会接待一些慕名来访的陌生人，其中不乏一些志向高远的“说客”，他们纵横捭阖、才贯中西。但是，当问及具体事务时，他们又开始顾左右而言其他了。面对这些人，笔者只能尽量委婉地告诉他们：中国从来不缺少理论家、战略家，中国缺少的是行动者，是踏踏实实甘于从最小事务入手，从大多数智者不屑于为之的亏本事入手的实干者。

律师行业更忌空谈！如果一名律师不具备扎实的知识、执着的信念、忠诚的声誉这些品性的话，一切都是“白瞎”。

空有一个追求法治的高远目标，但是面对具体案件走过场、秀形象，连最基本的定期会见犯罪嫌疑人都做不到，何谈担当社会使命？

古语说：不积跬步，无以至千里！对事务不假思索就能做出的反应，我们称之为习惯，而这些习惯需要日积月累才能养成。

六、让目标始终契合你的人生

我们说律师制定的目标要“高”、要“远”，但最为重要的是要“真”。笔者非常不赞成那些自称为了事业而放弃了自己生活的人。

永远不要做工作的奴仆！

我们一生中所有的追求、所有的努力都是为了让我们的生命更加完满；而我们完满的生命来自对自我的不断充盈。

上帝创造的每一个人都是那么与众不同，每一个生命都是一个奇迹。是的，你自己就是一个奇迹！你的人生就应该活成一个传奇！你需要计划你的人生！你需要构思你的传奇！

你应当记住：你，只有你，才是你这场电影中的唯一主角！

第五节　律师的职责来自私权授予

在所有与法律有关的职业中，唯有律师来自私权授予。其他行业（比如公安机关、检察院、法院）全都是受到国家的赋权而运转的。只有律师，他的权利来源出自私权领域。

一、律师制度设立之初就是为了维护私权而抗衡公权

最早的律师源自刑事审判中担任被告人的辩护人：随着司法制度的不断进步和发展，人们发现法律规定越来越复杂、庭审程序越来越专业，需要设立一个专门的职位去帮助刑事案件的被告人理解法律，跟得上刑事审判程序的正常节奏。律师制度应运而生。

这样一个职位要求他的从业者不能站在公诉方或者审判方的角度去看待和参与刑事审判。否则，其就无法取得被告人的信任，也就无法达到设立这一职位的最初目的。

法律因此赋予了辩护律师“依法维护被告人合法权益”这样一个职能。这相当于在被告人和代表国家的公权力之间架设了一道护栏。目的是避免公权滥用，而对被告人造成非法侵害。

此后，在所有法治发达的国家和地区，律师权能的不断完善都是围绕如何保障这个“屏障”足够强大、足够牢固，以便有能力抵抗公权入侵而设计的。

“把公权关进笼子”，首先体现在国家各类管理职能相互制约的制度设计上，其次体现在对私权保障的制度设计上。但是，仅仅把公权关进笼子还不够，还要在私权领域架设一道防护墙，避免公权可能进行的侵害。特别是关系公民自由和生命的刑事审判，尤其需要律师来充当这一防护责任。

二、律师的权能必须足够强大和独立，才能全面维护私权利益

当被告人站在刑事审判席上的时候，他面对的是有权对刑事犯罪进行预防和追究的代表国家公权力的机关。对此要想使被告人能够得到公平、公正

的刑事评价和处置，就必须加强他的屏障，也就是辩护律师的对抗能力，从而达到力量制衡，保障其合法权益。

三、私权赋能：法无禁止皆可为

笔者曾提到“律师的权利来自私权赋予”，是因为很多朋友在执业过程中，特别是刑事辩护执业过程中总是背负种种顾虑：不敢调查取证、不敢跟办案单位探讨案情、不敢在法庭上充分发表辩论意见，甚至不敢维护被告人的合法权益。

在一次座谈中，有律师提出一个问题：对于刑辩律师来说，“专业、认真、勇气”这三个要素哪一个更为重要？笔者的回答是：“专业”是你从事刑事辩护的基本资质，不能够做到专业化，你就没有资格站在刑事辩护的舞台上；“认真”应该是贯穿律师职业生涯始终的一种态度，不认真你就没有资格从事任何法律代理工作，也不可能实现专业化发展。而“勇气”，是律师广度和高度的一个评判标准，“勇气”有多大，你的舞台就有多大。缺乏勇气支撑，你的专业和认真将无用武之地。

有些律师之所以对刑事辩护感到恐惧，代理案件时畏首畏尾，第一个原因是他对法律规定不熟悉。律师必须比公、检、法更熟悉法律条文。法律条文就等于是刑事诉讼的游戏规则，一个熟悉规则的人怎么会担心自己出错，甚至掉入他人陷阱呢？第二个原因是他没有搞清楚“律师权能源自私权授予”。

现代法治的一个基本理念是：对公权奉行法无授权即禁止；对私权则法无禁止皆可为。

公权需要关在笼子里；而私权是自由的！

辩护律师维护公民基本权利的职能来自私权授予，只要是法律法规没有明令禁止的领域，都是律师可以自由驰骋的疆域。

四、律师是私权维护者同时也是公权监督人

律师唯一的武器是法律。

这把武器需要不断磨砺，才能保持始终锋利。作为律师，我们应该持批

评和质疑的态度来看待它，因为它永远不可能尽善尽美。

以刑事辩护为例，它主要是一个防御性行为：代理律师的职责是防范国家机器对私权的违法侵害。但有时，仅仅采取防御手段还不足以抵消这种侵害，辩护律师应该果断采取进攻型手段，比如针对违法行为提出控告。

对私权的维护仅仅只做防御准备是远远不够的。

前面我们谈到了律师权能的来源，提到了勇气。除此之外，还需要提示律师对自身职责的全力以赴。律师应当采取一切合法、有效的手段来履行自己的职责。

第六节　刑辩律师如何提升气场

一、相信自己，做内心强大的人

人是具有社会属性的生物，我们的气场往往会随着自身与环境互动的变化而或强或弱。一个气场较弱的人对周围事物的影响相对也会较弱。那么，如何提升自己的气场呢？

首先，没有人天生就具有强大的气场。那些能够散发出强烈气场，让人感受到其存在的人，都是经过后天有意无意的培养和累积的。气场可以因为一个人无意识的对环境的搅扰而得到历练，也可以通过有意识的日常训练得到提升。

要提升气场，首先需要有一颗强大的内心。内心强大的人往往能够自信、坚定地面对各种挑战和困难。他们不会轻易被外界所左右，能够保持自己的独立思考和行动能力。这样的人往往能够散发出自信、坚定的气场，让人感受到其存在。

其次，要注重自己的外在形象。一个人的外在形象是气场的重要组成部分。一个整洁、得体、自信的形象能够让人感受到你的专业素养和自信，从而提升你的气场。

此外，要善于表达自己的思想和情感。一个能够清晰、流畅地表达自己思想和情感的人，往往能够吸引他人的注意力和信任感，从而提升自己的气场。

最后，要注重自我修养和不断学习。一个有修养、有内涵的人往往能够散发出独特的气场。不断学习、提升自己的知识和技能也能够让自己更加自信、有魅力，从而提升自己的气场。

总之，提升气场需要从内在和外在多个方面入手。只有不断提升自己的内心素质、外在形象、表达能力、自我修养和学习能力，才能够让自己散发出更加强大的气场，影响和感染周围的人。

二、善用心理暗示，每天晨起练习

笔者一直坚信早起的种种优点，特别是对于那些追求卓越的人来说，每天必须强迫自己比别人多付出一些努力。如果你每天比别人早起 1 个小时，那么一年下来，你的人生中将多出 365 个小时来充实自己。换言之，你一年中可以拥有相当于 45 天、每天 8 小时的时间去追求卓越，成就与众不同的自己。

我们应该充分利用早晨的时光来提升自己的精神修养。每一天都善待自己的灵魂，尊崇它，告诉它在你心中无与伦比的重要地位。试问：如果你自己都不重视你的灵魂，又有谁会来珍惜和在乎它呢？

在这个快节奏的世界里，我们往往会因为忙碌的生活和工作而忽视自己的内心世界。然而，如果我们想要在人生中取得真正的成就，就必须重视自己的灵魂，将它视为最宝贵的财富。

每天早晨，我们可以抽出一些时间来阅读书籍、冥想、做瑜伽或者进行其他有益于灵魂的活动。这些活动可以帮助我们平静下来，清理内心的杂念，提升我们的精神境界。随着时间的推移，我们将逐渐发现自己的内心变得更加平静、清晰和坚定。

除了对个人精神世界的提升，早起还可以带来许多实际的益处。比如，你可以利用早上的时间来完成一些重要的任务或项目，避免在繁忙的工作日程中安排过多的工作。此外，早起还可以让你有足够的时间来准备早餐、锻炼身体或者与家人共度美好时光。

总之，早起是一种值得养成的习惯。它不仅可以帮助我们追求卓越、成就与众不同的人生，还可以让我们更加重视自己的内心世界，提升自己的精神修养。因此，我们应该充分利用早晨的时光来善待和尊崇自己的灵魂，让它成为我们人生中最宝贵的财富。

三、引而不发，谨慎释放气场

气场是一个人内在能量的一种体现，它可以影响周围的人和环境。有趣的是，气场遵循立场释放的物理法则，它会经历消耗而变弱甚至会衰竭。这就意味着，如果你不注意控制自己的气场，它可能会逐渐减弱，甚至消失殆尽。因此，在你尚未做好充分的练习，还不能做到收放自如之时，一定要谨慎释放你的气场。

要区分强大气场与戾气之间的区别。一些人可能认为强硬的态度和霸道的行径可以展现出强大的气场，但实际上，这种行为只会让人感到不舒服和讨厌。强大的气场应该是内在自信和外在平和的结合，它能够让人感到舒适和安心。正确地释放气场就像丰盈的麦穗，谦卑却饱满；又像金庸笔下的侠客，越是内功深厚越藏而不露。

为了维护自己的气场，需要注意消耗的控制。每一次情绪波动、每一次争吵和冲突都会消耗气场的能量。因此，保持平静、稳定的心态是维持气场的关键。同时，通过不断的练习和培养，可以提高自己的气场强度和持久力。

总之，气场是一种宝贵的资源，需要谨慎地使用和维护。通过深入理解气场的本质和规律，以及正确的实践方法，我们可以更好地掌握气场的力量，并在生活和工作中发挥出更大的潜力。

四、专注他人利益，善意传递情感

气场，这个神秘而又充满魅力的词，是天地之间一种无法用仪器测量的磁力场。它如同空气般无形无迹，却又真实存在，影响着人们的情感、思维和行为。气场强大的人往往能够吸引他人的目光，散发着独特的魅力。而自私自利、卑鄙虚伪的人却无法获取这种能量。

内心阴暗的人，他们的面容往往会显得阴霾沉沉，让人感到压抑和不快。这是因为他们的内心世界缺乏阳光，没有积极向上的能量。反之，一个内心充满阳光的人，他们往往会散发出自信、温暖的能量，吸引他人的亲近和喜爱。

为了散发出强大的个人气场，我们必须时刻注重修正自己的内心。我们要学会驱离所有负面的、不正确的因素，让自己的内心充满阳光。持之以恒地修炼和提升是打造强大气场的必经之路。

当我们释放气场的时候，就是对他人播撒阳光的时候。一个整天愁眉苦脸、遇事唉声叹气的人，他们的内心世界是灰暗的，缺乏阳光和正能量。而一个气场强大的人，他们的内心充满了阳光和温暖，能够感染和影响身边的人。

要散发出强大的个人气场，我们需要从内而外地修炼自己。我们需要保持积极向上的心态，学会驱离负面情绪和思维。同时，我们还要注重自己的言行举止，让自己的一言一行都充满魅力和能量。只有这样，我们才能真正地散发出强大的个人气场，成为他人眼中的魅力之星。

五、克己自律，无往不胜

一个拥有强大气场的人，其内心必然是从容淡定的。这种从容，不仅仅体现在面对大事时的冷静和沉着上，更表现在日常生活中的小事上。对于这样的人来说，即使是突发的意外情况，他们也能够以平静的心态去应对。

当笔者仔细观察那些在公众场合中面对突发情况的人时，笔者发现那些立刻扭转身子探头探脑的人，往往缺乏气场。而那些默然以对、不露声色的人，却能散发出一种不怒自威的强大气场。这种气场并非来自外在的装饰或是姿态的装腔作势，而是源于内心的从容与淡定。

为了更好地理解这种从容淡定背后的原因，我们可以深入分析一下。首先，一个从容淡定的人通常具备高度的自我控制能力。他们能够很好地调节自己的情绪，避免在紧张或压力下失去理智。这是因为他们深知，只有保持冷静的头脑，才能在关键时刻作出明智的决策。

其次，从容淡定的人往往具备丰富的经验和智慧。这是因为他们经历过各种各样的情况，对于各种问题都有深入的思考和理解。因此，当面对突发情况时，他们能够迅速地分析情况并找到合适的解决方案。

此外，从容淡定的人还具备一种内在的自信和力量。这种自信并非来自外在的成就或地位，而是来自对自己能力和判断力的信任。他们深知自己的价值，并且相信自己的能力能够应对任何挑战。

为了培养这种从容淡定的气场，我们可以从以下几个方面入手：首先，学会控制自己的情绪，尤其是在面对压力和紧张时。其次，不断积累经验和智慧，通过学习和实践来提升自己的能力。此外，培养内在的自信和力量，相信自己的能力和价值。

总之，一个从容淡定的人不仅具备强大的气场，还能够给周围的人带来安全感和信任感。因此，我们应该努力培养这种从容淡定的品质，不断提升自己的气场和影响力。

第十四章
工作随笔

第一节　从影视剧中汲取刑辩思路

在给年轻律师培训刑事辩护业务时，笔者曾经不止一次强调：刑辩律师在法庭上的首要目标就是要讲一个与公诉方指控完全不同的故事。

单纯的反驳是不够的，还要有立论，就是在驳斥公诉证据和犯罪指控的同时，在法庭上展示一个全新的、有利于被告人的故事。

从这个角度来看，辩护律师就像一部影视剧的导演，你的当事人是一个从未面对镜头的新手。故事情节虽然就装在他心里，但他却不知道如何讲述、怎样展示，而且法庭上有态度的因素或者说敌意阻止他讲述。辩护律师就是那个力排众议引领他申冤诉苦的导演（这一过程主要通过庭审发问程序来实现，前文已述）。

为此，笔者曾经在我们泉舜律师事务所内部搞过多期“影视沙龙”。沙龙所选择的并非传统意义上的法律电影，笔者也不想让律师们通过电影去探讨法律话题，而是通过观影，让律师们感受一个好的影视作品是如何讲述故事的。

近期在电影业发生了一件比较“打脸”的事，即关于美国 DC 漫画旗下两个版本的《正义联盟》。有兴趣的朋友可以找出来看一下：同一部电影拍摄完毕后，两个导演剪辑出了完全不一样的电影版本，而对这两个不同版本的电影评价可谓天差地别：一个豆瓣评分只有 6 点几分；另一个则高达 9.1 分。

回到电影与刑事辩护的话题。电影的拍摄制作技艺，与律师（特别是刑辩律师）所必备的出庭技艺有着异曲同工之妙：

第一，刑辩律师和导演都需要在有限的时间里展示人性。他们都需要捕捉到人性中能够引起他人共鸣的那部分素材，并引领旁观者（观众、法官、旁听者）把注意力投入这一故事，并且站在讲述者所选择的立场来看待这个故事所要传达的信息。

第二，刑辩律师和导演都需要擅长提纲挈领。他们都必须清楚哪些事件是他们需要重点强调的，要让观众、法官、旁听人员着重关注，而哪些情节又有意让他们忽略。

第三，刑辩律师和导演都需要懂得叙事节奏的把控。他们必须明白什么时候需要煽情，什么时候需要讲述理论，起承转合、拿捏到位。

第四，刑辩律师和导演都需要懂得故事的最终结论需要观众自己作出。他们必须有意让受众接受一些结论，又要给他们留出自我思考的空间。最终让观众、法官、旁听人员自己作出（但是与导演预期相一致的）结论。有时需要让受众恍然大悟，有时又需要让他们发觉原来结论自己早就知道。

总之，看电影并非简单娱乐。它是帮助刑辩律师提高职业技能的一种非常有效的便捷手段。

第二节　骑行中的刑辩思与悟

“人生中那些重要的节点，就是把一个个想要放弃的念头踩在脚下的时刻。”

刑辩律师的职责是：当整个国家机器针对某个个体提出犯罪指控时，依法捍卫这个个体的合法权益。为律法裁断的天平寻求一种制衡，使它在公平的程序之中实现公平的结果。

因此，从事刑事辩护的律师要有挑战权威的勇气，要有力排众议的能力，要有与其他律师不一样的价值追求。

很多时候，大众把骑行混同于骑车。认为骑行运动不过是像普通人出行时那样在骑自行车。

其实不然，骑车不代表骑行；律师也并不都有能力从事刑事辩护。

骑行的乐趣和价值不仅在于超出一般通勤的长途距离，还在于它总是选择最困难的路况去走。

这也是刑辩律师的与众不同之处。

笔者是于 2017 年爱上骑行运动的。

当第一次骑行距离超过 40 公里时，笔者内心真的是抑制不住要向朋友们炫耀一下的激动。

此后，在很长一段时间里，每天凌晨 4 点起床骑行 40 公里成了笔者的日常生活。

骑行带给笔者很多感悟。比如，每当面临两个选项时，去选择那个最困难的。

因为，笔者在骑行中遇到两条路可选择时，总是会选择那个坡度大的，或者没有走过的。

刑事辩护也一样，如果一起案件作无罪辩护和罪轻辩护成为可选项，笔者会在争得当事人同意的前提下，去作无罪辩护。虽然那样远不如罪轻辩护来得从容与安适。

刑事辩护是一场地势陡峭的超长距离爬坡，你明明看到山口就在眼前，可上去之后才发觉，这不过是另一个更大陡坡的开始。

第三节　养花弄草也思辨

养花弄草在我家是有一定的传承的。

小时候我家位于大明湖旁边，西临百花洲，一个不算小的四合院里。院子里有两户人家，空间很大，于是两家都养鱼弄花，并且是飙着劲地养，比谁家养的花开得好，比谁家养的鱼闹得欢。

父亲去世得早，有时候对父亲的思念也含有对那一院子鱼缸、花草的留恋。

成年以后，我最初的生活条件不好。住宅环境比较拮据，养不得许多花草，甚至较大的盆栽也无处安放。而我就从微型盆景开始了我的花草生涯。

中国有一句古话：治大国若烹小鲜。这句话的意思是：治理国家要像烹制小鱼一样，格外得小心谨慎。既不能翻炒烂了，也不能煎制糊了。

微型盆景有两大关窍：一是选材，二是养护。

我养盆景向来不喜欢购买栽植成型的成品货，而是喜欢自己登山挖掘幼苗、自己捡拾石头来配景。后来居住环境改善以后，也仍喜欢自己造景。时至今日，我仍能准确地说出花盆中的某一块石头是从哪座山上捡拾回来的。这些石头中捡回家时间最长的有 30 年；最远的来自海南岛；海拔最高的来自神农架。

回到今天的主题：刑事辩护技能与养花弄草之间的关系。

我不会去谈养花需要耐心和养护需要肥水适当，而是要谈制作盆景的布局，谈刑事辩护的整体布局。盆景制作是一种艺术创作，如同绘画和雕刻，都是一种从无到有的过程。在制作人的心里，最初就有了成型之后的轮廓，然后斟酌选材、调整组合间架、形成最终作品。

一起刑事案件的辩护过程也是如此。

手中的素材往往并不趁手，有这有那的残缺。植株的高低和配石的大小或许并不匀称，需要你不断扭转它们以寻找最佳视角。盆景制作与其他花木种植最为不同的在于花盆的选择。普通花卉种植一般会选择比花卉根部大一些的花盆来栽种它们，给它们较原来更充分的生长空间。而制作盆景则不同，你需要突出景致，弱化花盆的存在。

这就像律师从事刑事辩护，时间、资源、手段总是极为有限。你需要在一切条件都不利的前提下，完成你的工作，并让它经得起他人的品评和时间的考验。

盆景是中国独有的园林艺术，其要点在于要在有限的方寸之中给人营造出见山见水的无限遐想空间。

而这，也正是刑事辩护对律师的要求：你要在最狭窄的空间里展示山之高水之远，人物之丰满……

结　语

走着走着，路就变长了

很多年以前，有一位青年律师，他怀揣着法治的梦想远赴大都市要实现自己人生的价值。

但现实很快就把他击打得体无完肤。因为他来自偏远的乡村，当地人不仅歧视他还公然羞辱他；他的律师业务也遭遇挫败，第一次出庭为人辩护他竟然紧张得两腿发抖说不出话来；他试图代表自己的族群要求得到平等待遇，结果却被警察投入了监狱……

他没有放弃追求，他觉得人活着就得活出价值，于是跑去种地求得自身修为的提高。但是难遂心愿，他的朋友认为他过于懦弱，他的妻子抱怨工作过于苦累。

有时候，我们的志向还不足以让我们肩负命运将要交托给我们的重任，苦难就会站出来帮我们储备所有需要的行装。

最初上路的时候，你的目标看起来只需简单的几步就可轻易达至。但你落脚时却是泥沙滚石，沟壑壕堑。

你努力向着目标挺进，但却因为道路崎岖不得不调整自己的路线。

你向着前进的方向走啊，走啊，眼看着目标越来越遥远。

你的泪水模糊了你的视线；

你的心腔已经被绝望所充盈；

一路走来，你饱受创伤；

你羸弱的身躯再也肩负不了一丁点背囊；

你破衣烂衫；

你蓬头垢面……

除了你的目标，你已经一无所有。

可是命运，却只钟情于经受过苦难之人！

它只会把重担托付于那些历经挫折依旧坚韧不拔之人。

我前面提到的那位青年律师，他的一生被无数失败所充满，他无数次尝试达成自己的目标，命运却一次次让他以伤痛而告终。

他不得不一次次把自己的目标调高、把露营地调远。

最终，他放下了所有的一切，只穿着一件自己纺纱做成的衣裳，像个苦行僧一样拄着一根木棍，奔向自己最后一个目标：国家独立，民族自由。

他就是印度的国父——圣雄甘地。

截至他达至成功那一年，他一生共被捕入狱 15 次，累计坐牢 2089 天。

很多时候，我们急于达至成功，却忽略了一个事实：短期内所能成就的目标根本不值得用一生去奔赴。

而一个值得托付整个生命的征程必然有无数困苦与艰涩相伴。

攀登绝岭的前提是先要达至最深的谷底，丰盈的人生之旅则需要无数的曲折迂回来填充。